부흥

부흥

Copyright ⓒ 새세대 2024

초판 1쇄 발행 | 2024년 6월 1일

지은이 | 곽요셉, 김선영, 김선일, 김철홍, 박성환, 이정숙, 최두열, 최승근
펴낸곳 | 도서출판 새세대
발행인 | 곽요셉
이메일 | churchgrowth@hanmail.net
홈페이지 | www.newgenacademy.org
출판등록 | 2009년 12월 18일 제20009-000055호
주소 | 경기도 성남시 분당구 정자동 210-1
전화 | 031)761-0338 팩스 031)761-1340

ISBN 979-11-88604-15-9 (03230)

잘못된 책은 구입처에서 교환해 드립니다.
책값은 뒤표지에 있습니다.

부흥

REVIVAL

곽요셉
김선영
김선일
김철홍
박성환
이정숙
최두열
최승근

도서출판 **새세대**

권두언

곽요셉 목사
(예수소망교회 담임목사)

　'부흥'을 뜻하는 영어 단어 'revival'은 다시 살아나는 것을 가리킵니다. 질병으로 아팠던 사람이 고침을 받는 것이 아니라, 죽었던 사람이 다시 살아나는 것처럼 완전히 새로운 변화를 의미합니다. 그래서 부흥은 '거듭남', 'born again'이라고 말할 수 있습니다. 하나님 앞에서 영적으로 죽은 사람이 다시 살아나는 것, 완전히 새로워지는 것입니다.

　이것은 세상의 지식과 문화, 나의 경험, 사람들의 평판, 기독교의 전통과 제도와 관습으로 일어나지 않습니다. 하나님의 은혜와 진리 안에서 깨달음을 얻고, 회개하고, 그 말씀에 순종하며 하나님께서 부르시는 그날까지 날마다 새로워지는 것입니다. 그 여정에서 예수님을 그리스도로 고백하고, 예수 그리스도 안에서 오직 하나님께 영광을 돌립니다.

하나님의 말씀과 성령의 역사로 거듭남이 일어나는 곳에 부흥의 역사가 있습니다. 그런 의미에서 하나님의 교회에는 항상 부흥이 있어야 합니다. 단지 교인 수가 늘어나는 것이 아니라, 경건한 그리스도인이 날마다 창조되어야 합니다. 오늘도 하나님께서 성령 충만함 속에서 하나님의 방식으로 개인과 교회를 향해 부흥의 역사를 일으키십니다.

'부흥'과 '성장'은 구별되어야 함에도, 오늘날 이것을 분별하지 못해서 수많은 오해와 문제가 일어납니다. 부흥은 하나님께서만 하실 수 있는 완전히 새로워지는 것입니다. 반면에 성장은 교인 수가 늘어나는 것으로, 이는 다른 종교들에서도 볼 수 있는 현상입니다. 하지만 거기에 부흥의 역사가 없는 것은 하나님의 자녀가 되는 일도, 하나님의 나라에 들어가는 일도 일어나지 않기 때문입니다. 인간이 하나님의 교회에 죄와 허물을 안고 오지만, 성령 안에서 믿음으로 하나님의 나라를 맛보게 됩니다. 하나님의 지혜와 능력을 체험하는 곳, 그곳이 바로 하나님의 교회입니다.

예수님을 믿어 만사형통하고 모든 삶의 문제가 다 해결되며 내 소원을 이루는 것이 교회의 목적이 아닙니다. 박해와 고통과 죽음의 위협 앞에서 믿음이 세워지는 것이 부흥입니다. 초대교회 교인들은 복음을 전한다는 이유로 박해를 받고 예수님을 믿기 때문에 순교를 당했지만, 그런 가운데서도 부흥을 경험하며 교회는 든든히 서 갔습니다. "그리하여 온 유대와 갈릴리와 사마리아 교회가 평안하여 든든히 서 가고 주를 경외함과 성령의 위로로 진행하여 수가 더 많아지니라"(행 9:31)

그리스도의 몸인 교회는 거듭남의 역사가 일어나는 곳입니다. 이것이 교회의 본질입니다. 하나님께서 부르시고 생명의 역사를 일으켜 거듭나게 하신 하나님의 자녀들이 모여 예배하고, 하나님께서 행하신 일을 찬양하며, 하나님의 복음의 역사를 나타내는 곳이 하나님의 교회입니다. 그러므로 역사 안에 있어 온 모든 하나님의 교회는 하나의 공통점, 즉 부흥이 있었습니다. 성장이나 확장이 아닙니다. 선교, 구제, 교육, 친교도 아닙니다. 거듭나는 새 생명의 역사가 일어나는 곳, 그곳이 바로 하나님의 교회입니다.

이 놀라운 일이 선포되기 위해서 하나님께서 그리스도의 몸인 교회를 세우셨습니다. 이 세상 모든 사람을 교회를 통해 하나님의 나라로 인도하십니다. 세상에서 맛볼 수 없는 하나님의 기쁨과 영광을 보여 주시고 깨닫게 하심으로 마음의 눈을 뜨고 예수 그리스도를 영접하게 하는 곳이 교회입니다. 여기에 부흥이 있습니다.

그러므로 부흥은 인간의 열심과 수고로 이루어질 수 없음을 기억해야 합니다. 우리는 하나님께서 행하신 것을 눈으로 보고, 믿는 바를 담대히 전할 뿐입니다. 그럼에도 하나님께서 일하심으로 교회를 부흥시켜 주십니다. 결코 사람이 하는 일이 아닙니다. 목회자와 교인의 생각과 의도로 이루어지는 일이 아닙니다. 세상 지식도 물론 아닙니다. 여기에는 그리스도인의 믿음이 있어야 합니다. 예수님의 뜻이 나타남으로 교회가 세워지고 부흥의 역사가 일어납니다. 하나님의 관심은 사람을 궁극적으로 변화시키는 것으로, 개선하고 좀 더 나은 사람을 만드는 것이 아닙니다. 죽은 사람을 다시 살리심으로 완전히 새사람을 만드십니다. 하나님께서 영생을 주시어 영주도적인 인생으로 하나님과 동행하며 하나님께 영광 돌리는 삶을 살게 하십니다.

말씀과 성령의 역사로 부흥이 일어나는 현장에 나타나는 몇 가지 표지를 성경은 말씀합니다. 첫 번째 표지는 '평안'입니다. 어느 교회든지 다투고, 시기하고, 모함하고, 비난하고, 폭력이 있으면 망가지고 맙니다. 생각해 보면 교인들 중에 나와 똑같은 사람이 누가 있겠습니까? 한 사람도 없습니다. 내 생각을 앞세우다 보면 싸울 수밖에 없습니다. 교회는 하나님의 뜻으로부터 시작합니다. 평안의 동기도 하나님이십니다. 평강은 하나님께서 주시는 것입니다. 예수님의 십자가에 나타난 의를 믿음으로 주어진 선물이 평안입니다.

평안은 하나님의 의의 선물입니다. 하나님의 의를 믿지 않으면 평강이 없고, 자기 의를 내세울 때 하나님의 의는 사라지고 하나님의 은혜를 망각하게 됩니다. 거기에는 항상 다툼이 있을 뿐이고, 시기와 분쟁이 일어납니다. 은혜 없이 하나님의 사람이 된 사람은 아무도 없기에, 그 은혜가 나를 주장할 때 하나님의 평강이 나를 통해 주변으로 넘쳐흐르게 됩니다. 은혜로 말미암아 진리를 깨닫고, 진리 안으로 들어감으로 하나님의 교회가 부흥하여 평안히 든든히 세워져갑니다. 초대교회 교인들이 수많은 박해 속에서도 평안을 누렸듯이 말입니다.

두 번째 표지는 '경외'입니다. 하나님을 아는 지식이 커지면 커질수록 경외하게 됩니다. 일부러 경외할 필요가 없을뿐더러, 그렇게 되지도 않습니다. 그런 것은 쇼입니다. 하지만 하나님을 알면 알수록 하나님을 경외하고 됩니다. 교회가 '만민이 기도하는 집'이고, '하나님께서 계신 성전'이며, '그리스도의 몸'이라는 것을 기억한다면 경외만이 있을 뿐입니다. 그 앞에서 경건해지고, 진리 안에서 신앙생활을 하는 것입니다.

그런데 오늘날 교회에 경외가 없다는 것이 문제입니다. 하나님께서 항상 옳으시고, 항상 선하시고, 오늘도 살아 계셔서 당신의 교회를 세우고 계심을 망각하며 신앙생활을 합니다. 우리는 하나님의 역사를 알 수 없기 때문에, 교회에 대해서 아쉬운 마음이 있다면 그것은 자신이 잘못되었기 때문임을 인정해야 합니다. 그리고 그것을 회개하고, 하나님께서 그분의 뜻을 이루시기를 기도하고 그분을 찬양해야 합니다. 경외 속에 부흥을 경험하게 됩니다.

세 번째 표지는 '성령의 위로'입니다. 나 같은 죄인이 하나님의 은혜로 값없이 의롭다 함을 얻어 하나님의 자녀가 되었습니다. 성령의 역사가 없이는 불가능합니다. 성령이 안 계시면 그곳은 종교기관일 뿐이고, 거듭남과 구원의 역사가 임하는 부흥을 경험할 수도 없습니다. 모든 하나님의 교회는 하나님께서 세우십니다. 그럼에도 점점 성령을 인식하지 않고, 갈망하지 않으며, 성령의 역사를 신뢰하지 않습니다. 이것이야말로 사탄의 강력한 역사로서, 하나님의 부흥의 역사를 막는 장애물입니다. 성령이 없이는 그리스도인도, 새사람도 없고, 진리를 깨달을 수도 없습니다. 하나님의 교회도 없습니다. 성령의 역사와 위로를 사모하고, 항상 성령께 삶을 의탁해야 합니다. 거기에서 새사람이 되고, 하나님의 교회가 부흥합니다.

네 번째 표지는 '생명력'입니다. 평안과 경외 그리고 성령의 위로가 계속 진행되는 것은 살아 계신 하나님께서 성령을 통해 지금도 계시하시고, 온전히 나타내시며, 끝까지 인도하시기 때문입니다. 이 일에 증인된 하나님의 일꾼이 그리스도인입니다. 하나님의 주도적인 역사 속에 부흥이 일어나고, 하나님께서 살아 계시기 때문에 이 모든 부흥의 역사가 가능합니다. 하나님께서는 성령을 통해 한 사람 한 사람의 마음눈을 밝히시어 예수 그리스도를 영접하게 하시고 그분의 일하심을 믿게 하십니다. 그러한 역사가 일어나는 공동체가 교회이고, 그러한 믿음이 고백되는 곳이 교회입니다. 우리는 오직 믿음으로 이 진리를 성령 안에서만 인식할 수 있고, 깨달을 수 있고, 영접할 수 있고, 기뻐하며 증언할 수 있습니다.

하나님께서는 오늘도 살아 계시고 역사하십니다. 그분의 교회를 세우십니다. 교회를 통해 삼위일체 하나님의 임재와 역사와 능력을 나타내시고 생명의 역사를 일으키십니다. 교회를 부흥하게 하시고, 부흥의 체험자인 우리 그리스도인을 세상으로 보내셔서 하나님과 예수님과 성령님에 대한 증인으로 살게 하십니다. 우리를 통해 하나님께서 영광 받으시고, 하나님의 지혜와 능력을 온 세상에 나타내실 것입니다.

이 책은 이와 같은 부흥에 대한 확신과 소망을 공유하는 저명한 신학자 일곱 분의 체계적이고 심층적인 논의를 담았습니다. 1장(최두열 저)은 부흥의 역사, 용어, 신학적 개념들, 그리고 부흥과 관련된 주요 신학자들을 전반적으로 정리합니다. 2장(김철홍 저)은 성경신학적으로 부흥의 의미를 조명하는데, 아담에게서 상실된 하나님의 영광의 회복이라는 독특한 관점을 제시합니다. 3장(최승근 저)은 예배학적 측면에서 부흥을 고찰합니다. 저자는 하나님 중심의 복음이 예배를 통한 부흥의 원리임을 밝힙니다. 4장(김선영 저)은 마르틴 루터의 종교개혁 운동에서 영적 부흥의 원류를 찾습니다. 5장(이정숙 저)은 장 칼뱅의 목회와 신학으로부터 부흥의 참된 의미를 돌아봅니다. 6장(박성환 저)은 성경적 부흥의 바른 의미를 가장 잘 표현한 마틴 로이드 존스의 부흥설교에 대해서 고찰합니다. 끝으로, 7장(김선일 저)은 진정한 부흥과 복음전도의 관계를 다루면서 실제적인 지침을 제안합니다.

일곱 신학자의 옥고(玉稿)가 단순히 부흥에 관한 관념적 이해를 넓히는 데 그치지 않고, 복음이 살아나고 교회가 건강하게 세워지는 데 쓰이는 주님의 도구가 되기를 바랍니다. "그리하여 온 유대와 갈릴리와 사마리아 교회가 평안하여 든든히 서 가고 주를 경외함과 성령의 위로로 진행하여 수가 더 많아지니라"(행 9:31)

| 차 례 |

훑어보는 부흥

: 부흥의 용어, 역사, 신학자, 조직신학

최두열 목사

(이라이프 아카데미)

코로나 팬데믹 이후, 최근 열린 다양한 모임에서 많은 사람들이 한국 교회는 전례 없는 부흥과 성장을 경험했던 과거 역사를 되새기면서 제 2의 부흥을 도모해야 한다고 주장한다. '선교적 교회' 운동을 통해 한국 교회가 성장의 동력을 다시 찾고 부흥해야 한다는 제안을 하기도 한다. 1970, 80년대에는 '부흥(성)회'가 거의 모든 교회에서 정기적으로 또 비 정기적으로 열렸고, 기독교 매체에는 이에 관한 광고가 넘쳐났었다. 요 즈음에는 여러 가지 원인으로 이전보다는 '부흥(회)'라는 말이 덜 언급 되는 것 같지만, 교회는 여전히, 아니 더욱 부흥을 사모하고 구현해야 할 것이다.

부흥은 예수 그리스도의 재림까지 계속되어야 하고, 계속될 수밖에 없다. 개인적으로나, 개교회적으로나, 보편적 교회에 부흥은 반드시 있어야 하고, 지속적으로 필요하며, 자연스러운 것이다. 성경적인 부흥의 의미를 정립하기 위해서는 감정을 고취시키는 열광주의나 교인 숫자의 증가와 몇 가지 성령의 은사 중심으로 부흥을 이해했던 것을 바로잡는 신학적인 고찰과 역사적인 조망이 필요하다.

이러한 전제하에, 먼저 '부흥'이라는 용어를 정의하고, 교회사에 나타났던 부흥의 역사를 간략히 살펴본 후, 부흥 운동에 직간접적으로 관련되었던 신학자와 설교자들의 부흥에 대한 생각을 살펴보고, 조직신학적 관점에서 부흥의 본질에 관해 정리해 보고자 한다.

1. '부흥'이라는 말

한국어성경에는 '부흥'이라는 단어가 단 한 곳인 하박국 3:2에 나오는데, '부흥'으로 번역된 히브리어 동사는 성경의 여러 곳에서 사용되고 있다.[1] 표준국어대사전의 정의는 "쇠퇴하였던 것이 다시 일어남. 또는 그렇게 되게 함"이다. 14-16세기 이탈리아를 중심으로 일어났던 '르네상스(Renaissance)'의 성격을 흔히 '문예부흥운동'이라고 하고, 경제 부흥, 농촌 부흥, 가문의 부흥 등의 말로도 사용되는 것에서 보듯이, 일반적으로 '부흥'이라 하면 약해지고 수그러들었던 것이 다시 강해지고 힘을 얻게 되는 것을 의미한다. 옥스퍼드 사전은 이러한 의미 외에 "특별히 전도 집회에 의한 종교적 열정의 각성"을 가리키기도 한다고 정의한다.[2] 한자어로서 '부흥(復興)'은 '다시 부', '흥할 흥'이라는 의미다. 그러므로 처음으로 어떠한 현상이 발생하여 흥성해지는 것을 '부흥'이라고 할 수 없을 것이다. 흥하던 것이 계속되지 않고 약화되거나 중단되었을 때, 이전의 흥성했던 상태가 다시 일어나기를 바라고, 또 실제로 일어났을 때 '부흥'이라고 부르게 된다.

교회와 기독교 신앙의 측면에서, 구약성경에서 찾을 수 있는 부흥은 하나님의 언약의 축복이 회복되는 것이라고 할 수 있다. 신약성경에서의 부흥은 하나님의 언약의 영, 곧 성령의 부으심을 기대하는 것과 관련이 있으며, 부흥은 성령께서 주도적으로 이끄시는 하나님의 역사임이 강조되고 있다. '부흥(revival)'이라는 말 자체는 1662년 청교도 헨리 베인(Henry Vane)이 "급하고 강한 부흥"이라는 말을 한 데서 처음 등장했다. 그 후 조나단 에드워즈에 의해 "성령의 유출(effusion of the Holy Spirit)", 또는 "성령의 분출(outpouring of the Holy Spirit)" 등의 의미로 사용되었고, 18세기에 대중화되었다.[3] 그런데 18세기 미국의 대각성운동 때 '부흥'이 비로소 성령과의 연관성 가운데 이해되기 시작되었다는 것을 주목하게 된다. 예수 그리스도의 사역은 그분께서 부활 승천하신 이후에도 성령을 통해 역사하신다는 종교개혁의 전통 속에서 부흥이 이해되었던 것이다.

여기서 우리는 혼용되고 있는 '부흥'과 '각성'과 '성장'을 구분할 필요가 있다. '부흥(revival)'은 "회개, 개종, 성령체험 등이 집단적으로 나타나는 영적 '각성(awakening)' 현상이다. 일반적으로 그 규모가 클 경우 '대부흥(The Great Revival)'이라 하며, 대부흥이 오랫동안 대규모로 일어날 경우 '대각성(The Great Awakening)'이라 한다."[4] 토저(A. W. Tozer)는 부흥을 "현재의 상황에서 벗어나는 것"으로 표현한다.[5] 현상에서 탈피할 때 부흥이 일어난다는, 또는 부흥이 일어나기 위해서는 기존 현상을 벗어나는 각성이 전제되어야 한다는 의미일 것이다.

'성장(growth, development)'은 "사람이나 동식물 따위가 자라서 점점 커짐. 사물의 규모나 세력 따위가 점점 커짐. 생물체의 크기·무게·부피가 증가하는 일. 발육과는 구별되며, 형태의 변화가 따르지 않는 증량."[6]을 의미하는데, 보통 양적 성장과 질적 성장으로 나누어 생각해 볼 수 있다. 슈바르츠(Christian A. Schwarz)에 의하면 교회의 성장은 하나님께서 주신 자연적 성장 잠재력을 풀어놓을 때 일어나게 되며, 여덟 가지 질적 특성을 가지고 있다. 이러한 질적 요소들을 갖추지 못해도 예외적으로 양적인 성장을 하는 교회가 있기는 하지만, 여덟 가지 질적 특성을 가진 교회는 반드시 성장한다고 주장한다.[7]

이상을 종합하면 기독교에서 말하는 '부흥'은 '성령의 역사로 영적으로 죽은 생명을 (다시) 살아나게 하며, 영혼을 (다시) 새롭게 하고 세우며 영적으로 (다시) 각성시키는 것'을 의미한다고 할 수 있겠다. 그런 의미에서 부흥은 교세의 성장이나 양적인 증가와 혼동되지 않아야 한다. '성장'하는 교회가 반드시 '부흥'하는 교회라고 말할 수는 없을 것이다. 교회가 '부흥'할 때 반드시 '성장'하는가? 그렇기도 하고 그렇지 않을 수도 있다. '부흥'은 '각성'과 상호 교차해서 사용할 수 있지만, '성장'과는 상호 연관될 수도 있고, 반드시 연관되지는 않을 수도 있다.

2. 교회 역사에서 일어난 부흥

박용규는 오순절 성령 강림은 최초의 부흥 사건이었고, 그때 나타났던 현상들은 전형적인 부흥의 표식이며, 그 이후 모든 부흥은 어떤 의미에서 오순절 성령 강림의 반복이었다고 말한다. 중세시대에도 수차례 부흥의 물결이 일어났다. 12세기 왈도(Peter Waldo)의 지도하에 일어났던 왈도파 부흥, 프란시스와 도미니크를 통한 수도원 부흥운동, 그리고 위클리프, 후스 등 종교개혁 이전의 개혁자들을 중심으로 일어났던 부흥이 그것이다. 하지만 부흥은 종교개혁자들이 오직 믿음으로 의롭다 함을 받는다는 신앙을 재발견함으로써 교회사에서 자리 잡기 시작한 일종의 영적각성운동이었다.

부흥운동이라는 말을 현재와 같은 의미로 처음 사용하기 시작한 사람들은 영국의 청교도들이었다. 1560-1660년에 일어났던 청교도운동은 단순히 부흥운동과 동일시될 수는 없지만, 교회 개혁에 앞장섰던 신앙운동이었다. 이 청교도운동은 1670년 독일에서 시작되어 18세기 중엽까지 지속된 경건주의운동과 더불어 17-19세기 영미 영적대각성운동의 원동력이자 견인차의 역할을 감당했다. 17세기 잉글랜드, 스코틀랜드, 아일랜드, 웨일즈에서 간헐적으로 일어났던 부흥운동은 18세기에 좀 더 강력한 영적각성운동의 성격을 띠게 되었는데, 웨일즈 부흥운동과 미국의 1차 대각성운동이 그러하다. 미국의 1차 대각성운동은 웨일즈 부흥운동의 발흥에 지대한 영향을 미쳤다.

19세기에 접어들어 미국 동부 대학들과 교회들에서 영적각성운동이 일어나 1830년대에 절정에 달하게 되었는데, 소위 2차 대각성운동이었다. 이후에도 미국과 영국 도처에서 영적각성운동이 계속 일어났고, 놀라운 부흥의 역사를 경험하게 되었다.[8] 19세기 영미권 감리교에서 일어난 '옛 감리교 부흥운동'은 "회개를 통한 구원을 감정적으로 호소하는 설교, 찬송, 간증에 감동한 사람들이 울고, 웃고, 뛰고, 소리를 지르고, 기어다니고, 기절하는 극히 열광적 집회"였고, 결과적으로 미국 감리교에서는 "신학이나 교리를 통한 이성적 신앙이 아니라 성령 임재의 체험을 통한 감성적 신앙을 강조하는 전통"이 세워진다.[9]

20세기에 들어서서 세계 곳곳에서 부흥운동이 일어났다. 1903-04년의 웨일즈부흥운동, 1903-07년 원산부흥운동과 평양대부흥운동, 1905년 호주부흥운동, 1905-06의 인도부흥운동, 1906년 아주사 오순절 부흥운동, 1908년 만주부흥운동 등이 일어나 이 시대의 부흥을 '글로벌 리바이벌(Global revival)' 혹은 '글로벌 어웨이크닝(Global awakening)'이라고 불렀다. 20세기 초 미국 부흥운동은 무디(Dwight L. Moody), 토레이(Reuben A. Torrey), 빌리 선데이(William A. Sunday)로 대변되며, 영국에서는 마틴 로이드 존스(Martyn Lloyd-Jones)가 부흥을 외쳤다.

1950년대 한국에서도 민족의 위기 가운데 영적 각성이 있었는데, 1957년 빌리 그레이엄(Billy Graham)이 전 미주지역에서 부흥운동을 일으켜 전 세계에 지핀 부흥의 불길은 1970년대 대중전도운동으로 특징되는 한국교회 부흥으로 옮겨붙었다. 20세기 후반에 접어들면서 그동안 주목받지 못했던 아프리카와 아시아 국가들에서 부흥이 일어났고, 중국과 북한 지하 교회의 놀라운 성장은 부흥이라는 말밖에는 설명할 수 없다.[10] 1995년 휘튼대학교에서 일어났던 부흥, 최근 2023년 2월에 미국 켄터키 주 윌모어 소재 에즈버리 대학에서 일어났던 부흥 등이 교회의 생명력을 더해주고 있다.

한국교회에서 일어났던 부흥은 1901년 개성에서 개최된 신학공부반 참석자들이 성령의 임재를 체험했다는 기록으로 시작되었다. 그 후 몇 해에 걸쳐 열렸던 여러 종류의 모임과 부흥집회를 통해 계속해서 회개와 성령체험이 일어났고, 1907년 1월 6일부터 10일간 평양 장대현교회를 중심으로 일어났던 일명 '평양대부흥운동'에서 정점에 이르게 되었으며, 이는 한국교회의 오순절로 평가된다.[11]

평양대부흥 이후 한국교회 교인들은 성령체험과 신앙 각성으로 인해 자발적으로 전도에 열심을 내었고, 교인 수가 급격히 증가했으며 교단이 설립되었다. 대부흥을 통해 지금까지 지속되고 있는 독특한 한국적 관습이 퍼지게 되었는데, 대표적으로 새벽기도와 통성기도를 들 수 있다. 박용규는 한국교회 부흥운동을 "처음부터 말씀 연구, 말씀을 깨달은 후에 성령의 능력을 간구하는 간절한 기도, 그리고 위로부터 내리우신 성령의 임재가 하나로 어우러진 걸작품이었다"고 요약한다.[12] 그런데 이성적인 사경회가 점차 감성적인 부흥회로 대체됨으로써, '성서를 사랑하는 기독교인'이라 칭해졌던 한국 기독교인의 전통이 이성적인 사경회보다 감성적인 부흥회로 대체되어 가게 되었다.[13]

한국 개신교는 완전히 다른 두 계층에 의해 시작되었는데, 상인 등 민중이 받아들인 기독교는 개인 구원의 종교(민중적 신앙)였고, 양반층과 지식인이 받아들인 기독교는 빼앗긴 나라를 살릴 수 있는 힘을 가진 것(민족적 신앙)이었다. 이 두 가지는 상호 배타적인 것이 아니었지만, 두 개의 구별된 흐름으로 내려오게 된다. 부흥운동은 민중적 신앙의 특징을 잘 보여준다. 따라서 민족적 신앙을 가진 사람들은 민중적 신앙에 대해 부정적인 눈으로 보게 되었다.[14] 1920-30년대의 부흥운동을 통해서는 교인 수가 크게 늘지 않았다. 하지만 독립의 희망이 보이지 않는 상황에서 부흥운동은 한국의 개신교인들에게 위로와 희망을 주는 일이었다.[15]

1950년 이후는 개신교 주요 교단들이 신사참배 문제, 신학적 갈등, 냉전 시기의 이념 갈등, 세계교회협의회(WCC)를 둘러싼 갈등 등의 이유로 분열을 겪은 시기였다. 그러한 가운데 한국교회는 1960년대부터 1980년대까지 양적으로 크게 성장했다. 미국 전도자들의 영향도 있었지만, 교세 확장을 위한 적극적 전도와 부흥운동, 그리고 산업화에 따른 인구의 급격한 도시 집중이 교회 성장에 좋은 환경을 제공했다. 이 시기에 전국적으로 많은 기도원이 설립되었는데 주로 감정을 고조시키는 부흥회식 집회가 행해지고 성령의 은사를 강조하게 되었다. 이 시기에 한국사회가 사회경제적으로 불안한 가운데 종교적 위로와 치유가 요구되었기 때문이다. 이러한 분위기에서 여러 신흥종교, 이단 사이비가 출현하게 되었다.

1965년 선교 80주년 부흥집회 등 여러 대규모 전도부흥집회가 열렸고, 1984년 한국 기독교 100주년 선교 대회가 그 정점이 되었다. 결과적으로 놀라운 성장과 함께 교계에서는 물량적 성장주의와 극단적 개교회주의가 팽배하게 되는 안타까운 현실을 보게 되었다. 이후 한국 교회 성장은 서서히 둔화되었고, 1990년대 중반부터는 교세가 정체하거나 감소하기도 했다.[16]

3. 부흥과 신학자들

여기서는 조나단 에드워즈, 마틴 로이드 존스, 제임스 I. 패커, 팀 켈러의 저술과 설교를 중심으로 부흥에 대해 살펴보겠다.

1) 조나단 에드워즈와 부흥

조나단 에드워즈(Jonathan Edwards, 1703-1758)는 1730년-40년대에 미국에서 일어났던 '대각성(Great Awakening)'에 참여한 신학자였으며 또 설교자였다. 당시 신학자들이 볼 때 부흥사들은 감정적으로 뜨겁기만 하고 내용은 부족한 '열성분자'였으며, 반대로 부흥사들이 본 신학자들은 머리에 지식만 들어있을 뿐 감정적으로 차가운 사람들이었다. 그러므로 신앙에 있어서 '감정', 즉 '뜨거운 것'이 바람직한 것인지 아닌지의 논쟁이 일어났다.

이러한 상황에서 에드워즈는 『신앙의 감정(Religious Affections)』이라는 책을 썼는데, 그는 감정을 두 가지로 구별하고 있다. '감정(affection)'은 "하나님께서 우리에게 주신 인식할 수 있는 능력, 알 수 있는 능력, 깨달을 수 있는 능력, 생각할 수 있는 능력, 이 모든 자연적인 기능이 자연스럽게 활용할 때 자연스럽게 동반하는 감정, 성경을 보고 하나님을 깨닫고 예수 그리스도를 깨닫고 생각하면서 자연스럽게 동반하는 감정"을 말하는데, 이 감정은 기독교 신앙에서 반드시 있어야 할 요소임을 강조한다. '열정(passion)'은 "성경말씀을 배워 하나님에 대하여 깨닫지 못한 채 그냥 불쑥 솟아오르는 막연한 감정"을 의미하며, 바람직하지 못한 것이다. 이처럼 에드워즈는 부흥운동을 건전한 부흥운동과 건전하지 못한 운동으로 구별하면서 교회를 바르게 인도하려 노력했다.

그가 생각했던 건전한 부흥운동은 삼위일체 하나님께서 다 같이 인도하실 때 가능한 것이었다. "성부 창조주께서 주신 인간의 생각하고 깨닫고 느낄 수 있는 모든 기능을 사용하고, 성자 예수 그리스도를 중심으로, 성령의 감동감화가 계실 때" 참된 부흥이라고 본 것이다.[17] 이것은 에드워즈가 하나님의 '성향(disposition)'을 "영원히 완성되어 있고 완벽"하시며, "동시에 또한 본질적으로 창조적이며, 자기전달적"이시고, "심지어는 자기확대적"이시라고 이해한 것과 관계된다고 할 수 있다.[18]

1734-1749년 사이에 '1차 대각성'이 메인주에서 조지아주까지 걸쳐 일어났다. 에드워즈는 1차 대각성의 일부분이 되었는데, 개교회에 국한된 부흥이 아니라 동부해안의 수천 교회에 영향을 끼쳤으므로 '대각성'이라 부른다. 에드워즈가 노스햄프턴의 유일한 교회였던 회중교회에 부임했는데, 그 교회의 전임 목사인 그의 외할아버지 솔로몬 스터다드가 58년간 목회하는 기간에 다섯 차례의 수확이 있었다. 성령의 바람이 불어와 사람들이 모여 회심하고 부흥했다. 부흥은 교회에 성령의 바람이 불고, 각성이 일어나고 사람들이 모여 성장할 때 일어났던 것이다. '2차 대각성'은 100년 후에 일어나게 되었고, 그 이후의 부흥 현상은 '대각성'이라고 부르지 않는다.

에드워즈는 1734-5년의 부흥을 되돌아보며 1738년에 다섯 편의 설교를 묶어 출판했다. 그가 부흥을 촉발시킨 다섯 가지 요소라고 생각했던 것은 첫째, 오직 믿음으로 의롭다함을 얻음, 둘째, 하나님 나라로 침입하기, 셋째, 롯의 결심, 넷째, 죄인들을 저주하심에 있어서 하나님의 공의, 다섯째, 예수 그리스도의 탁월하심이었는데, 특히 첫 번째가 부흥에 영향을 끼친다고 보았다. 그는 부흥이 하나님께서 오직 믿음으로 의롭다하심을 얻는다는 교리를 승인하시는 증거라고 여겼다.

에드워즈는 「진정한 부흥의 징후(Signs of True Revival)」라는 논문에서, 요한1서 4장에 잘 나타난 하나님(의 영)께서 일하시고 계시는 것을 보여주는 특징이 무엇인지를 말하고 있다. 그것은 "예수에 대한 경외심이 일어"나는 것, "사탄 왕국의 세력이 대적함을 받고 있"는 것, "성경을 더욱 사랑하도록 가르침 받고 성경의 진리와 성경의 기원을 더욱 신뢰하도록 인도받는" 것, "진리로 인도하며 진리를 확신시켜 주는" 것, "하나님과 이웃을 더욱 사랑하게" 하는 것, 그리고 "하나님과 그분의 영광에 관해서 많이 생각하는" 것 등이다.[19]

또한 에드워즈는 부흥을 성령 하나님께서 일하시는 뚜렷한 표지로 말하고 있다. 즉 부흥의 주체이자 원동력은 사람이 아니라 하나님(의 영)이시라고 강조하는 것이다. 그는 또한 스가랴 8장 20-22절 말씀에서 예언된 대로 메시아께서 오실 미래에 성령께서 역사하심으로 교회가 영광스럽게 부흥하게 될 것이라고 말한다. 그리고 그 부흥은 하나님께 기도하는 심령을 받은 하나님의 백성이 함께 나아와 기도를 드릴 때 오게 되는 것이며, 그러한 기도가 점진적으로 확장되어 교회의 부흥을 시작한다는 사실을 강조한다. 하나님 앞에서 기도하는 것은 만군의 여호와 하나님 그분을 열망하고 구하며 찾는 것을 의미한다.[20]

존 파이퍼(John S. Piper)는 자신이 성경 이외에 가장 많이 읽은 저자이며, 가장 영향을 많이 받은 목회자 혹은 신학자로 조나단 에드워즈를 꼽는다. 그는 '조나단 에드워즈와 부흥'이라는 강연에서 1734-35년, 그리고 1741-43년에 미국 뉴잉글랜드에서 일어났던 '대각성'에 조나단 에드워즈가 어떻게 관여되었는지를 설명한다. 일반적으로 사람들이 에드워즈를 '비(非)부흥론자'로 알기 쉬운데, 파이퍼는 하나님께서 에드워즈를 찰스 피니 또는 D. L. 무디와는 아주 다른 방법으로 사용하셨다고 말한다. 그러면서 부흥을 위해 하나님께서 사용하신 사람을 정형화하지 않아야 할 것을 강조한다.

파이퍼는 에드워즈가 생각했던 부흥을 몇 가지로 요약한다. 첫째로, 각성은 고도의 교리적 설교의 날개를 타고 온다. 둘째로, 그리스도의 몸 안에서의 통일은 부흥의 전제조건이 아니다. 셋째로, 하나님께서는 부흥을 위해 사건들을 사용하실 것이다. 넷째는 부흥은 어렵게 온다는 것이다.[21]

2) 마틴 로이드 존스와 부흥

1859년에 일어났던 웨일즈 부흥(Wales Revival) 100주년을 맞아 마틴 로이드 존스(Martyn Lloyd-Jones, 1899-1981)는 부흥에 관해 연속적으로 설교했다. 이 설교에서 그는 신약성경과 조지 휫필드(George Whitefield)와 조나단 에드워즈의 사역, 그리고 웨일즈 부흥에 대한 기록 등을 통해 부흥을 이해하고 있다. 제임스 패커(James I. Packer)는 로이드 존스가 이해했던 부흥을 "궁극적인 영적 재앙을 피하게 해 주는 유일한 사건ㅡ하나님께서 찾아오셔서 소생시키시는 일"[22]이라고 요약하고 있다.

정근두는 로이드 존스가 생각한 부흥은 "각 사람의 회심 때에 나타나는 하나님의 권능이 많은 사람들에게 동시에 확산되는 일"로서, "참된 기독교가 있는 곳이라면 어디든지 존재하는 그 동일한 생명이 빠르게 확산되고 흘러넘치는 일"이라고 설명한다. 그러므로 "부흥의 시대라고 해서 하나님께서 일상적으로 하시는 사역과 본질적으로 다른 사역을 하신다고 할 수는 없"으며, "다만, 예외적으로, 비교할 수 없는 정도의 범위로 그리스도의 영광이 크게 나타나는 것일 뿐"이라는 것이다.[23] 로이드 존스 또한 부흥은 절대적으로 하나님으로부터 말미암는 일이라고 확신했음을 알 수 있다.

로이드 존스는 교회사에서 일어났던 부흥의 배경을 애기하면서 우리가 반드시 믿어야 하는 진리들이 있다고 말한다. 교회가 침체에 빠졌던 시기에는 기독교 진리가 부인되거나 무시당했다. 본질적인 진리가 부인되는데도 부흥이 일어난 사례는 등장하지 않는다. 기본적인 진리를 부인하는 교회들은 부흥의 중심에 있던 사람들을 반대하고 박해했다.

기독교 신앙의 기본 교리를 재발견하면 부흥이 일어난다. 초월적이고 영원하시며, 우주를 주관하시며 지금도 행동하시는 하나님을 믿고, 성경을 하나님의 계시의 말씀으로 믿고 권위를 인정하며, 인간은 죄에 빠져 하나님의 진노 아래 있다는 것을 잊지 않을 때, 부흥이 찾아온다. 부흥은 "주를 향하여 손을 펴고 내 영혼이 마른 땅 같이 주를 사모"(시 143:6)하고, "내 눈이 주의 구원과 주의 의로운 말씀을 사모하기에 피곤"(시 119:123)할 때, "그가 사모하는 영혼에게 만족을 주시며 주린 영혼에게 좋은 것으로 채워주"(시 107:9)시는 것으로 찾아온다.[24]

3) 제임스 패커와 부흥

부흥에 대한 여러 정의가 있지만 제임스 패커(James Innell Packer, 1926-2020)의 정의가 조직신학적으로 가장 선명하고 확실해 보인다. 패커는 삶의 모든 측면에서 초자연적인 그리스도인의 삶은 오직 성령의 활동으로 인해 시작되고 유지될 수 있으므로, 성령이 없으면 신자도 없고 계속되는 교회의 성장도 없을 것이라고 말한다. 성경의 가르침을 통해 살펴볼 수 있는 성령의 사역을 이해하는 열쇠는 성령께서 "예수 그리스도의 인격적인 임재와 사역을 전하는 일"을 하신다는 것과, 그리스도의 몸을 부흥시키는 사역을 하시는 데 있음을 주장한다.[25] 그는 은사 체험에 대한 해석에 관하여 쓴 글에서 부흥과 관련하여 다음과 같이 말한다.

> 은사주의 운동은 성경적이고 건강한 기독교에 속하는 많은 요소들을 참으로 회복시키지만, 하나님의 부흥의 역사에 속하는 모든 요소들을 보여 주지는 못한다. 확고한 믿음의 기쁨을 힘 있게 붙잡기는 하지만, 이 운동은 '하나님의 거룩함'이라는 두려운 탐조등으로 죄를 비추는 일과 거기에 따라오는 근본적인 회개가 가져오는 경건한 슬픔에 대해 너무도 모른다. 게다가 믿음의 기쁨과 은사를 축하하는 데 안주하면서 너무 쉽사리, 또 너무 빨리 만족해 버린 듯하다. 지금 필요한 일이라면, 뒤로 돌아갈 게 아니라 지금까지 이 운동이 달려 온 그 지점에서 계속해서 앞으로 전진하여, 하나님께서 찾아오셔서 부흥시키시기를 추구하는 일이다.[26]

패커는 교회에 필요한 부흥은 아직 오지 않았고,[27] 만약 부흥을 은 사회복운동과 같은 것으로 여긴다면 부흥을 제대로 이해하지 못한 것이라고 말한다. 그는 몇 가지 부흥의 주요 논점을 제시하고 있다. 첫째, "부흥은 하나님께서 당신의 교회에 새로운 활력을 주시는 일"이다. 부흥은 영적인 삶을 회복시켜 주시는 하나님의 역사(役事)이며, 신자들로 하여금 새로운 차원에서 성부와 성자 하나님과 교제할 수 있도록 성령 하나님께서 주도하신다. 성경에서 찾을 수 있는 부흥을 구하는 기도들은 개인적 차원이 아니라 공동체성을 띠고 있다. 부흥에 대한 예언들도 이스라엘 백성 전체를 대상으로 언급되고 있다. 부흥은 개인적으로 오기도 하지만 하나님께서는 교회를 부흥시키신다.

둘째, 부흥은 "하나님께서 당신의 분노를 당신의 교회에서 멀리 옮기시는 일"이다. 구약성경에서 부흥을 간구하는 부르짖음은 하나님께서 그들의 죄악을 심판하고 계신다는 인식에서 비롯된다. 부흥은 하나님께서 심판하신 후에 그분의 백성을 위로하고자 하실 때 오게 된다. 셋째, 부흥은 "하나님께서 당신의 백성들의 심령을 감동시키시고, 그들에게 찾아오시고, 오셔서 그들과 함께 거하시고, 그들에게 돌아오시고, 당신의 성령을 그들에게 부으셔서 그들의 양심을 소생시키시고 그들의 죄악을 보여 주시며, 당신의 자비를 그들의 눈앞에 영광스럽게 드러내시는 일"이다. 죄에 대한 회개가 깊어지고 믿음이 강해지며 영적 이해력이 기민해지는 등 회심자들이 아주 짧은 기간에 성숙하게 된다. 구세주를 담대하게 증거하며 섬길 때 지치지 않는다.

넷째, 부흥은 "하나님께서 당신의 놀라운 은혜를 드러내 보이시는 일"이다. 심판받을 수밖에 없는 그리스도인들과 교회들에게 찾아오기 때문에 전적으로 은혜의 역사이다. 다섯째, 부흥은 "종종 외딴 곳에서 돌발하거나 유명하지 않은 사람들의 사역을 통해서 온다." 여섯째, 부흥은 "분명 기도의 응답으로 온다." 부흥을 위해 기도하지 않으면 부흥의 역사를 체험할 수 없다.

그러므로 패커는 부흥을 갈망하는 사람들은 세 가지를 해야 한다고 제안한다. 첫째, "하나님의 진리를 전파하고 가르치라." 하나님께서는 오직 진리를 통해 축복하신다. 둘째, "그리스도의 길을 예비하라." 그분께서 오시는 길을 방해하는 "습관적인 죄, 기도와 교제를 소홀히 함, 세속적인 마음가짐, 교만, 질투, 원통함을 탐닉함, 증오를 행동의 동기로 삼음 같은 장애물들"을 길에서 자갈을 치우듯이 제거해야 한다. 회개는 부흥의 조짐이자 시작이다. 셋째, "성령 충만하기를 기도하라." 하나님께서는 우리에게 "구하지 않으면 받기를 기대하지 말라"고 말씀하신다. 이 점은 조나단 에드워즈도 강조했던 것이다.[28] 이러한 패커의 부흥에 대한 정의는 교회역사 가운데 일어났던 부흥운동들의 역사와 내용을 포괄적으로 잘 요약한 것으로 보인다.

4) 팀 켈러와 부흥

팀 켈러(Timothy Keller, 1950-2023)가 고든콘웰신학교 학생이던 시절 수강했던 리처드 러블레이스(Richard F. Lovelace, 1930-2020) 교수의 강의는 켈러가 교회관을 형성하고 사역의 방향을 잡는 데 크게 영향을 끼쳤다. 러블레이스는 '부흥의 역학'을 강조했는데, 그것은 "그리스도인들이 율법과 복음을 혼동하면 교회가 길을 잃게" 되고, "칭의와 성화가 분리되지도 않고 하나로 뭉뚱그려지지도 않으면 부흥의 여건이 무르익는다"라는 것이다.

러블레이스가 이해한 부흥은 성령께서 강력하게 역사하셔서 하나님의 백성에게 복을 주시는 것이다. 부흥이 일어나면 도덕주의자는 자신이 복음을 모른다는 것을 깨닫고 회심한다. 죄에 얽매여 있던 그리스도인은 그리스도와의 연합과 칭의에 해방의 능력이 있음을 깨닫고 새로운 자유를 누린다. 심지어 교회 밖에 있는 많은 사람도 부흥 기간에 회심한다. 난생 처음으로 복음을 보수적 도덕 가치를 위한 정치 연설이 아니라 죽은 자를 살리는 권능으로 듣기 때문이다.[29]

켈러는 러블레이스의 영향을 받아 부흥에 대해 말하면서 성령의 역사를 강조한다. 성령께서는 은혜의 평범한 수단인 설교와 기도와 성례 등을 통해 역사하시는데, 그러한 결과로 죄인이 회심하고 신자가 쇄신되는 것이 부흥의 증거일 수 있다. 부흥이 필요한 이유는 부흥을 경험해야 행위로 의를 이루려는 타고난 성향에서 탈피하여 은혜의 빛 가운데 살아갈 수 있기 때문이다.[30]

켈러는 또한 조나단 에드워즈의 신학과 실천에서 크게 영향을 받았다. 에드워즈가 '보편적 미덕'과 '참된 미덕'을 구분했던 것에서 도움을 받아, 켈러는 "그리스도인이 부흥을 경험하여 하나님을 최고선이자 중심으로 삼으면, 그때 흘러나오는 '참된 미덕'은 모든 사람을 복되게 한다"라고 말한다. 에드워즈가 참된 기독교의 표지로 지성뿐만 아니라 정서까지 아우른 것도 켈러에게 중요한 주제가 되었다. 머리에서 가슴으로 내려온 부흥은 이제 손을 통해 밖으로 흘러나가게 되는 것이다.

나중에 켈러는 장 칼뱅의 『기독교 강요』를 읽으며 에드워즈에게 배운 것과 비슷한 점이 많은 것을 발견했는데, 특히 하나님께서 예수 그리스도 안에서 베푸시는 무조건적인 사랑을 머리와 가슴으로 함께 깨달아야 한다는 칼뱅의 말이 에드워즈 신학의 핵심임을 인식하게 되었다. 그리고 켈러는 에드워즈 시대에 있었던 부흥이 일어나기를 늘 기도했다.[31]

4. 조직신학적 관점에서 본 부흥

부흥에 대해서는 위에서 살펴본 바와 같이 교회사에서 그리고 성경신학에서 주로 많이 언급된다. 조직신학의 관점에서 부흥을 특정하여 기술한 저작은 찾기가 어렵다. 그러나 교회역사상 일어났던 부흥운동들의 배경과 구체적인 현상, 그리고 결과를 살펴보면 조직신학의 모든 분야와 관련된 것을 보게 된다. 따라서 부흥의 내용과 표지는 조직신학적 관점에서 서술할 수 있다. 부흥은 삼위일체로 존재하시며, 우리의 인식을 초월하는 신비이시며, 또한 내재하시는 창조주 하나님께서 주도하시는 사건이다(신론). 부흥은 하나님 앞에서 죄인인 우리의 모습을 깨닫고 회개하게 한다(인간론). 부흥의 핵심은 예수 그리스도께서 지신 십자가의 대속의 은혜와 부활의 능력을 믿게 되거나 재확인하는 것이다(기독론). 부흥의 역사는 성령의 역동적인 임재와 역사에 의해 일어난다(성령론).

부흥은 행위로 말미암아 구원을 받을 수 없다는 사실을 확실히 깨닫고, 믿음으로 의롭다 하심을 받고, 회개할 때 죄 사함을 받게 되는 것을 다시 한 번 철저히 깨닫는 것이다(구원론). 부흥으로 말미암아 교회는 믿음의 공동체로서 머리가 되시는 예수 그리스도의 몸 된 지체로서 어떻게 하나가 되며 세상을 향한 사역을 하게 되는지 확인하게 된다(교회론). 부흥은 궁극적으로 다시 오실 예수 그리스도를 소망 가운데 기다리며 마지막 때를 인내하며 살아가는 그리스도인의 삶을 점검한다(종말론). 부흥은 특별히 바른 성령론과 교회론을 정립하게 하며, 반대로 교회론과 성령론이 바로 정립되었을 때 올바른 부흥에 대한 이해를 갖게 되며,

부흥을 도모할 수 있다.

칼 바르트(Karl Barth, 1886-1968)는 '사도적인' 교회라는 표현은 '하나의 거룩하고 보편적인' 교회라는 표현들을 설명해 주는 것이라고 말한다. 즉 교회의 단일성과 보편성과 거룩성은 사도들의 증언 위에 세워진 교회를 의미한다는 것이다. 바르트에 의하면 사도적 교회가 있는 곳에서는 교회의 표지, 곧 예수 그리스도께서 교회를 낳으시고 회중을 다스리시는 분이라는 표지가 살아있을 것이다.[32] 이것은 부흥의 교회론적 의미를 생각할 때 아주 중요하다. 교회의 표지가 분명해질 때 부흥이 있게 되며, 부흥이 일어날 때 교회의 표지가 새롭게 다시 명확히 세워질 수 있다.

한스 큉(Hans Küng, 1928-2021)은 교회가 반드시 충족시켜야 할 조건들을 말하고 있다. 첫째, 교회는 과거로 회귀해서는 안 되며, 오직 "기독교의 근원에 방향을 설정하면서 현재의 과제들에 집중"해야 한다. 둘째, 교회는 가부장적 교회가 되어서는 안 되며, "여성과 남성을 동등한 협력관계로 이해"해야 한다. 셋째, 교회는 "교파적으로 협소화되어서는 안 되며, 교회 일치를 지향하는 개방적인 교회가 되어야" 한다. 넷째, 교회는 유럽 중심이 되어서는 안 되며, "관용적이며 보편적인 교회가 되어야" 한다는 것이다.[33] 큉이 부흥이라는 표현은 사용하지 않았지만, 부흥의 올바른 방향성을 제시한 것으로 이해해도 될 것이다. 부흥은 궁극적으로 교회를 위하여, 그리하여 교회가 주체가 되어서 하나님의 나라를 완성해 가기를 원하시는 하나님의 성령의 역사이다.

예수 그리스도의 구속의 은혜로 새 사람을 입은 그리스도인들은 개인적인 차원에서, 그리고 공동체로서 계속적으로 부흥을 체험하고 살아야 한다. 그것은 구체적으로 우리의 "몸을 하나님께서 기뻐하실 거룩한 산 제물로 드리"(새번역, 롬 12:1)는 것인데, 그것은 곧 "이 시대의 풍조를 본받지 말고, 마음을 새롭게 함으로 변화를 받아서, 하나님의 선하시고 기뻐하시고 완전하신 뜻이 무엇인지를 분별하도록 하는"(새번역, 롬 12:2) 것이다. 이것이 하나님께서 부흥을 주시는 목적이며, 또한 우리가 맞는 부흥의 결과이기도 하다.

부흥은 예수께서 말씀하신 크고 첫째가는 계명대로 마음과 목숨과 뜻을 다하여 주 하나님을 사랑하고, 둘째로 이웃을 자기 자신 같이 사랑하는 것을 실천하는 것이다. 전인격적으로 하나님과 이웃을 사랑하게 되는 것이 부흥을 주시는 동기이자 목적이요 그 결과이다. 참된 부흥은 우리의 지·정·의의 균형을 이루게 해 주는 것이고, 동시에 지·정·의가 균형을 이룰 때 부흥이 찾아오게 된다. 이것을 데니스 홀링거(Dennis P. Hollinger)는 3H(Head, Heart, Hand)의 통합으로 표현한다. 지성과 감성과 행동이라는 세 가지 요소가 전 인격적으로 통합되어 하나가 되는 것이 중요하다고 말한다.[34] 그러므로 세 가지 가운데 한두 가지 측면을 강조하는 성향의 신도나 교회가 나머지 면에도 주의를 기울이고 실행하기를 힘쓰는 것이 참 부흥의 결과가 될 것이다.

복음은 하나님의 선물, 곧 성육신하신 예수 그리스도의 인격과 사역으로 말미암아 우리가 죄 사함을 받고 하나님의 자녀로 입양되었으며 생명과 영생의 부활에 참예하게 되었다는 복된 소식이다. 교회는 예수 그리스도께서 믿음의 고백 위에 세우신 예수 그리스도의 몸이며, 그 몸을 이루고 있는 각 지체들이 서로 연합하여 한 몸을 이루어나가는 믿음의 공동체이다. 그러므로 부흥은 무엇보다도 교회를 통하여, 교회를 위하여 일어나야 한다. 어느 한 지체가 연약해질 때가 있고, 시험에 들어 병들 때가 있지만, 그러할 때 면역체계가 발동하고, 함께 그 연약해진 지체를 바로 세우는 것이 바로 부흥일 것이다.

톰 레이너(Thom S. Rainer)는 서서히 쇠퇴했기 때문에 아무도 알아채지 못했던 미국의 '죽은' 개체 교회들을 '부검'하여, 그렇게 만든 몇 가지 원인을 정리한다. 변화를 거부한 것, 지역 사회에 관심을 갖고 섬기지 않은 것, 지상대명령에 대한 순종이 점진적으로 사라진 것, 열정적인 믿음의 기도를 함께 드리지 않은 것, 복음을 향한 열정이 식어 교회의 목적과 사명을 잃어버린 것 등이다.

그는 또한 '소생한(revived)' 교회들을 '해부'해 본 결과 마법과 같은 해법은 없었다고 하면서 몇 가지 해법을 제시한다. 무엇보다도 교회의 리더들과 교인들이 하나님의 능력을 믿고 순종으로 나아간 것, 전통을 위한 전통을 내려놓은 것, 숫자를 목표로 삼지 않은 것, 회복의 전 과정을 기도가 지탱해 준 것 등을 말하고 있다.[35] 이러한 실용적인 분석을 통해서도 교회론을 중심으로 부흥의 요건들을 유추해 볼 수 있다.

맺음말

예전보다 줄어든 듯하지만 여전히 기독교 관련 매체에서는 '부흥(성) 회'에 대한 광고를 찾아 볼 수 있다. 'oo부흥사협의회 신학박사 ooo 목사 총재 취임예배', 'ooo 목사 부흥성회', '나라와 민족을 위한 긴급 회개 부흥성회—기적이 일어나는 3시간 돌파 기도회', '산상 축복 응답 부흥회' 등이 최근 기독교 매체에 실린 광고들이다. 부흥의 참된 의미를 생각하지 않고, 편의상 사용해 오던 대로 부흥이라는 명칭을 갖다 붙인 것 같은 느낌을 받게 하는 저급한 광고들뿐 아니라, 그러한 모임 자체가 지양되어야 할 것이다.

본회퍼(Dietrich Bonhoeffer, 1906-1945)가 22세였을 때 바르셀로나에서 행한 첫 번째 설교는 로마서 11장 6절, "만일 은혜로 된 것이면 행위로 말미암지 않음이니 그렇지 않으면 은혜가 은혜 되지 못하느니라"를 본 문으로 한 '의인과 종교'라는 제목의 설교였다. 그는 거기서 "기독교의 의미는 종교가 아니라 계시이며 은혜이자 사랑입니다. 그것은 사람이 하 나님께 나아가는 길이 아니라, 하나님께서 사람에게로 다가오시는 길입 니다."라고 말한다.[36] 그는 또 1933년에 했던 '모세교회와 아론교회'라 는 제목의 설교에서 '제사장 교회'와 '말씀의 교회'의 충돌을 말한다.

우리는 기다리지 못하는 교회, 눈에 보이지 않는 분께 기대어 살지 않는 세상 교회, 자기를 신으로 만드는 교회, 자기 마음에 드는 신을 섬기려고 할 뿐 하나님의 마음에 들려고 하지는 않는 교회, 하나님께서 하지 않으 시는 것을 자기가 직접 하려고 하는 교회, 우상 숭배를 중요시하고, 인간 의 사고와 가치들을 우상화하는 일을 기리는 곳에서 기꺼이 희생할 용 의가 있는 교회, 제사장이 하나님의 전권을 주제넘게 차지하는 교회로서 예배에 자꾸 모여듭니다.[37]

그가 기독교의 의미는 계시이며 은혜이자 사랑이며, 그것은 하나님 께서 사람에게로 다가오시는 길이라고 한 것은 부흥을 바르게 이해하는 데도 중요한 정의이다. 부흥은 사람이 주도적으로 하나님께 나아가 얻는 것이 아니라, 하나님께서 주시기 위해 사람에게로 다가오시는 계시이며 은혜이자 사랑이다.

그렇다면 왜 부흥을 경험하지 못하게 되는 것일까? 다가오시는 하나님을 만나지 못하고, 알지 못하고, 인정하지 못하기 때문이다. 그의 '아론교회'를 향한 준열한 지적은 오늘날의 교회, 특히 한국교회를 향해 울리는 경종인 동시에 부흥으로 안내하는 표지판이라 해도 좋을 것이다. 우상을 파괴하는 교회, 말씀의 교회, 고요히 기다리는 교회, 냉철한 믿음의 교회, 유일하신 하나님을 경배하는 교회가 되는 것이 부흥의 원인이자 동시에 부흥의 결과라고 말할 수도 있다. 지난 대부흥의 역사를 보더라도 공통적으로 철저한 회개가 있었고, 기도가 있었고, 전도가 있었다. 반대로 통회하는 회개가 있고 열심히 복음을 전하며 기도에 힘쓸 때 부흥이 있었다. 오직 성령께서 임하시면 부흥을 맞고 또한 맛보게 될 것이다.

찰스 피니(Charles G. Finney, 1792-1875)는 미국의 제2차 부흥운동의 중심인물이었는데, 장로교 목사였지만 신학적으로 전통적 칼빈주의로부터 떠났고, 아르미니우스주의자였다. 그는 조나단 에드워즈를 비판하기도 했는데, 그럼에도 피니가 부흥에 필요한 두 가지 수단을 '진리와 기도'라고 말한 것은 주목할 만하다.

부흥을 촉진시키는 데는 반드시 필요한 두 가지 수단이 있다. 그 하나는 사람을 감화시키는 것이요, 다른 하나는 하나님을 감화시키는 것이다. 진리는 사람들을 움직이는 데 사용되는 것이고, 기도는 하나님을 감동시키는 데 사용된다. 하나님을 감동시킨다는 말은 하나님의 생각이 우리의 기도에 의해 달라진다거나 그분의 성향 혹은 성품이 변화한다는 뜻이 아니다. 오히려 기도는 하나님의 뜻에 일치되게 우리 안에 변화를 일으킨다는 뜻이다. 기도가 아니고는 그렇게 하나님의 뜻에 합치될 수 있도록 우리를 변화시킬 만한 것이 달리 없다. 죄인이 회개하면, 그 정서 상태로 말미암아 하나님께서 그를 사(赦)하시기에 적절하게 된다. 그런 조건하에 하나님께서는 언제라도 죄인을 사하실 준비가 되어 있으시며, 그래서 죄인이 생각을 바꾸고 회개하면 그를 용서하시기 위해 하나님 편에서 생각을 바꿀 필요가 없게 된다. 하나님의 사하심을 타당하게 만드는 것은 죄인의 회개이며, 바로 그러한 때에 하나님께서는 행동하신다.[38]

진리의 복음으로 사람들을 움직이고, 기도로 우리를 하나님의 뜻에 합치될 수 있도록 변화시킬 때 하나님을 감동시킬 수 있다. 통회하는 회개의 기도가 드려질 때, 부흥을 촉진시킬 준비가 된다.

마틴 로이드 존스는 자신의 생전에 부흥이 거의 일어나지 않고 자신의 설교를 듣고 열광했던 사람들이 이내 부흥에 대한 생각을 접어 버린 것 같이 보여 실망했다고 한다.[39] 온전한 부흥은 예수 그리스도의 재림 때에 이루어질 것이기 때문에, 이러한 실망은 당연한 것이리라. 부흥은 사람과 하나님 사이의 영원한 거리를 깨달을 수밖에 없음에 깊이 탄식하는 성금요일과, '내가 너희와 함께 있을 것이다'라는 예수님의 약속의 말씀을 주신 은혜에 기뻐 찬송하는 부활절을 동시에 맞이하는 것이다. 삼위일체 하나님을 만끽하는 부흥의 역사가 교회 가운데, 우리 가운데 지속되기를 바라마지 않는다.

미주

1 F. Brown, S. R. Driver, C. A. Briggs, *A Hebrew and English Lexicon of the Old Testament* (Hendrickson Publisher, 1970), p. 311. '부흥'으로 번역된 동사는 '생명을 보존하다, 죽은 사람의 삶을 재건하다, 새롭게 하다, 일으키다'라는 의미로 해석된다. 이 책의 「부흥의 성서적 관점」 참조.

2 "revival": 1) an improvement in the condition, strength, or fortunes of someone or something. 2) an instance of something becoming popular, active, or important again. 3) a reawakening of religious fervour, especially by means of evangelistic meetings.

3 박용규, 〈평양대부흥〉 홈페이지 (http://www.1907revival.com/news/articleView.html?idxno=10064. (2023.9.9. 접속).

4 류대영, 『새로 쓴 한국 기독교의 역사』(한국기독교역사연구소, 2023), 124쪽.

5 A. W. Tozer, Rut, Rot, or Revival: The Problem of Change and Breaking Out of the Status Quo, (Wingspread, 2006).

6 표준국어대사전 발췌.

7 크리스티안 슈바르츠, 『자연적 교회 성장』(도서출판 NCD, 2003), 12~39쪽. 여덟 가지 질적 특성은 "사역자를 세우는 지도력, 은사 중심적 사역, 열정적 영성, 기능적 조직, 영감 있는 예배, 전인적 소그룹, 필요 중심적 전도, 사랑의 관계"이다.

8 박용규, 〈평양대부흥〉 홈페이지, 「세계부흥운동」 항목.

9 류대영, 위의 책, 124~126쪽.

10 박용규, 같은 사이트.

11 『교회용어사전 : 교파 및 역사』(가스펠서브, 2013).

12 박용규, 『평양대부흥운동』(생명의 말씀사, 2000), 19쪽.

13 류대영, 위의 책, 130~134쪽.

14 같은 책, 142쪽. 류대영의 관점은 마르크스주의와 그가 쓴 용어대로 '민족적 신앙' 쪽으로 다소 편향되어 있는 듯하다.

15 같은 책, 202쪽.

16 같은 책, 341~360쪽.

17 이상현, 『삼위일체, 은혜 그리고 믿음: 조나단 에드워즈 신학 연구』(대한기독교서회, 2003), 19~20쪽.

18 이상현, 『조나단 에드워즈의 철학적 신학』(노영상, 장경철 옮김, 한국장로교출판사, 1999), 240쪽.

19 조나단 에드워즈, 『철저한 회심, 참된 부흥』(예찬사, 2017), 141~158쪽. 에드워즈는 1741년 예일대학 졸업식에서 요일 4:1을 본문으로 설교했고, 같은 해 『하나님의 성령의 역사의 뚜렷한 표지들(The Distinguishing Marks of a Work of the Spirit of God)』이라는 제목으로 책을 출판했다. 이 책에서 진정한 부흥에 대해 논하고 있다.

20 같은 책, 161~175쪽.

21 John Piper, "Jonathan Edwards and Revival" (August 13, 1995), Bethlehem Baptist Church, Minneapolis. (https://www.desiringgod.org/messages/jonathan-edwards-and-revival (2023.9.12. 접속).

22 마틴 로이드 존스, 『마틴 로이드 존스의 부흥』(정상윤 옮김, 복있는 사람, 2006), 10쪽. 마틴 로이드 존스의 견해에 대해서는 이 책의 6장 「마틴 로이드 존스의 부흥설교」 참조.

23 같은 책, 14쪽.

24 같은 책, 65~82쪽.

25 제임스 패커, 『성령을 아는 지식』(개정판, 홍종락 옮김, 홍성사, 2020), 12~13쪽. 원제는 Keep in Step with the Spirit (Grand Rapids, Baker Books, 1987).

26 같은 책, 331쪽.

27 그가 이 책을 저술한 것은 1987년이었다.

28 제임스 패커, 위의 책, 363~366쪽.

29 콜린 핸슨, 『하나님의 사람, 팀 켈러』(윤종석 옮김, 두란노, 2023), 154~156쪽.

30 팀 켈러, 『팀 켈러의 센터처치』(오종향 옮김, 두란노, 2016), 114~117쪽.

31 콜린 핸슨, 위의 책, 161~167쪽.

32 칼 바르트, 『교의학 개요』(신경수 옮김, 크리스챤 다이제스트, 1997), 199~200쪽.

33 한스 큉, 『교회』(정지련 역, 한들출판사, 2007), 8~9쪽.

34 데니스 홀링거, 『머리, 가슴, 손』(IVP, 2008), 14~15, 211~228쪽.

35 톰 레이너, 『살아나는 교회를 해부하다』(두란노, 2022), 원제는 Anatomy of a Revived Church (2022). 톰 레이너, 『죽은 교회를 부검하다』(두란노, 2022), 원제는 Autopsy of a Deceased Church (2014).

36 디트리히 본회퍼, 『디트리히 본회퍼 설교집』, 김순현 옮김 (복있는사람, 2023), 26쪽.

37   같은 책, 325쪽.

38   찰스 피니, 『찰스 피니의 기도』(진흥출판사, 2000), 이주연, 〈산마루서신〉, 2012.01.04.,
      "진리와 기도"에서 재인용.

39   로이드 존스, 위의 책, 12쪽.

아담이 잃어버린 하나님의
영광의 회복

: 성경이 말하는 부흥

김철홍 교수

(장로회신학대학교)

부흥은 한자로는 '復興'이라고 쓴다. '돌아오다'와 '흥하여 일어나다'라는 뜻의 글자의 결합이다. '돌아오다'는 회복의 의미가 있으므로 원래는 흥하고 있었는데 망했다가 다시 흥하게 된다는 말이다. 영어로는 주로 'revival'이라는 단어를 사용하는데, 접두사 're'는 '다시'라는 뜻이고, 라틴어 'vivere'는 '살다' 또는 '생명'이라는 기본 뜻이 있으므로, 'revive'는 '다시 살리다'라는 뜻이다. 부흥은 시초에는 생명이 있어 흥하는 상태였으나, 죽음과 멸망의 상태에 빠졌다가, 다시 생명을 얻고 흥하는 상태로 회복하는 것이다.

우리는 부흥을 '교회의 부흥'으로만 생각하는 경향이 있다. 하지만 성경에서 부흥은 교회의 부흥을 배제하지 않지만, 우선적으로 인간 개개인의 부흥이며, 인류의 부흥이다. 성경에서 부흥은 물질적 부흥을 배제하지 않지만, 기본적으로 영적인 부흥에 관한 것이다. 그 부흥의 역사는 지금 진행 중이며 아직 완성되지 않았다. 그리고 그 부흥의 중심에는 하나님과 예수 그리스도와 성령의 지속적인 사역이 있다. 부흥은 우연한 사건이 아니라 삼위일체 하나님의 계획과 실행으로 이루어진다.

이 글에서는 구체적으로 왜 인간이 하나님의 생명의 축복을 잃어버렸는지, 그리고 하나님께서 어떻게 다시 생명을 회복하는 길을 열어주셨는지를 설명하려고 한다. 성경이 다양한 방식으로 이 점을 설명하고 있으므로 여러 가지 방식의 설명이 가능하지만, 이 글에서는 '빛과 어둠', '영적 시력의 상실과 회복'이라는 면에 초점을 맞추어 설명하려고 한다.

1. 빛에서 어둠으로 떨어진 아담과 하와

창세기 3장에서 아담과 하와는 선과 악을 알게 하는 나무의 열매를 따서 먹은 후 자신들이 벗고 있다는 것을 깨닫는다. "이에 그들의 눈이 밝아져 자기들이 벗은 줄을 알고"(창 3:7) 우리는 보통 아담과 하와가 원래부터 벗은 상태였고, 선악과를 먹기 전에는 깨닫지 못하다가 먹고 나서야 비로소 벗고 있다는 것을 깨달았다고 본다. 사실 창세기 3장을 읽어 보면 그렇게 해석하는 것이 맞는 듯하다. 하지만 유대교 랍비들은 좀 다른 방식으로 창세기 3장을 해석한다. 그들의 전통적인 해석은 아담과 하와가 범죄 이전에 벗고 있었던 것이 아니라 옷을 입고 있었고, 그 옷은 '빛의 옷'이었다는 것이다.

유대교 랍비들이 아담과 하와가 빛의 옷을 입고 있었다고 보는 것은 언어유희(wordplay)와 관계가 있다. 창세기는 "여호와 하나님이 아담과 그의 아내를 위하여 가죽옷을 지어 입히시니라"(3:21)라고 말한다. 하나님께서는 그들은 에덴에서 쫓아내실 때 벌거벗은 채로 추방하지 않으시고, 짐승을 잡아 그 가죽으로 옷을 만들어 입혀 내보내셨다. 히브리어로 '가죽'은 '오르(עור)'라는 명사다. 첫 번째 자음이 '아인(ע)'이 아닌 '알렙(א)'으로 바뀌면 이 단어와 발음이 같은 '오르(אור)'라는 명사가 된다. 후자의 뜻은 '빛'이다. 히브리어 발음상 앞에 어떤 자음이 오건 귀로 들었을 때 발음상의 큰 차이는 없고, 이 두 단어는 같은 단어로 들린다. 듣기에 따라 '가죽'으로 들릴 수도 있고, '빛'으로 들릴 수도 있다.

이런 경우 유대교에서는 종종 언어유희에 기초한 신학적 논의가 시작된다. 유대교 랍비들은 창조 직후 아담과 하와는 찬란히 빛나는 빛의 옷을 입고 있었는데, 선악과를 따 먹는 범죄를 저지름으로 인해 그 빛의 옷을 잃어버렸고 결국 벗은 채로 발견되었다고 말한다. 그 빛은 하나님의 영광(카봇, כבוד)이었으며, 하나님의 영광이 그들을 떠나자 그들은 나체 상태로 되었다는 것이다.

구약성경의 외경 『아담과 하와의 생애(Life of Adam and Eve)』의 헬라어판에는 아래와 같은 구절이 있다.

그리고 그 순간에 내 눈이 밝아졌고, 내가 입고 있던 의가 벗겨진 것을 알았다. 그리고 나는 울면서 "네가 어찌하여 나에게 이렇게 하였느냐? 나에게 입혀져 있던 나의 영광이 나에게서 벗겨졌다"라고 말했다. (20:1-2)[1]

아담이 '의'의 옷을 입고 있었고, 그 의의 옷은 곧 그가 갖고 있던 '영광', 즉 빛의 옷이었다. 같은 책의 21:5-6에서 아담은 하와가 자신을 '하나님의 영광'으로부터 분리되어 버리게 했다고 말한다.[2]

유대 기독교 전승 중에도 아담이 에덴에서 입고 있던 옷이 빛의 옷이었다고 보는 것이 있다. 고대교회 기독교인들의 작품으로 추정되는『아담과 하와와 사탄의 갈등(Conflict of Adam and Eve with Satan)』의 11:7-11에는 에덴동산은 밤도 없고 낮도 없었으며, 그곳은 빛으로 가득한 곳이었고, 아담과 하와가 죄를 짓기 전에 그들에게 '영광'이 있었으나 타락으로 인해 그 영광을 잃어버렸다는 내용이 나온다. 죄를 지은 지금은 동굴 속 어둠에 갇혀 있어서 심지어 아담과 이브가 서로를 볼 수 없는 '맹인'의 상태에 있다고 말한다.[3]

랍비들의 성경 해석인『창세기 미드라쉬 랍바(Midrash Rabbah Genesis)』20:12 이하에도 아래와 같은 내용이 나온다.

랍비 메이어의 토라에 '빛의 의복(오르, אור)'이라는 말이 기록되어 있다. 이것은 아담이 입고 있던 옷을 가리킨다. 그것은 횃불[광채를 발산하는]과 같았고, 바닥이 넓고 상단이 좁은 옷이다.[4]

하나님께서 아담을 위해 만드신 옷은 히브리어로 '쿤토넷(כתנת)'이며, 헬라어로는 '키톤(χιτών)'이다. 이 단어들은 제사장이 입는 옷에 대한 규정인 "그들이 지을 옷은 이러하니 곧 흉패와 에봇과 겉옷과 반포 속옷과"(출 28:4)에 다시 나타난다. 아담의 옷과 제사장의 옷을 동일시하는 것은 유대교 랍비들이 아담을 제사장으로, 에덴동산을 성전으로 보는 시각과 관련이 있다. 덧붙여 유대교 신비주의(mysticism) 신학이 반영된 유대교 작품들인 조하르(Zohar)에도 아담의 빛의 옷에 관한 내용이 나온다.[5] 아담이 빛을 잃고, 빛의 동산에서 어둠으로 쫓겨났고, 그는 어둠 속에서 장님과 같이 되었다는 것은, 창세기 다음 구약성경과 신약성경 책들에 등장하는 빛과 어둠의 대조의 직접적 배경이 된다. 또한 이 주제에서 시력을 잃은 '맹인 비유'가 발전했다는 점에도 주목해야 한다.

2. 영광으로 옷 입은 하나님의 형상, 아담

그렇다면 유대교 랍비들은 아무런 성경적 근거 없이 언어유희에만 기초하여 아담이 빛의 옷을 입었다고 주장하는 것일까? 그렇지 않다. 그들도 분명한 성경적 근거를 갖고 있고, 그 근거는 시편 8:6이다. 시편 8편은 짧지만 아담 기독론에서 매우 중요한 시편이다. "주께서 베풀어 두신 달과 별들을 내가 보오니"(시 8:3)와 같이 하나님의 천지창조를 찬양하므로 이 시편의 배경은 창세기 1-2장이다. 그러므로 "사람이 무엇이기에 주께서 그를 생각하시며 인자가 무엇이기에 주께서 그를 돌보시나이까"(시 8:4)에서 '사람'과 '인자'는 '아담'이다. "주의 손으로 만드신 것을 **다스리게 하시고** 만물을 그의 발 아래 두셨으니"(시 8:6)는 "바다의 물고기와 하늘의 새와 땅에 움직이는 모든 생물을 **다스리라** 하시니라"(창 1:28)를 반영한다(창 1:26, "우리가 사람을 만들고 그들로 … 모든 것을 다스리게 하자" 참고). 하나님께서는 당신의 왕권을 아담에게 위임하시고, 아담을 세상 만물의 왕으로 세워 그가 이 세상을 다스리게 하셨다.[6]

우리의 주제와 관련된 것은 시편 8:5, "그를 하나님보다 조금 못하게 하시고 영화와 존귀로 관을 씌우셨나이다"이다. 여기서 '그'는 물론 아담이다. "영화"로 번역된 히브리어 단어는 '카봇(כָּבוֹד)'이다. '카봇'의 일차적 뜻은 '영광'이다. 영광은 빛이다. "존귀"로 번역된 단어는 '하다르(הָדָר)'인데, 영어 성경에서는 주로 'splendor'로 번역되었다. 우리말로는 '보석처럼 찬란한 빛'이다. "관을 씌우셨나이다"로 번역된 동사는 '아타르(עָטַר)'며, 그 원래 뜻은 '에워싸다, 둘러싸다(to surround)'이다. 히브리어 본문에 '왕관'이라는 단어는 없다. 대한성서공회 번역자가 '머리를 둘러싸다'라는 의미로 보고 '관을 씌우다'로 의역을 했다. 아마도 70인역 헬라어 성경에서 '관을 씌우다'라는 뜻의 동사 '스테파노오(στεφανόω)'가 사용되었기 때문에 그렇게 번역한 듯하다.

히브리어 본문에 '관'(冠)이란 단어는 없으므로 반드시 그렇게 번역할 필요는 없다. 머리가 아니라 '몸 전체를 둘러싸다'로 해석해도 된다. 이렇게 번역하는 것이 원래 히브리어 본문의 의도를 올바르게 옮기는 것이다. 하나님께서는 아담을 왕의 지위로 높이시고, 그의 몸을 하나님의 영광으로, 보석처럼 찬란한 빛으로 둘러싸셨다. 아담에게 찬란한 영광의 빛으로 옷을 입혀주셨다. 그러므로 유대교 랍비들이 아담이 빛의 옷을 입고 있었다고 말하는 것은 결코 성경적 근거가 없는 주장이 아니다.

타락 이전에 아담이 에덴동산에서 빛의 옷을 입고 있었다는 유대교의 전승은 창세기 1:26-27에서 하나님이 "우리의 형상(צֶלֶם)을 따라 우리의 모양(דְּמוּת)대로" 아담을 만드신 것과 관련이 깊다. 인간은 하나님의 "형상(צֶלֶם)"과 "모양(דְּמוּת)" 그 자체를 따라 창조되었으므로 하나님의 영광의 형상의 반영일 수밖에 없다. 에스겔의 "그 보좌의 형상(דְּמוּת) 위에 한 형상(דְּמוּת)이 있어 사람의 모양(מַרְאֶה) 같더라"(겔 1:26)라는 표현은 창세기 1:26-27의 하나님의 형상을 인간의 관점에서 묘사하는 것이다. 하나님의 관점에서 인간은 하나님의 형상이지만, 인간의 관점에서 하나님께서 사람의 모양이시다.

이것은 단순히 그 외형(appearance)의 유사성이라기보다 하나님과 인간이 공유하고 있던 "영광", 즉 '빛'을 가리키는 것으로 보아야 한다. "그 허리 위의 모양은 단 쇠 같아서 그 속과 주위가 불 같고 내가 보니 그 허리 아래의 모양도 불 같아서 사방으로 광채가 나며"(겔 1:27)에서 하나님의 모양을 "광채"로 말하고, 이어서 "이는 여호와의 영광(כָּבוֹד)의 형상(דְּמוּת)의 모양(מַרְאֶה)이라"(겔 1:28)라고 말하기 때문이다. 인간은 하나님의 모양을 갖고 있고 하나님께서는 인간의 모양을 갖고 계시며, 하나님과 인간 사이의 공유의 본질은 '몸'이 아니라 '영광(כָּבוֹד)' 즉 '빛'이다. 위에서 살펴본 유대교 전승에서 아담이 빛의 옷을 입고 있었다는 것도 창세기 1:26-27의 '하나님의 형상'을 '빛'으로 해석한 것이다.

그렇다면 아담에게 구원은 무엇인가? 바로 하나님의 영광을 회복하는 것이다. 가죽옷을 벗고 다시 빛의 옷을 회복하는 것이다. 죽음을 이기고 영생하는 길은 다시 하나님의 영광으로 빛나는 존재가 되는 것이다. 아담에게는 이것이야말로 진정한 부흥이다. 다시 하나님의 영광 안에서 흥하는 존재로 돌아가는 것이다.

3. 모세오경에서 주제 '빛과 어둠'의 발전

모세는 하나님의 모습을 보여 달라는 의미로, "주의 영광(קָבוֹד)을 내게 보이소서"라고 간청한다(출 33:18). 하나님을 뵌 모세가 돌아왔을 때 "얼굴 피부에 광채가" 났다(출 34:29). 여기에서 "피부"로 번역된 단어는 창세기 3:21에서 "가죽"으로 번역된 바로 그 '오르(עוֹר)'다. 아담은 빛을 잃고 가죽옷을 입게 되었는데, 그 아담의 후손인 모세의 '가죽(피부)'에서 다시 빛이 나기 시작했다. 모세의 얼굴에 나타난 빛, 하나님의 영광은 바로 아담에게 있었던 그 하나님의 영광이었다.

그러나 그 영광은 오래가지 못했다. 바울은 "돌에 써서 새긴 죽게 하는 율법 조문의 직분도 영광이 있어 이스라엘 자손들은 모세의 얼굴의 없어질 영광 때문에도 그 얼굴을 주목하지 못하였거든"이라고 말한다(고후 3:7). 바울은 모세의 율법과 율법의 직분, 사역으로는 인간이 다시 하나님의 영광을 회복할 수 없다고 말한다. 모세의 얼굴에서 빛이 난 것은 일시적인 사건일 뿐이며, 옛 언약의 직분과 영광은 "장차 없어질 것"(고후 3:13)에 불과하다. 문제는 이 옛 언약과 율법 아래에서 사람들의 얼굴이 "수건"으로 가려져 있다는 점이다. "그러나 그들의 마음이 완고하여 오늘까지도 구약을 읽을 때에 그 수건이 벗겨지지 아니하고 있으니"(고후 3:14) 심지어 "오늘까지 모세의 글을 읽을 때에 수건이 그 마음을 덮었도다"(고후 3:15)라고 말한다. "오늘까지"는 시내산 언약을 맺고 모세를 통해 율법을 받았을 때부터 지금까지, 이스라엘은 얼굴과 마음이 수건으로 가려져서 맹인과 다름없는 상태라는 말이다.

눈을 떴으나 아무것도 보지 못하는 맹인과 같은 상태가 바로 빛을 잃어버린 아담의 상태다. 유대교 전승에서 아담과 하와는 빛의 세계인 에덴동산에서 쫓겨나 어둠이 지배하는 곳에 도착했다. 그곳은 빛이 없으므로, 마치 깊은 동굴 속에서 아무리 눈을 떠서 보려고 해도 아무것도 보이지 않는 것처럼, 아담과 하와는 맹인과 같은 처지가 되었다. 이스라엘이 시내산 언약을 맺고 모세의 얼굴에서 빛이 나는 등, 얼핏 보면 아담이 잃어버린 하나님의 영광을 회복할 가능성을 보여 주지만, 결국 옛 언약이나 율법으로는 잃어버린 하나님의 영광을 회복할 수 없다. 모세의 얼굴에 나타난 하나님의 영광의 빛은 미래에 예수 그리스도를 통해 가죽옷을 벗고 빛의 옷을 회복할 것을 예시하는 예고편일 수는 있지만, 구원의 본편이 아니다.

신명기도 이 점을 분명히 예고한다. 신명기는 바울이 고린도후서 3장에서 말한 것과 같은 메시지를 말한다. 이스라엘이 언약을 어기고 결국 하나님의 심판을 받아 바벨론에 포로로 잡혀갈 것이라는 메시지다. **"너희가 요단을 건너가서 얻는 땅에서 속히 망할 것이라** 너희가 거기서 너희의 날이 길지 못하고 전멸될 것이니라"(신 4:26) 이스라엘이 바벨론에 포로로 잡혀가는 것을 기정사실로 본다. **"네가 네 하나님 여호와로부터 쫓겨간 모든 나라 가운데서** 이 일이 마음에서 기억이 나거든 … 네 하나님 여호와께서 마음을 돌이키시고 **너를 긍휼히 여기사 포로에서 돌아오게 하시되** 네 하나님 여호와께서 흩으신 그 모든 백성 중에서 너를 모으시리니"(신 30:1-3)

신명기가 이스라엘의 미래의 운명을 이렇게 비관적으로 보는 이유는 무엇인가? 이스라엘이 하나님의 율법을 지키지 못하고 실패하는 그 이유를 신명기는 이렇게 말한다. "그러나 **깨닫는 마음과 보는 눈과 듣는**

귀는 오늘까지 여호와께서 너희에게 주지 아니하셨느니라"(신 29:4) 하나님께서 율법은 주셨으나, 깨닫는 마음, 보는 눈, 듣는 귀는 주지 않으셨다. 처음부터 이스라엘이 율법을 읽지도, 듣지도, 들어서 깨닫지도 못한다는 뜻이다. 헬렌 켈러가 비록 듣지도 보지도 못했지만 앤 설리번이라는 선생을 만나 위대한 인물이 될 수 있었던 것은 그녀에게 그나마 깨닫는 마음, 이해력이 있었기 때문이다. 이스라엘은 눈도 없고, 귀도 없고, 게다가 깨닫는 마음, 곧 이해력도 제로라는 선언은 앞으로 율법을 행하는 것은 고사하고 가르쳐 깨닫는 것조차 불가능하다는 비관적 선언이다. 신명기는 이스라엘을 영적인 맹인으로, 귀머거리로, 그리고 "마음이 완고하여"(고후 3:14) 깨닫지 못하는 상태에 있다고 진단한다.

놀랍게도 바울도 로마서에서 유대인이 실패할 수밖에 없는 이유를 신명기의 이 말씀(29:4)에서 찾는다. "기록된 바 하나님이 오늘까지 그들에게 **혼미한 심령과 보지 못할 눈과 듣지 못할 귀를 주셨다** 함과 같으니라"(롬 11:8)에서 바울은 '깨닫는 마음을 주지 않으셨다'를 '혼미한 심령을 주셨다'로 바꾸고, '보는 눈을 주지 않으셨다'는 '보지 못할 눈을 주셨다'고 바꾸고, '듣는 귀를 주지 않으셨다'는 '듣지 못할 귀를 주셨다'로 변경한다. 바울은 그 다음 10절에서 시편 69:23을 인용하여 "그들의 눈은 흐려 보지 못하고 그들의 등은 항상 굽게 하옵소서 하였느니라"라고 말한다. 시편 69편이 예수님의 사역과 죽음에 다방면으로 연결되는 점(시 69:9, 요 2:17; 시 69:21, 마 27:34, 48; 시 69:25, 행 1:20), 그리고 내용이 전반적으로 이사야서의 고난 받는 주의 종의 노래와 유사한 점 등을 고려할 때, 바울은 그리스도를 결국 죽음으로 몰고 간 이유를 '이스라엘의 어두워진 눈'에서 찾고 있는 듯하다.

바울은 "혼미한 심령(πνεῦμα κατανύξεως, a spirit of stupor)"이 이스라엘의 눈을 어둡게 하여 장님처럼 만들었다고 본다. "혼미한 심령"은 "이세상의 신"(고후 4:4), "세상의 영"(고전 2:12)이다(엡 2:2의 "공중의 권세 잡은자" 참고). "혼미한 심령"을 현대적 표현으로 옮긴다면 '마약에 취한 것과 같은, 혹은 깊이 잠든 것 같은 영적 상태'라고 할 수 있다. 바울이 신명기 29:4의 '깨닫는 마음을 주지 않으셨다'라는 말을 '혼미한 심령을 주셨다'라는 표현으로 바꾼 것은 아마도 이사야서를 염두에 둔 것 같다. "대저 여호와께서 **깊이 잠들게 하는 영을 너희에게 부어 주사 너희의 눈을 감기셨음이니** 그가 선지자들과 너희의 지도자인 선견자들을 덮으셨음이라"(사 29:10) 이사야서는 하나님께서 이스라엘에 내리신 심판은 그들의 눈을 멀게 하여 '맹인'으로 만드신 것이라고 본다. 바로 앞의 9절에서 이사야는 이렇게 말한다. "너희는 놀라고 놀라라 너희는 맹인이 되고 맹인이 되라" 이사야서에서는 '보지 못함', '듣지 못함,' 그리고 '깨닫지 못함'이라는 주제가 중심적인 역할을 한다.

4. 예언서에서 주제 '빛과 어둠'의 발전

하나님의 심판은 이스라엘을 맹인, 귀머거리로 만드는 것이다. 이스라엘은 아담처럼 빛을 잃어버리고 완전한 어둠 속으로 들어가고, 하나님의 음성을 들을 수 없는 상태에 빠져버린다. 이사야서에 나오는 하나님의 심판의 선언은 "그러나 깨닫는 마음과 보는 눈과 듣는 귀는 오늘까지 여호와께서 너희에게 주지 아니하셨느니라"(신 29:4)의 세 가지 초점, 즉 '깨닫지 못하는 마음', '보지 못하는 눈', '듣지 못하는 귀'를 정확하게 반복한다. "너희가 듣기는 들어도 깨닫지 못할 것이요 보기는 보아도 알지 못하리라 하여 이 백성의 마음을 둔하게 하며 그들의 귀가 막히고 그들의 눈이 감기게 하라 염려하건대 그들이 눈으로 보고 귀로 듣고 마음으로 깨닫고 다시 돌아와 고침을 받을까 하노라"(사 6:9-10)

놀라운 것은 10절 말씀에서 이스라엘의 마음을 둔하게 하고, 귀는 막아버리고, 눈은 닫아 장님으로 만들라고 하시는 것이다. 심판은 인간의 마음을 단단하게 만드는 것이며, 영적으로 보지 못하고 듣지 못하는 사람으로 만드는 것이다. 이것이 심판의 핵심이다. 하나님께서는 이미 심판을 결정하셨으며, 그 결정은 다시 돌이킬 수 없다. 바울은 이방인들이 "그 생각이 허망하여지며 미련한 마음이 어두워졌나니 스스로 지혜 있다 하나 어리석게" 되었다고 말한다(롬 1:21-22). 하나님께서는 "그들을 마음의 정욕대로 더러움에 내버려" 두시고(롬 1:24), "그 상실한 마음대로 내버려" 두신다(롬 1:28). '내버려 두다(παρίημι)'는 '넘겨주다'라는 뜻이며, '넘겨주어 포기해 버리다'라는 뉘앙스가 있다. 하나님께서 인간이 미련한 마음에서 벗어나지 못하게끔 그대로 내버려두고 포기해 버리시는 것은 곧 우리를 장님, 귀머거리로 만들기로 작정하신 것이다.

하나님의 심판은 실행된다. 심판의 핵심은 빛을 잃고 어둠의 세계로 쫓겨 가는 것이다. 이사야는 "그들이 정녕 아침 빛을 보지 못하고"라고 말한다(사 8:20). "땅을 굽어보아도 환난과 흑암과 고통의 흑암뿐이리니 그들이 심한 흑암 가운데로 쫓겨 들어가리라"(사 8:22)는 아담에게 내린 심판을 상기시킨다. 뱀은 "너희가 그것을 먹는 날에는 너희 눈이 밝아져 하나님과 같이 되어"(창 3:5)라고 거짓말을 했다. 아담과 하와는 선악과를 먹고 눈이 밝아지기를 원했으나 반대로 어둠으로 쫓겨나 맹인처럼 되었다. 맹인은 앞을 못 보는 사람이 아니라, 어둠 속에 있는 모든 사람이다. 하나님의 심판은 이 세상을 흑암으로 덮는 것이며, 어둠 속에서 사람들은 보지 못하는 장님이 된다.

심판을 내리실 때 하나님께서는 선지자와 제사장과 같은 영적 지도자들을 먼저 어리석게 하시고 맹인으로 만드신다. 이사야는 그들이 술에 취했다고 말한다. "제사장과 선지자도 독주로 말미암아 옆 걸음 치며 포도주에 빠지며 독주로 말미암아 비틀거리며 환상을 잘못 풀며 재판할 때에 실수하나니"(사 28:7) 이사야는 또한 "너희는 맹인이 되고 맹인이 되라 그들의 취함이 포도주로 말미암음이 아니며 그들의 비틀거림이 독주로 말미암음이 아니니라"라고 말한다(사 29:9). 이들은 무엇에 취한 것일까? 10절은 이렇게 말한다. "대저 여호와께서 깊이 잠들게 하는 영을 너희에게 부어 주사 너희의 눈을 감기셨음이니 그가 선지자들과 너희의 지도자인 선견자들을 덮으셨음이라"

그들은 술에 취한 것이 아니라 "깊이 잠들게 하는 영"에 취해 영적으로 맹인이 되었다. "깊이 잠들게 하는 영"은 바로 바울이 말하는 "혼미한 심령(πνεῦμα κατανύξεως)"이다(롬 11:8). 악한 영이다. "믿지 아니하는 자들의 마음을 혼미하게 하여 그리스도의 영광의 복음의 광채가 비치지 못하게" 하는 "이 세상의 신"이다(고후 4:4). 영적 지도자들이 깊이 잠들면 하나님께서 계시를 보여 주셔도 해석을 하지 못한다. 하나님의 계시는 실종된다. "그러므로 모든 계시가 너희에게는 봉한 책의 말처럼 되었으니 그것을 글 아는 자에게 주며 이르기를 그대에게 청하노니 이를 읽으라 하면 그가 대답하기를 그것이 봉해졌으니 나는 못 읽겠노라 할 것이

요"(사 29:11)

선지자와 제사장이 장님과 귀머거리가 되면, 나머지 백성이 장님과 귀머거리가 되는 것은 정해진 이치다. 이사야는 이렇게 말한다. "**너희 못 듣는 자들아 들으라 너희 맹인들아 밝히 보라** 맹인이 누구냐 내 종이 아니냐 누가 내가 보내는 내 사자 같이 못 듣는 자겠느냐 누가 내게 충성된 자 같이 맹인이겠느냐 누가 여호와의 종 같이 맹인이겠느냐"(42:18-20) 여호와의 종들과 백성들은 아무리 시력이 좋아도 영적으로 맹인이고, 아무리 청력이 좋아도 영적으로 귀머거리다. 백성들이 그렇게 된 것은 사실 그들 자신의 잘못 때문이다. 그들은 "패역한 백성이요 거짓말하는 자식들이요 여호와의 법을 듣기 싫어하는 자식들"이었다(사 30:9). 그들은 선견자와 선지자들을 향해 "선견하지 말라", "우리에게 바른 것을 보이지 말라 우리에게 부드러운 말을 하라 거짓된 것을 보이라"라고 요구했다(사 30:10). 심지어 그들은 "너희는 **바른 길을 버리며** 첩경에서 돌이키라 **이스라엘의 거룩하신 이를 우리 앞에서 떠나시게 하라**"라고 말했다(사 30:11). 백성들은 선지자들을 탓할 수 없다.

이사야서는 이스라엘뿐 아니라 모든 이방인도 다 맹인이라고 말한다. 모든 인간은 다 맹인이다. 이사야는 이방인이 우상숭배를 하는 이유는 "그들의 눈이 가려서 보지 못하며 그들의 마음이 어두워져서 깨닫지 못함이니라"라고 진단한다(사 44:18은). 시편은 우상에 대해 이렇게 말한다. "입이 있어도 말하지 못하며 **눈이 있어도 보지 못하며 귀가 있어도 듣지 못하며** 코가 있어도 냄새 맡지 못하며 손이 있어도 만지지 못하며 발이 있어도 걷지 못하며 목구멍이 있어도 작은 소리조차 내지 못하느니라"(시 115:5-7) 그 다음 절에서 우리는 놀라운 선언을 듣는다. "우상들을

만드는 자들과 그것을 의지하는 자들이 **다 그와 같으리로다**"(시 115:8)

우상숭배를 하는 자들은 우상처럼 보지도 못하고, 듣지도 못하는 사람이 된다. 마음도 어리석게 되어 그들 중 가장 총명한 자라고 여겨지는 사람도 다 미련하다. "**소안의 방백은 어리석었고 바로의 가장 지혜로운 모사의 책략은 우둔하여졌으니 너희가 어떻게 바로에게 이르기를 나는 지혜로운 자들의 자손이라 나는 옛 왕들의 후예라 할 수 있으랴 너의 지혜로운 자가 어디 있느냐 …**"(사 19:11-12) 바울이 말하는 바, "**지혜 있는 자가 어디 있느냐 선비가 어디 있느냐 이 세대에 변론가가 어디 있느냐** 하나님께서 이 세상의 지혜를 미련하게 하신 것이 아니냐"(고전1:20)는 이사야 19:11-12을 풀어 놓은 것이다. 온 세상이 다 하나님의 심판 아래 있고, 온 세상 사람들이 다 마음이 혼미하고 눈과 귀가 잠겼다.

"그러므로 정의가 우리에게서 멀고 공의가 우리에게 미치지 못한즉 **우리가 빛을 바라나 어둠뿐이요 밝은 것을 바라나 캄캄한 가운데에 행하므로 우리가 맹인 같이 담을 더듬으며 눈 없는 자 같이 두루 더듬으며 낮에도 황혼 때 같이 넘어지니 우리는 강장한 자 중에서도 죽은 자 같은지라**"(사 59:9-10) 이것이 에덴동산에서 쫓겨난 아담의 상태이면서 동시에 모든 인류의 현재 상태다. 아담은 빛의 옷, 곧 의의 옷을 입고 있었지만, 죄를 범하여 의와 영광(빛)을 동시에 잃어버렸다.

예레미야서도 '어리석은 마음, 맹인, 귀머거리'라는 주제를 이어간다. 예레미야는 이스라엘을 "**어리석고 지각이 없으며 눈이 있어도 보지 못하며 귀가 있어도 듣지 못하는 백성**"이라고 부른다(렘 5:21). 예레미야는 이스라엘이 "그 귀가 할례를 받지 못하였으므로 듣지 못하는도다"라고 말한다(렘 6:10). 그러면서 하나님께서 "그의 모든 종 선지자를 너희에게 끊임없이 보내셨으나 너희가 순종하지 아니하였으며 **귀를 기울여 듣지도 아니하였도다**"라고 고발한다(렘 25:4; 29:19). 예레미야는 "여호와의 말씀을 들으라 너희 귀에 그 입의 말씀을 받으라"라고 호소한다(렘 9:20; 13:15). 그러나 이스라엘 백성들은 들으려 하지 않았다. 예레미야서는 이스라엘이 '귀를 기울이지 않았다'라는 말을 반복한다(렘 7:24, 26; 11:8; 17:23; 22:21; 25:8; 29:19; 32:33; 34:14, 15, 17; 36:31; 44:5, 16).

하나님께서는 에스겔을 향해 "내가 네게 이를 모든 말을 **너는 마음으로 받으며 귀로 듣고** 사로잡힌 네 민족에게로 가서 **그들이 듣든지 아니 듣든지 그들에게 고하**"라고 말씀하신다(겔 3:10-11). 에스겔이 고할지라도 그들이 듣지 않을 것임을 미리 예고하신다. "**들을 자는 들을 것이요 듣기 싫은 자는 듣지 아니하리니** 그들은 반역하는 족속임이니라"(겔 3:27) 에스겔서는 계속해서 이사야서의 '맹인과 귀머거리'라는 주제를 계속 이어간다. "**그들은 볼 눈이 있어도 보지 아니하고 들을 귀가 있어도 듣지 아니하나니** 그들은 반역하는 족속임이라"(겔 12:2) 또한 "인자야 내가 네게 보이는 그것을 눈으로 보고 귀로 들으며 네 마음으로 생각할지어다"(겔 40:4)는 이사야서가 강조하는 마음, 눈, 귀의 주제를 그대로 반영한다. 볼 수 있고, 들을 수 있고, 마음으로 생각할 수 있는 선지자 에스겔은 바로 구원받은 이스라엘의 미래의 모습이다. 스가랴도 이스라엘의 조상들이 "듣지 아니하고 내게 귀를 기울이지 아니하였느니라"라고 고발한다(슥 1:4). 그들은 "듣기를 싫어하여 등을 돌리며 듣지 아니하려고 **귀를 막으며 그 마음을 금강석 같게**" 했다(슥 7:11-12).

5. 예언서가 말하는 구원, 빛의 회복

이사야서는 심판만 말하지는 않는다. 구원이 무엇인지도 분명히 말한다. 하나님의 구원은 마음이 회복되어 혼미한 영에서 벗어나는 것이고, 맹인이 다시 눈을 뜨는 것이고, 귀머거리의 귀가 열려 다시 들을 수 있게 되는 것이다. 이 모든 것을 한마디로 요약하면, '어둠에서 벗어나 빛의 세계로 돌아오는 것'이다. 이사야는 이렇게 말한다.

> 그 날에 못 듣는 사람이 책의 말을 들을 것이며 **어둡고 캄캄한 데에서 맹인의 눈이 볼 것이며 겸손한 자**에게 여호와로 말미암아 기쁨이 더하겠고 사람 중 **가난한 자**가 이스라엘의 거룩하신 이로 말미암아 즐거워하리니 … **마음이 혼미하던 자들**도 총명하게 되며 원망하던 자들도 교훈을 받으리라 하셨느니라(사 29:18-19, 24)

여기에서 "맹인", "겸손한 자", "가난한 자", "마음이 혼미한 자"는 각각 다른 대상들이 아니다. 같은 대상을 다른 호칭들로 부른 것이다. 가난한 자는 경제적으로 궁핍한 사람이 아니다. 영적으로 가난한 사람이다. 하나님의 부요함이 넘치는 에덴에서 쫓겨나 거지가 된 아담과 인류를 동시에 가리키는 표현이다. 70인역 번역자들은 "겸손한 자"를 "가난한 자"로 번역하여, 19절에서 "겸손한"으로 번역된 히브리어 형용사 "아나우(עָנָו)"가 '가난한'을 뜻하는 "프토코스(πτωχός)"로 번역되었다. '아나우'은 '억눌린'이라는 뜻이며, '가난한'이라는 뜻도 있다.

또 70인역 번역자들은 "가난한 자"를 "소망을 상실한 자들"로 번역했다. 19절의 "가난한"으로 번역된 히브리어 '에브욘(אֶבְיוֹן)'은 '소망을 상실하게 하다'라는 뜻의 헬라어 동사 '아펠피조(ἀπελπίζω)'의 완료 수동분사형인 '아펠피스메노이(απελπισμένοι)'로 번역되었다. '소망을 상실한 자들'이라는 뜻이다. 주후 1세기 당시 유대인들이 이사야서의 '가난한 자'를 경제적으로 궁핍한 자로 이해하지 않았다는 증거다. 그들에게 '가난한 자'는 '하나님의 심판 아래에 있는 사람'이었다. 하나님의 심판을 받아 스스로의 능력으로 자신을 구원할 수 없는, 하나님의 은혜 외에는 아무런 구원의 소망이 없는 사람을 '가난한 자'라고 불렀다. 가난한 자는 '혼미한 자'고, 혼미한 자는 어둠 속에 있는 사람, '맹인'이다.

이사야는 "그 때에 맹인의 눈이 밝을 것이며 못 듣는 사람의 귀가 열릴 것이며 그 때에 저는 자는 사슴 같이 뛸 것이며 말 못하는 자의 혀는 노래하리니"라고 말한다(사 35:5-6). 눈을 뜬 맹인, 귀가 열린 귀머거리, 사슴처럼 뛰는 저는 자, 혀가 풀려 노래하는 벙어리는 "구속함을 입은 자들"이다. 이들이 받게 되는 구원은 이집트의 노예생활에서 풀려나 젖과 꿀이 흐르는 가나안 땅으로 돌아오는 것과 바벨론 포로에서 풀려나 다시 고향으로 돌아오는 것으로 표현된다. **"여호와의 속량함을 받은 자들이 돌아오되** 노래하며 시온에 이르러"(사 35:10) 하나님께서는 **"눈이 있어도 보지 못하고 귀가 있어도 듣지 못하는 백성**을 이끌어 내라"라고 명령하신다(사 43:8). 이들은 단순히 이스라엘이 아니라, 하나님께서 만드신 모든 인류다. **"내 이름으로 불려지는 모든 자 곧 내가 내 영광을 위하여 창조한 자를** 오게 하라 그를 내가 지었고 그를 내가 만들었느니라"(사 43:7) 하나님께서는 영적으로 이집트의 노예이자 바벨론의 포로 상태에 처한 이들을 이끌어 내어 하나님의 새 백성을 창조하신다.

"아름다운 소식을 시온에 **전하는**(רַשֵׂבְ, 헬라어로 'εὐηγγέλισμαι') 자여 너는 높은 산에 오르라 **아름다운 소식**을 예루살렘에 **전하는**(εὐηγγέλισμαι) 자여"(사 40:9)와 "**좋은 소식을 전하며**(εὐηγγέλισμαι) 평화를 공포하며 복**된 좋은 소식을 가져오며**(εὐηγγέλισμαι) 구원을 공포하며"(사 52:7)는 '복음(εὐαγγέλιον)'을 선포하라고 말한다. 그 복음은 "주 여호와께서 장차 강한 자로 임하실 것이요 친히 그의 팔로 다스리실"(사 40:10) 하나님의 나라에 관한 것이다. 그리고 하나님 나라의 복음은 하나님께서 세우시는 이스라엘의 영원한 왕, 메시아에 관한 것이다. 이사야는 "보라 장차 **한 왕이 공의로 통치할 것이요**"라고 선언한다(사 32:1). 그분 왕께서 다스리시는 그 나라가 임하면 "보는 자의 눈이 감기지 아니할 것이요 듣는 자가 귀를 기울일 것이며 조급한 자의 마음이 지식을 깨닫고 어눌한 자의 혀가 민첩하여 말을 분명히 할 것이라"(사 32:3-4)라고 예언한다. 하나님께서 세우시는 왕께서 "의"로 다스리시는 나라가 세워지면 하나님의 심판 아래 있는 사람들의 눈과 귀가 열리고, 지식을 깨닫고 혀가 풀려서 말을 분명하게 하게 된다.

이사야는 또한 아기가 태어나 여러 개의 이름을 받게 되리라 예언한다. "이는 **한 아기가 우리에게 났고 한 아들을 우리에게 주신 바 되었는데** 그의 어깨에는 정사를 메었고 그의 이름은 **기묘자라, 모사라, 전능하신 하나님이라, 영존하시는 아버지라, 평강의 왕이라** 할 것임이라"(사 9:6) 고대 근동에서, 특별히 이집트, 수메르에서 왕에게는 통상 다섯 개의 이름이 주어졌다. 하나는 태어날 때 받는 이름이며, 나머지 네 개는 왕위에 오를 때 주어졌다. 이사야가 예언한 왕께 네 개의 이름, 즉 "**기묘자라, 모사라**"('기묘한 모사', 영어 성경에서는 "Wonderful Counselor"), "**전능하신**

하나님", "영존하시는 아버지", "평강의 왕"이라는 이름이 드려진다.

"전능하신 하나님"으로 번역된 히브리어 '엘 끼보르(אֵל גִּבּוֹר)'는 '끼보르(גִּבּוֹר)'가 용사(勇士, 전사)를 나타내고 '엘(אֵל)'이 '강력한 자'를 의미하기도 하므로 여기서만 보면 하나님을 가리키는 것일 수도 있고, 인간왕을 가리키는 것일 수도 있다. 그러나 "남은 자 곧 야곱의 남은 자가 능하신 하나님(אֵל גִּבּוֹר)께로 돌아올 것이라"(사 10:21)에서 나오는 동일한 '엘 끼보르'는 명확하게 하나님을 가리킨다. 이사야가 9장과 10장에서 똑같은 표현을 사용하는데 한 번은 인간을, 다른 한 번은 하나님을 가리키기 위해 이 표현을 사용했을 가능성은 거의 없다.[7]

고대 근동의 외교 문서에서 왕은 종종 '아버지'라는 호칭으로 불린다. "영존하시는 아버지"라는 호칭에서 "영존(永存)하는"을 뜻하는 히브리어 형용사는 '평생 가는'이라는 뜻으로도 번역 가능하다. 그렇게 읽으면 "영존하시는 아버지"는 '왕좌에 평생토록 앉아 다스리는 아버지와 같은 왕'이라는 뜻이 된다. 그러나 앞서 "전능하신 하나님"이라는 호칭이 사용되었다면 "영존하시는 아버지"라는 호칭을 인간 왕의 호칭으로 그렇게 낮추어 해석하는 것이 오히려 어색하다. 다시 말해 메시아는 평범한 인간이 아니라, 영원하신 하나님, 전능하신 하나님이라는 호칭을 갖기에 부족함이 없는 신적인 존재로서 오신다는 예언이다. 그때 일어날 일에 대해 이사야는 이렇게 말한다.

전에 고통 받던 자들에게는 **흑암이 없으리로다** 옛적에는 여호와께서 스불론 땅과 납달리 땅이 멸시를 당하게 하셨더니 후에는 해변 길과 요단 저쪽 이방의 갈릴리를 영화롭게 하셨느니라 **흑암에 행하던 백성이 큰 빛**

을 보고 사망의 그늘진 땅에 거주하던 자에게 빛이 비치도다(사 9:1-2)

마태는 예수님의 공생애의 시작점을 기록하며 위 말씀을 인용한다(마 4:15-16). 마태는 예수님께서 바로 이사야가 말하는 '빛을 가져오시는 왕'이라고 본다.

이사야서의 첫 번째 '주의 종의 노래'(사 42:1-9)에 등장하는 "나의 종", "내 마음에 기뻐하는 자"에게 하나님께서는 그분의 성령을 주신다. "내가 나의 영을 그에게 주었은즉"(사 42:1) 마가복음의 예수님의 수세(受洗) 장면에서 "성령이 비둘기 같이" 예수님께 내려오시고 하늘에서 "내가 너를 기뻐하노라" 하시는 소리가 난 것(막 1:10-11, 마 3:16-17, 눅 3:22)은 나사렛 예수님께서 바로 이사야서의 '주의 종'이시라는 것을 명확하게 보여 준다. 하나님께서 세우신 주의 종께서 "이방의 빛"이 되신다(사 42:6). 주의 종께서 어둠 가운데 살고 있는, 맹인과 같은 이방인에게 "빛"이 되어 주신다.

바울은 바나바와 함께 비시디아 안디옥 회당에서 복음을 전할 때, "주께서 이같이 우리에게 명하시되 내가 너를 **이방의 빛**으로 삼아 너로 땅 끝까지 구원하게 하리라 하셨느니라"라고 말한다(행 13:47). "이방의 빛"이신 주의 종 예수 그리스도의 사명이 이제는 사도들에게 위임되었기 때문에, 주의 종의 사명은 곧 사도들의 사명이 된다. 주의 종은 빛이기 때문에 어둠 속에 있는 장님들의 눈을 다시 보이게 한다. "네가 눈 먼 자들의 눈을 밝히며 갇힌 자를 감옥에서 이끌어 내며 흑암에 앉은 자를 감방에서 나오게 하리라"(사 42:7) "눈먼 자", "갇힌 자", "흑암에 앉은 자"가 빛의 세계로 들어온다. 이사야는 또 "내가 **맹인들을** 그들이 알지 못하는 길로 이끌며 그들이 알지 못하는 지름길로 인도하며 **암흑이 그 앞에서 광명이 되게 하며** 굽은 데를 곧게 할 것이라"라고 말한다(42:16). 주의 종 때문에 암흑은 광명이 된다. 시편도 하나님의 구원을 설명하면서 "여호와께서 맹인들의 눈을 여시며"라고 말한다(시 146:8). 욥기도 구원을 하나님께서 사람의 귀를 여시는 것과 연결한다. **"그들의 귀를 열어 교훈을 듣게 하시며** 명하여 죄악에서 돌이키게 하시나니"(욥 36:10)

하나님께서 인간을 치유하시는 방법의 핵심은 주의 종의 고난과 대속의 죽음이다. "여호와께서 그에게 상함을 받게 하시기를 **원하사** 질고를 당하게 하셨은즉"(사 53:10) 주의 종께서는 하나님의 뜻에 순종하여 인류의 죄를 짊어지고 속죄의 제물로 죽으신다. "그들의 죄악을 친히 담당하리로다"(사 53:11)에서 '담당하다'로 번역된 동사 '사발(סָבַל)'은 '어깨에 짊어지다'라는 뜻이다. 그 다음 12절의 "그가 많은 사람의 죄를 담당하며"에서는 '나사(נָשָׂא)'라는 동의어가 사용되었다. '나사'는 레위기에서 "이 속죄제물은 ··· 회중의 죄를 담당하여(נָשָׂא) 그들을 위하여 여호와 앞에 속죄하게 하려고 너희에게 주신 것이니라"(레 10:17), "염소가 그들의 모든 불의를 지고(נָשָׂא)"(레 16:22)에서 사용되었다. 둘 다 속죄의 제물이 백성들의 죄를 짊어지고 희생당하는 맥락에서 사용되었다. 그러므로 주의 종께서는 속죄의 제물로 희생되시는 것으로 보아야 한다.

주의 종의 희생은 인간에게 치유를 준다. "그가 징계를 받으므로 우리는 평화를 누리고 그가 채찍에 맞으므로 **우리는 나음을 받았도다**"(사 53:5) 이사야는 그분께서 우리를 대신하여 고난과 죽음을 당하심으로 우리의 보지도 듣지도 못하는 문제를 고치신다고 말한다. 또 앞에서는

"여호와께서 자기 백성의 상처를 싸매시며 **그들의 맞은 자리를 고치시는 날에는 달빛은 햇빛 같겠고 햇빛은 일곱 배가 되어 일곱 날의 빛과 같으리라**"(사 30:26)라고도 말한다. 하나님께서 인간을 고치실 때, 인간은 비로소 빛의 세계로 이주한다. 바울도 하나님께서는 우리가 빛 가운데 있는 '성도들', 즉 하늘에 있는 거룩한 자들로서 상속을 받을 자격을 갖추게 하셨고, 어둠의 권세에서 우리를 구원하여 아들의 나라, 즉 빛의 나라로 옮기셨다고 말한다. "우리로 하여금 **빛 가운데서 성도의 기업의 부분을 얻기에 합당하게 하신** 아버지께 감사하게 하시기를 원하노라 그가 우리를 **흑암의 권세에서 건져내사** 그의 사랑의 아들의 나라로 옮기셨으니"(골 1:12-13)

더 나아가 주의 종께서는 혼미하게 하는 영에 빠진 인간에게 진리를 가르쳐 어리석음에서 벗어나 참된 지혜를 갖게 하신다. 이사야는 종말에 모든 민족이 시온산에 모여들고, 하나님께서 시온에서 그분의 길을 가르치시는 큰 그림을 보여 준다. "**만방이 그리로 모여들 것이라 … 그가 그의 길을 우리에게 가르치실 것이라 …** 이는 율법이 시온에서부터 나올 것이요 여호와의 말씀이 예루살렘에서부터 나올 것임이니라"(사 2:2-3) 주의 종께서 종말의 선생으로 오셔서 하나님을 대신하여 시온에서 가르치신다. 이 종말의 선생께서는 곧 하나님께서 시온에 세우신 그분의 메시아시다. "내가 나의 왕을 내 거룩한 산 시온에 세웠다 하시리로다"(시 2:6) 이사야는 또한 "**네 스승은 다시 숨기지 아니하시리니 네 눈이 네 스승을 볼 것이며 …** 네 뒤에서 말소리가 네 귀에 들려 이르기를 이것이 바른 길이니 너희는 이리로 가라 할 것이며"라고 말한다(사 30:20-21). 하나님께서는 맹인이 된 백성들에게 주의 종을 메시아 선생으로 주신다.

이사야서의 세 번째 '주의 종의 노래'(50:4-9)도 주의 종께서 선생으로 우리에게 오신다고 말한다. "주 여호와께서 **학자들의 혀를 내게 주사 나로 곤고한 자를 말로 어떻게 도와 줄 줄을 알게 하시고** 아침마다 깨우치시되 **나의 귀를 깨우치사 학자들 같이 알아듣게 하시도다** 주 여호와께서 **나의 귀를 여셨으므로** …"(50:4-5)에서 "학자"로 번역된 히브리어 단어 '리무딤(למודים)'은 '배운'이라는 뜻의 형용사 '리문(למוד)'의 복수형으로, '제자들'로 번역하는 것이 좋다. 주의 종께서는 하나님의 제자이시다. 주의 종께서는 하나님을 향해서는 제자이시면서 우리들을 향해서는 선생이시다. 제자에게 가장 중요한 신체 기관은 귀다. 하나님께서는 주의 종의 귀를 열어 먼저 하나님의 뜻을 배워 알게 하신다. 하나님께서는 주의 종에게 혀도 주신다. "혀"는 선생에게 가장 중요한 신체 기관이다. 주의 종께서는 말씀으로 곤고한 자들을 도와주신다. 유대교 외경인 '솔로몬의 시편'에는 아래와 같은 내용이 나온다.

> 그리고 그는 **하나님의 가르침을 받아** 그들을 다스리는 의로운 왕이 되리라
> 그의 날에는 모두가 거룩해지므로 그들 가운데 불의가 없으리라
> 그리고 **그들의 왕은 주 메시아가 되리라** …
>
> (솔로몬의 시편 17:32)

유대인의 왕을 메시아로 부르면서 그분을 의로운 왕이라고 말한 뒤에, "하나님께 가르침을 받아"라고 수식하고 있다. 메시아는 하나님의

가르침을 받은 제자라는 뜻이다. '솔로몬의 시편'은 주전 50년에 기록된 구약성경 외경이므로, 1세기 이전의 유대교에서 이사야 50:4-5의 내용을 메시아에 관한 예언으로 읽고 있었다는 것을 알 수 있다. 예수님께서도 이사야서의 "네 모든 자녀는 여호와의 교훈을 받을 것이니"(사 54:13)를 인용하신다. "선지자의 글에 그들이 다 하나님의 가르치심을 받으리라 기록되었은즉 아버지께 듣고 배운 사람마다 내게로 오느니라"(요 6:45) 예수님께서는 당신께서 하나님의 교훈을 가르치는 메시아 선생이시며, 이사야서의 예언이 당신의 사역을 통해 성취된다고 말씀하셨다.

곧 주의 종께는 많은 사람의 죄를 짊어지고 속죄의 제물로 죽는 사명도 있었지만, 동시에 하나님의 백성에게 말씀을 가르쳐 그들을 어리석음에서 벗어나 지혜롭게 할 사명도 갖고 계셨다. 그분의 사역으로 "물이 바다를 덮음 같이 여호와를 아는 지식이 세상에 충만"하게 될 것이고(사 11:9), "열방이 그에게로 돌아"올 것이다(사 11:10). "예수께서 무리를 보시고 **산에 올라가 앉으시니** 제자들이 나아온지라 **입을 열어** 가르쳐 이르시되"(마 5:1-2)에서, 예수님께서는 시내산이 아니라 '시온산'을 염두에 두고 산에서 교훈을 가르치신 것으로 보아야 한다. 예수님께서는 모세처럼 시내산에서 율법을 가르치신 것이 아니라, 시온산에서 하나님의 말씀을 가르쳐 온 세상이 하나님의 말씀으로 가득하게 하신다. 마태가 굳이 "입을 열어" 가르치셨다고 말하는 것은 "혀를 주사"(사 50:4)와 상응하기 위한 것 같다. 마태가 그분의 산상수훈의 말씀을 마치 예수님의 입에서 말씀이 폭포수처럼 쏟아져 나오듯 5-7장에 걸쳐 모아 놓은 것은, 이사야서의 말씀(2:2-3, 11:9)이 예수님의 가르침을 통해 성취되

어 온 세상이 하나님의 말씀으로 가득하게 됨을 상기시키려는 의도로
보인다.

6. 빛으로 오신 그리스도

"**참 빛 곧 세상에 와서 각 사람에게 비추는 빛이 있었나니**"(요 1:9) 요한
은 예수 그리스도를 빛이라고 소개한다. "**빛이 어둠에 비치되 어둠이 깨
닫지 못하더라**"(요 1:5) 여기서 "어둠"은 인간의 상태다. 하나님의 영광
의 빛을 잃어버린 아담은 어둠 속에 잠겨, 참된 빛을 알아보지 못했다.
요한복음의 "**나는 세상의 빛이니 나를 따르는 자는 어둠에 다니지 아니
하고 생명의 빛을 얻으리라**"(8:12), "그 정죄는 이것이니 곧 **빛이 세상에
왔으되** 사람들이 자기 행위가 악하므로 빛보다 어둠을 더 사랑한 것이
니라"(3:19), "아직 잠시 동안 **빛이 너희 중에 있으니 빛이 있을 동안에 다
녀 어둠에 붙잡히지 않게 하라 … 너희에게 아직 빛이 있을 동안에 빛을
믿으라 그리하면 빛의 아들이 되리라**"(12:35-36), "**나는 빛으로 세상에 왔
나니** 무릇 나를 믿는 자로 어둠에 거하지 않게 하려 함이로라"(12:46) 등
은 모두 예수 그리스도를 빛으로 부른다.
　요한복음이 공관복음보다 '빛과 어둠'이라는 주제가 더 뚜렷하게
나타나는 것은 아마도 요한이 전체적으로(특히 7:1-10:21에서) 초막절에
집중하고 있기 때문일 것이다. "유대인의 명절인 **초막절**이 가까운지
라"(요 7:2) 초막절의 중요한 주제가 '물'과 '빛'이다. 스가랴도 초막절
의 물과 빛이라는 주제를 다룬다(14:6-8). "여호와께서 아시는 한 날이

있으리니 낮도 아니요 밤도 아니라 **어두워 갈 때에 빛이 있으리로다**"(슥 14:7) 과거 출애굽 때 불기둥으로 함께 계셨던 하나님을 회상하며, 미래 종말의 때에도 하나님께서 빛이 되어 주실 것을 소망하는 절기가 초막절이다.

요한복음의 태어나면서부터 보지 못한 장님이 눈을 뜬 이적(9:1-7)은 '빛'이라는 초막절의 주제를 극대화한다. 이 에피소드에서 예수님께서는 침을 뱉어 "진흙"을 이겨 장님의 눈에 바르신다(요 9:6). 그리고 실로암 못에 가서 씻으라 하시니, 그 장님이 씻고 왔을 때 "밝은 눈으로 왔더라"라고 한다(요 9:7). 여기에서 "진흙"은 아담을 진흙으로 만드신 것을 상기시키며, "밝은 눈으로 왔더라"는 "너희가 그것을 먹는 날에는 **너희 눈이 밝아져 하나님과 같이 되어**"(창 3:5)를 기억나게 한다. 물로 씻은 것은 세례를 연상시킨다.

6절에서 "바르시고"로 번역된 헬라어 동사는 '에피크리오($\epsilon\pi\iota\chi\rho\iota\omega$)'이며, 이 단어의 원래 뜻은 '~에게 기름을 붓다'(영어로는 anoint)이다. 그는 태어날 때 맹인으로 태어났지만, 물과 성령으로 세례를 받음으로 눈을 뜬 사람으로 다시 태어났다. 사람들은 그가 "죄 가운데서" 태어났다고 말했다. "네가 온전히 죄 가운데서 나서 우리를 가르치느냐"(요 9:34) 그러나 예수님께서는 그를 물과 성령으로 다시 태어나게 하신다. 그는 이제 더 이상 "육"으로 태어난 사람이 아니라 "영"으로 태어난 사람이다. 니고데모와의 대화에서 말씀하신 그 사람이 바로 이 맹인이다. "**사람이 물과 성령으로 나지 아니하면** 하나님 나라에 들어갈 수 없느니라"(요 3:5)

이 사람이 눈을 뜬 뒤에 벌어지는 논쟁을 살펴보면 아이러니를 느끼지 않을 수 없다. 예수님께서 "내가 심판하러 이 세상에 왔으니 **보지 못하는 자들은 보게 하고 보는 자들은 맹인이 되게 하려 함이라**"(요 9:39)라고 말씀하시자, 바리새인이 "우리도 맹인인가" 반문한다(요 9:40). 이에 예수님께서는 "너희가 맹인이 되었더라면 죄가 없으려니와 본다고 하니 너희 죄가 그대로 있느니라"라고 대답하신다(요 9:41). 자신이 죄인이라고(맹인이라고) 생각하는 자는 구원받지만, 스스로 죄인이 아니라고(맹인이 아니라고) 주장하는 사람들은 구원받지 못한다. 소경의 눈을 뜨게 하신 뒤 일어난 논쟁은 "나는 세상의 빛이니"(요 8:12)의 주석으로 볼 수 있다. 태어나면서부터 어둠 속에서 살던 맹인이 눈을 뜨고 빛의 세계로 들어온 이 사건은 신구약성경 전체의 메시지를 간략하게 요약한다.

요한복음뿐 아니라 공관복음에도 예수님께서 눈먼 사람을 치유하신 사건은 다수 기록되어 있다(마 9:27-31, 12:22, 20:29-34; 막 8:23-26, 10:46-52; 눅 18:35-43). 맹인 치유의 이적은 육체적 치유만을 나타내는 것이 아니다. 동시에 영적으로 눈을 뜨게 된 것을 의미한다. 사실 영적인 의미가 더 중요하다. 모든 인간은 영적으로 장님이며, 예수 그리스도를 통해 우리는 눈을 떠, 영원한 나라를 보고, 진리를 깨닫는다. 예수님께서는 **"너희 눈은 봄으로, 너희 귀는 들음으로 복이 있도다"**라고 말씀하신다(마 13:16). 이것은 이사야서의 "너희가 듣기는 들어도 깨닫지 못할 것이요 보기는 보아도 알지 못하리라"(사 6:9-10)를 뒤집어서 말씀하신 것이다. 요한계시록에서도 그리스도께서는 라오디게아교회를 향해 "네 곤고한 것과 가련한 것과 가난한 것과 **눈 먼 것과 벌거벗은 것**을 알지 못하는도다 … 흰 옷을 사서 입어 벌거벗은 수치를 보이지 않게 하고 안약을 사서 눈에 발라 보게 하라"라고 말씀하신다(계 3:17-18). 이것은 창세기 3

장의 아담과 하와 이야기의 연장이다.

7. 그리스도의 빛나는 몸을 다시 입으리라

바울은 유대인들의 얼굴과 마음에 수건이 덮여 있다고 말한다. "오늘까지 모세의 글을 읽을 때에 **수건이 그 마음을 덮었도다**"(고후 3:15) 얼굴만 수건이 덮인 것이 아니라, 마음 위에 수건이 덮였으므로, 눈으로 보지 못하고 마음으로 깨닫지도 못한다. 영적으로 장님 상태다. 바울은 "그 수건은 그리스도 안에서 없어질 것이라"라고 말하고(고후 3:14), "그러나 언제든지 **주께로 돌아가면 그 수건이 벗겨지리라**"라고도 말한다(고후 3:16). "돌아가면"으로 번역된 단어는 '에피스트레포(ἐπιστρέφω)'이며, 뜻은 '돌아서다'이다. 개종을 나타내는 동사다. 예수 그리스도의 복음으로 돌아서면, 눈이 다시 열리고, 마음으로 이해할 수 있게 된다. 어둠에서 벗어나 빛의 세계로 돌아올 수 있다.

그리스도의 복음으로 돌아서면 하나님께서는 성령을 주신다. 성령을 받은 사람은 "혼미하게 하는 영", "세상의 영", "세상의 신"에게서 벗어나게 된다. 사탄의 지배에서 풀려나 자유인이 된다. "주는 영이시니 주의 영이 계신 곳에는 자유가 있느니라"(고후 3:17) 하나님께서 예수 그리스도를 통해 주시는 구원은 여기에서 끝나지 않는다. 바울 사도는 더 놀라운 소식을 전해준다. "우리가 다 수건을 벗은 얼굴로 거울을 보는 것 같이 주의 영광을 보매 **저와 같은 형상으로 변화하여** 영광에서 영광에 이르니 곧 주의 영으로 말미암음이니라"(고후 3:18) 단순히 눈과 마음이 정상으로 돌아오는 것을 넘어 장차 그리스도의 형상으로 우리가 변화된다. '영광에서 영광에 이른다'는 것은 우리가 영광이 점점 더 커지는(NIV, "ever-increasing") 모습으로 변화된다는 말이다.

이 모든 것을 가능하게 하는 것은 성령의 능력이다. "곧 주의 영으로 말미암음이니라"(고후 3:18) 성령을 받는 것은 마음의 할례를 받는 것이다. "할례는 마음에 할지니 영에 있고 율법 조문에 있지 아니한 것이라"(롬 2:29) 그리고 마음의 할례를 받으면 '굳은 마음'의 문제가 해결된다. "또 새 영을 너희 속에 두고 새 마음을 너희에게 주되 너희 육신에서 굳은 마음을 제하고 부드러운 마음을 줄 것이며"(겔 36:26, 참고- 겔 11:19) 다른 바울 서신에도 같은 맥락의 말씀이 여럿 있다. "그는 만물을 자기에게 복종하게 하실 수 있는 자의 역사로 우리의 낮은 몸을 자기 영광의 몸의 형체와 같이 변하게 하시리라"(빌 3:21)에서 우리는 "영광의 몸"에 주목해야 한다. 영광의 몸은 '빛나는 몸'이라는 뜻이다. 부활 때에 하나님의 능력으로 우리의 몸은 그리스도의 빛나는 몸의 형체와 닮은 몸이 된다.

"하나님이 미리 아신 자들을 또한 그 아들의 형상을 본받게 하기 위하여 미리 정하셨으니"(롬 8:29)도 같은 메시지다. 우리가 그리스도의 형상을 본받는 것은 단순한 윤리적 명령이 아니다. 부활 때에 그리스도의 빛나는 형상을 닮은 자가 되는 것은 하나님께서 이미 예정해 놓으신 우리의 운명이다. "우리가 흙에 속한 자의 형상을 입은 것 같이 또한 하늘에 속한 이의 형상을 입으리라"(고전 15:49)에서 흙에 속한 자는 아담이고, 하늘에 속한 이는 예수 그리스도다. 우리는 아담이 입었던 가죽옷을 벗고 예수 그리스도의 형상을 입게 된다. "욕된 것으로 심고 영광스러운 것으로 다시 살아나며"(고전 15:43)도 마찬가지다. 아담이 입었던 가죽옷은 욕된 것이었지만, 우리는 아담이 처음 입었던 영광으로 빛나는 몸으로 다시 부활한다.

이런 의미로 바울은 우리가 '그리스도를 입는다'고 말한다. "누구든지 그리스도와 합하기 위하여 세례를 받은 자는 **그리스도로 옷 입었느니라**"(갈 3:27)에서 마지막 부분의 헬라어 본문 "크리스톤 에네뒤사스테(χριστον ενεδυσασθε)"를 직역하면 "너희는 그리스도를 입었다"가 된다. 마치 그리스도께서 옷이 되신 것처럼, 그리스도를 입었다고 말한다. "오직 **주 예수 그리스도로 옷 입고** 정욕을 위하여 육신의 일을 도모하지 말라"(롬 13:14)에서도 '그리스도를 입는다'고 말한다. 바울이 평소에 '입다'라는 타동사 '엔뒤오(ἐνδύω)'나 '엔뒤오마이(ενδύομαι)'에 그리스도를 목적어로 추가하여 '그리스도를 입는다'는 말을 종종 한 것 같다. 왜 바울은 우리가 '그리스도를 입는다'고 말할까? 미래에 우리가 입을 부활의 몸이 바로 그리스도의 부활의 몸과 같은 빛나는 몸이기 때문이다.

공관복음에는 미래에 우리가 입게 될 부활의 몸이 어떤 몸인지 보여주는 중요한 사건이 있다. 바로 '변화산 사건'이다(막 9:2-8). 마가는 예수님께서 높은 산에 올라가셨을 때, "그들 앞에서 변형"되셨다고 증언한다(막 9:2). 그리고 이어서 어떤 변화가 일어났는지 말한다. "그 옷이 광채가 나며 세상에서 빨래하는 자가 그렇게 희게 할 수 없을 만큼 매우 희어졌더라"(막 9:3) 예수님의 옷에서 광채가 났다는 말은 옷 자체가 빛을 발하기 시작했다는 말이 아니다. 예수님의 옷이 흰색이 되었다는 말은 예수님의 옷이 다른 색이었는데 흰색이 되었다는 말도 아니다. 예수님의 몸에서 빛이 나기 시작했고, 그 빛이 너무나 강력해서 옷을 뚫고 나왔다는 말이다. 그 빛을 인간의 언어로 표현할 때 "희어졌더라"라고 표현할 수밖에 없기에 그렇게 말하는 것뿐이다.

마태는 같은 장면을 "그들 앞에서 변형되사 그 얼굴이 해 같이 빛나며 옷이 빛과 같이 희어졌더라"라고 말한다(마 17:2). 예수님의 얼굴에서 빛이 났다고 말한다. 그렇다면 얼굴에서만 빛이 나고 그분의 몸에서는 빛이 나지 않았던 것일까? 그렇지 않다. 예수님의 온몸에서 빛이 났다고 보아야 한다. '변화산 사건'은 예수님께서 원래 하늘에서 빛나는 존재이셨다는 것을 보여 주는 동시에, 예수님께서 부활 후에 어떤 모습으로 변하실지 미리 보여 준다. 부활하여 승천하신 예수님께서는 빛 그 자체셨다. 바울이 다메섹 도상에서 그리스도를 뵈었을 때 그는 빛을 보았다. 그 빛은 바로 예수님로부터 나오는 빛이었다. 우리가 입게 되는 부활의 몸이 바로 이런 빛나는 몸이다.

바울은 "만일 땅에 있는 우리의 장막 집이 무너지면 하나님께서 지으신 집 곧 손으로 지은 것이 아니요 하늘에 있는 영원한 집이 우리에게 있는 줄 아느니라"라고 말한다(고후 5:1). 여기서 "장막"은 '텐트(tent)'다. 왜 바울은 현재의 죽을 몸을 텐트에 비유하는 것일까? 당시 텐트는 가죽으로 만들었기 때문이다. '가죽'은 앞에서 보았던 아담과 하와의 "가죽옷"(창 3:21)을 상기시킨다. 이러한 추리가 틀리지 않았다는 증거는 3절의 "이렇게 입음은 우리가 벗은 자들로 발견되지 않으려 함이라"이다. 성경에서 "벗은 자들로 발견"된 사람은 아담과 하와다. 바울은 지금 창세기 3장의 아담과 하와 이야기를 재료로 삼아 부활을 설명하고 있다.

1절의 "하늘에 있는 영원한 집"과 3절의 "하늘로부터 오는 우리 처소"는 부활의 몸이며, '집을 입는다'라고 말하는 것은 1절의 "장막 집", 곧 가죽옷을 우리가 입고 있으므로 일관성을 유지하기 위해 그렇게 말하는 것이다. 바울은 그리스도를 통해 가죽옷을 벗고, 빛의 옷을 다시 회복하는 것이 구원이라고 말한다. 곧 부활의 몸을 입는 것이 구원이다. 성도가 복음을 믿고, 믿음을 지키고 살아간다면 찬란한 미래가 그들을 기다리고 있다. 그것은 우리의 눈과 귀가 열리고, 우리의 마음이 다시 회복되는 것을 넘어, 아담이 잃어버린 하나님의 영광을 다시 회복하는 것이다. 이것이야말로 진정한 성경적 의미에서 부흥이다. 교회가 이런 부활의 복음을 선포한다면 반드시 부흥하게 되며, 이런 복음의 부흥을 하나님께서 원하고 계신다.

미주

1 "And at that very moment my eyes were opened and I knew that I was naked of the righteousness with which I had been clothed. And I wept saying, 'Why have you done this to me, that I have been estranged from my glory with which I was clothed?" 헬라어 판 『아담과 하와의 생애』, 20:1-2, Marinus de Jonge and Johannes Tromp, *Life of Adam and Eve and Related Literature* (Sheffield: Sheffield Academic Press, 1997).

2 "Then I quickly persuaded him. He ate, and his eyes were opened, and he also realized his nakedness. And he said to me, 'O evil woman! Why have you wrought destruction among us? <u>You have estranged me from the glory of God</u>" 헬라어판 『아담과 하와의 생애』, 21:5-6, 같은 책. 밑줄은 필자 표기.

3 "7 He then said to her, 'Remember the bright nature in which we lived, when we lived in the garden! 8 O Eve! <u>Remember the glory that rested on us in the garden.</u> O Eve! Remember the trees that overshadowed us in the garden while we moved among them. 9 O Eve! Remember that while we were in the garden, <u>we knew neither night nor day.</u> Think of the Tree of Life, from below which flowed the water, and that shed lustre over us! Remember, O Eve, the garden land, and the brightness thereof! 10 Think, oh think of that <u>garden in which was no darkness</u>, while we lived in it. 11 Whereas no sooner did we come into this Cave of Treasures than <u>darkness surrounded us all around; until we can no longer see each other</u>; and all the pleasure of this life has come to an end'" 『아담과 하와의 책, 일명 아담과 하와와 사탄의 갈등』 11:7-11, Solomon Caesar Malan, *The Book of Adam and Eve Also Called the Conflict of Adam and Eve With Satan* (Creative Media Partners, 2022). 최초 출판 연도는 1882년. 밑줄은 필자의 것.

4 "In R. Meir's Torah it was found written, 'Garments of light (or)': this refers to Adam's garments, which were like a torch [shedding radiance], broad at the bottom and narrow at the top."

5 "Then they knew that they were naked, since they had lost the celestial lustre

which had formerly enveloped them, and of which they were now divested. ⋯ At first they had had coats of light (rut 'or), which procured them the service of the highest of the high, for the celestial angels used to come to enjoy that light;" ("Bereshith", *The Socino Zohar*, Section 1, p. 36b). "Adam in the Garden of Eden was attired in supernal raiment, of celestial radiancy. ⋯ Formerly they were garments of light (rut 'or), to wit, of the celestial light in which Adam ministered in the Garden of Eden" (*The Socino Zohar*, "Shemoth", Section 2, p. 229b).

6 바울과 초대교회는 시편 8편의 내용을 그리스도에게 적용한다. 왜냐하면 그리스도야 말로 진정으로 하나님의 왕권을 위임받아 실패한 아담을 대체하는 이 세상의 왕이시기 때문이다. 고린도전서 15:27, "만물을 그의 발 아래에 두셨다 하셨으니 만물을 아래에 둔다 말씀하실 때에 만물을 그의 아래에 두신 이가 그 중에 들지 아니한 것이 분명하도다"에서 시편 8:6을 두 번째 아담이신 그리스도에게 적용한다.

7 "하나님이여 주의 보좌는 영원하며 주의 나라의 규는 공평한 규이니이다 주의 보좌는 하나님의 보좌라 영영하며"(시 45:6)에서도 다윗 계열의 왕을 하나님으로 부른 구절이 있다. "아들에 관하여는 하나님이여 주의 보좌는 영영하며 주의 나라의 규는 공평한 규이니이다"(히 1:8)는 이 시편을 인용하면서 이 구절이 예수 그리스도에 관한 것이라고 말하며, 아들을 '하나님'으로 부른다.

하나님-중심적 예배

: 부흥의 복음적 원리에 따른 예배를 위한 제언

최승근 교수

(장로회신학대학교)

　국어사전은 '부흥'을 "쇠퇴하였던 것이 다시 일어남. 또는 그렇게 되게 함"이라고 정의한다.[1] 이 사전적 정의는 우리에게 몇 가지 중요한 질문을 제기하도록 한다. "무엇이 쇠퇴했는가?" "그것은 왜 쇠퇴했는가?" "그것이 다시 일어나야 할 이유는 무엇인가?" "어떻게 그것을 다시 일어나게 할 것인가?" 이러한 질문들은 크게 두 개의 범주로 묶일 수 있는데, 바로 문제 인식과 해결 방안이라는 범주다.

　우리는 부흥을 논할 때, 대개 문제 인식과 해결 방안의 범주에 포함되는 질문들을 놓고 고민한다. 그리고 그 질문들에 어떻게 답하느냐는 부흥에 대해 어떤 신학적 개념을 가지고 있느냐에 따라 크게 달라진다. 예를 들어, 어떤 이들은 수적 성장의 관점에서, 다른 이들은 개인적 변화의 관점에서 부흥을 말한다. 사회적 영향력이라는 측면에서 부흥을 논하는 이들도 있다. 그리고 그러한 관점에서 부흥을 위한 나름의 답을 제시한다.

부흥에 대한 개념과 방안이 다양하다는 사실은 또 다른 중요한 질문들을 제기하도록 만든다. 우리가 이해하는 부흥과 우리가 제안하는 부흥의 방안은 성경적인가? 복음의 원리에 충실한 것이라고 할 수 있는가? 어떻게 하면 복음적인 부흥을 추구하고 경험할 수 있을까?

그리스도인으로서 부흥을 올바로 추구하려면, 당연한 말이지만 먼저 부흥을 올바르게 추구하는 그리스도인이 되어야 한다. 그렇다면 어떻게 그러한 그리스도인이 될 수 있을까? 여러 방법이 제시될 수 있겠지만, 필자는 예배라고 답하고자 한다. 그리스도인은 예배를 통해서 형성된다. 예배는 그리스도인을 형성하는 주된 통로다. 그리스도인은 특정한 신학을 반영한 예배를 통해 특정하게 형성되고, 특정한 예배를 통해 특정한 신학을 갖게 된다. 그리고 부흥에 대한 특정한 이해를 갖게 된다. 또 반대로, 부흥에 대한 특정한 시각은 이를 반영하는 예배를 만들 수 있다.

예배와 신학, 부흥에 대한 개념은 서로 연결되어 있다. 이러한 이해를 바탕으로, 필자는 이 글을 통해서 두 가지 상반된 의미 체계에서 이해하고 실천하는 부흥과 예배에 대해 살펴보겠다. 그러면서 우리가 그리스도인으로서 추구해야 하는 좀 더 복음의 원리에 부합하는 부흥은 무엇인지, 그리고 그러한 부흥을 추구하는 그리스도인들로 형성되기 위해서 우리의 예배는 어떠해야 하는지를 논하려 한다.

앞서 말한 바와 같이 '부흥'은 문제 인식을 전제하고 해결 방안을 포함하는 말이다. 많은 그리스도인들이 부흥을 갈망하고 추구한다. 그러나 어떤 문제를 인식하고, 어떤 해결 방안을 제시하는지는 저마다 다르다. 즉, 무엇이, 왜, 어떻게 회복되어야 하는지를 이해하고 실천하는 방법은 다르다. 이러한 다양한 문제 인식과 방안 제시를 두 개의 상반되는 범주로 나눌 수 있다. 바로 '귀납적 의미 체계'와 '연역적 의미 체계'다.

마르바 던(Marva J. Dawn)은 자신의 저서인 『어리석음 없이 다가가기 (Reaching Out without Dumbing Down)』에서 웨이드 클라크 루프(Wade Clark Roof)의 문화 분석 연구를 토대로 두 가지 상반되는 의미 체계, 즉 '귀납적 의미 체계'와 '연역적 의미 체계'를 제시한다.[2] 던에 따르면, 귀납적 의미 체계는 인간의 노력과 자원으로 사람과 사람, 사람과 하나님, 사람과 자연을 갈라놓는 문제를 해결하고자 한다. 다시 말해, 인간이 직시한 문제를 인간의 능력으로 해결할 수 있다고 믿는다. 귀납적 의미 체계에서는 인간 감정과 삶의 경험이 강조되고, 가장 큰 미덕은 사람의 마음에 맞는 것을 골라 선택할 수 있도록 사람의 필요에 민감하고 열린 자세를 갖는 것이다. 이는 최종 권위가 인간 자아에 있는 의미 체계로, 영성 또는 신앙도 개인 내면에서 진리와 의미를 찾는 여정이나 탐색으로 표현되고는 한다.[3] 따라서 던이 말하는 귀납적 의미 체계는 '인간-중심적 의미 체계'라고 할 수 있다.

이에 상반되는 연역적 의미 체계는 인간의 능력이 아닌 "일상생활에 영향을 미칠 뿐 아니라 모든 현실을 형성하고 궁극적인 의미에서 삶을 의미 있게 만드시는" 하나님에 대한 믿음을 중심으로 한다. 연역적 의미 체계에서는 "세속주의적인 문화에 맞서 종교적 전통에 충실하고, 하나님과의 언약에 신실하고, 순종에 근거한 도덕성을 지키고자" 한다.[4]

귀납적 의미 체계가 인간-중심적이라면 연역적 의미 체계는 '하나님-중심적 의미 체계'이다.

부흥을 말하는 그리스도인은 많다. 그러나 그들의 부흥에 대한 개념과 실천은 크게 인간-중심적 의미 체계와 하나님-중심적 의미 체계로 나뉠 수 있다. 그리고 그들의 부흥에 대한 개념과 실천은 예배에 대한 이해와 실천에도 영향을 끼친다. 즉, 인간-중심적으로 부흥을 이해하고 실천하는 이들은 예배도 인간-중심적인 의미 체계에서 이해하고 실천하고, 하나님-중심으로 부흥을 말하고 실천하는 그리스도인들은 예배도 그렇게 이해하고 실천한다. 반대로, 인간-중심적 의미 체계의 예배는 인간-중심적 부흥을 추구하는 그리스도인들을 만들어낼 수 있고, 하나님-중심적 의미 체계의 예배는 하나님을 중심으로 부흥을 추구하는 그리스도인을 형성할 가능성이 크다. 각 의미 체계에서 이해하고 실천하는 부흥과 예배를 간략히 살펴보면 다음과 같다.

1. 인간-중심적 의미 체계에서의 부흥과 예배

1) 인간-중심적 부흥

인간-중심적 의미 체계의 사람들은 부흥을 인간의 일로 이해한다. 즉, 인간의 노력과 방법으로 부흥을 일으킬 수 있다고, 쇠퇴한 것을 다시 일으킬 수 있다고 믿는다. 부흥을 인간-중심적으로 이해하고 실천했던 대표적인 인물은 찰스 피니(Charles G. Finny)다. 피니의 부흥과 예배에 대한 접근법은 인본주의적이고 기계적이라는 비판을 많이 받는데, 이는 그가 인간-중심적 의미 체계의 사람이었다는 사실을 잘 보여준다. 그의 부흥과 특히 예배에 대한 인간-중심적인 개념과 실천은 오늘날에도 많은 교회에 큰 영향을 끼치고 있는데, 아마도 오늘날 그리스도인들이 자아를 중시하는 인간-중심적 의미 체계에 익숙하기 때문일 것이다.

피니는 부흥이 필요한 이유를 영적 침체와 타락 때문이라고 진단하고, 부흥을 그리스도인의 첫사랑을 회복하여 죄에서 깨어나 하나님께로 회심시키는 것, 타락한 교회를 각성 및 소생, 회복시키는 것, 하나님의 요구에 대한 관심을 불러일으키는 것 등으로 정의한다.[5] 부흥은 교회가 타락한 상태에 있다는 것을 전제하기 때문에, 죄의 자각, 회개, 믿음과 삶의 변화 등을 강조한다. 즉, 피니에게 부흥은 신앙의 회복, 신앙의 개혁이다.

피니는 부흥에서 성령의 역할을 간과하거나 무시하지는 않는다. 그러나 피니에게 신앙은 인간의 일, 인간이 해야 하는 일이다.[6] 그는 하나님의 주권에 대한 잘못된 생각이 부흥의 장애가 되어 왔다고 주장하면서, 부흥에서 인간의 역할을 강조한다. 그에 따르면, 부흥은 하나님의 간섭을 함의하는 기적이 아니다. 회심이 인간의 감정과 밀접하게 연관된다고 믿었던 피니에게 부흥은 인간이 자신에게 허락된 방법을 잘 사용하면 당연히 따라오는 결과였다. 사람들의 반응, 특히 감정적인 반응을 끌어낼 때 일어나는 것이다.[7] 그래서 그는 새로운 수단, 참신함을 강조했다. 그런 것들이 사람들의 흥분성을 좀 더 자극하기 때문이다.

피니에게 부흥의 성공 여부는 얼마나 많은 사람의 관심을 끄는가에 달려 있었다. 사람들의 관심을 끌고 그들의 반응을 끌어낼 때 회심과 부흥이 일어난다고 생각했다. 그는 이러한 관점으로 기독교 부흥의 역사를 이해했다. 교회의 역사에서 부흥이 일어났던 때는 사람들의 관심을 끄는 효과적인 방법이 사용되었던 때다. 피니는 사람들의 관심을 끌어붙잡고 새로운 것을 경험하게 함으로써 반응을 불러일으키는 기술을 체계적으로 혁신하고 진화시키는 것이 기독교 사역이라고 이해했다. '가능한 많은 사람의 관심을 끌라.' 이것이 피니가 이해한 부흥의 열쇠였다.[8] 그리고 이를 위해 가능한 효과적인 방법과 자원을 사용했다. 피니는 인간-중심적인 의미 체계에서 효율성, 생산성, 진보성의 원리로 부흥을 이해했고 실천했다.[9]

2) 인간-중심적 예배

피니의 인간-중심적인 부흥 개념은 예배에 대한 그의 이해와 실천에도 반영되었다. 그가 이해하고 실천한 예배는 인간-중심적인 특징을 잘 보여준다. 피니의 예배는 '준비단계-설교(메시지)-제단 초청(결단)'의 삼중구조로 구성된다. 이 삼중구조 예배는 피니가 개발한 것은 아니다. 미국에서 발생한 최초의 예배 전통이라고 여겨지는 '변방(Frontier) 예배' 형태를 발전시킨 것이다. 변방 예배는 19세기 미국의 서부 개척지 상황에서 전도와 회심을 목표로 등장했다. 피니는 변방 예배의 회심에 대한 강조, 실용적인 공간 활용, 교리보다는 일상의 평범한 이야기를 활용하는 설교 방식 등을 받아들였고, 변방에 어울리는 예배 관행은 도시에 맞게 바꾸었다.[10]

에드워드 필립스(L. Edward Phillips)는 그의 저서인 『예배의 목적, 패턴 및 성격(The Purpose, Pattern & Character of Worship)』에서 19세기와 20세기

초에 미국에서 발생하여 오늘날 교회에도 큰 영향을 끼치고 있는 여섯 가지 예배 패턴을 설명하고 분석하는데, 그중 하나가 피니의 예배 패턴이다. 필립스는 피니의 예배 패턴은 오늘날의 '구도자 예배 모델' 형태라고 할 수 있지만, 다른 다섯 가지 패턴에서 파생된 모델들에도 영향력을 끼치고 있다고 강조한다.[11] 피니의 예배 패턴은 그로 하여금 미국 역사에서 가장 큰 영향력을 끼친 예배 개혁가라는 평을 받게 한다.[12]

피니는 예배에 실용주의적으로 접근했다. 그에게 예배는 회심과 부흥이라는 목표를 달성하기 위해 사람들의 관심을 끌고 붙잡아 감정적인 반응을 일으키도록 잘 사용되어야 하는 수단이자 기술이었다. 그의 예배 패턴은 인간-중심적 예배에 대한 여러 특성을 잘 보여준다. 그중 일부는 다음과 같다.

인간-중심적 예배는 인간의 감정적인 측면에 집중한다. 예배를 뜻하는 영어 단어 중에 '서비스(service)'가 있다. 서비스는 누군가를 위해 무언가를 한다는 뜻이다.[13] 예배의 목적과 대상을 생각할 때 특히 도움이 되는 용어다. 인간-중심적 예배는 주요 대상이 사람들이다. 예배는 사람들을 대상으로 하는 일로, 특히 피니에게 예배의 목표는 회심이었다. 그가 생각하는 예배의 가치는 사람(죄인)을 회심하도록 이끄는 '수단'으로서 얼마나 효과적인가에 의해 판단되었다.

앞서 그의 예배가 삼중구조로 구성된다고 했다. 첫 번째 단계인 '준비단계'에서는 음악이 많이 사용되었는데, 사람들이 설교를 감정적으로 잘 받아들이도록 분위기를 조성하는 것이 주된 목적이었다. 즉, 준비단계의 기능은 가장 중요한 순서인 설교를 위한 흥 돋우기였다. 음악 순서 다음에는 기도가 이어졌는데, 이때도 감정을 움직이는 데 중점을 두

었다. 기도의 극적인 효과를 높이기 위해 배경 음악으로 찬송가나 찬양곡이 연주되었다.[14]

피니의 삼중구조 예배에서 가장 중요한 것은 '설교'였다. 그는 회심을 위한 중심 사역이 설교라고 생각했다. 설교자는 감정적으로 효과적인 메시지를 전달함으로써 사람들의 반응을 끌어내어야 했다. 사람들의 관심을 끌기 위해 그는 교리나 신학보다는 일상의 이야기를 많이 사용했고, 사람들이 그리스도께 회심토록 하는 것이 목적이었기 때문에 그들이 이해할 수 있도록 쉽게 전달하고자 애썼다. 사람들이 이해하지 못한 것 같으면 더 쉬운 말로 다르게 반복해야 했다. 이처럼 사람들의 반응을 살피고 끌어내야 했기에 그들과의 시선 맞춤을 강조했고, 그래서 원고 사용을 반대했다.[15]

마지막 단계인 '제단 초청'은 청중이 즉각적인 결단을 내리도록 직접적이고 강력해야 했다. 그에게 회심은 인간의 일이었고,[16] 점진적인 과정이 아니라 즉각적인 사건이었기 때문이다.[17] 이때도 청중의 감정을 움직이기 위해 음악이 사용되었고, 그는 계속해서 사람들에게 응답하라고 요청하고 때로는 위협했다.[18] 이러한 초청에 응하는 이들은 그들의 결단을 공적으로 표현했다. 이처럼 피니의 예배는 인간을 주요 대상으로 삼고 그들의 반응에 집중하는 인간-중심적 예배였다.

인간-중심적 예배는 인간 기술과 자원에 크게 의존하는 예배다. 앞에서 언급했듯이 피니는 인간의 방법과 자원으로 회심을 일으킬 수 있다고 생각했고, 회심을 이끄는 수단으로 예배를 이해했기에 얼마나 많은 사람이 예배를 통해 회심했는지가 중요했다. 그는 회심을 감정과 연결된 것으로 생각했고, 그래서 예배에 사람들의 마음을 사로잡고 감동을 주는 효과적이고 생산적인 기술을 사용했다. 이를 위해서는 전문적이고 능숙한 사역자들이 필요했다. 분위기에 맞는 음악을 선곡하고 사람들의 감정이 움직이도록 연주할 수 있는 숙련된 연주자들이 필요했고, 청중의 관심을 붙잡고 그들의 감정에 효과적으로 메시지를 전달하는 수사학적인 기술을 가진 설교자들이 필요했다.

사람들의 회심을 능숙한 사역의 결과로 이해한 피니는 설교자를 배심원단의 생각을 바꾸는 변호사로 비유하면서 수사학적인 기술을 강조했다.[19] 물론 모든 설교는 사람들을 대상으로 하는 사역이기에 수사학적 기술은 필요하다. 그러나 피니는 신학적인 지식보다 수사학적인 기술을 더욱 강조하여, 연극배우처럼 감정적으로 메시지를 전달하는 연극 스타일의 설교를 장려하기도 했다. 특히 설교 후 제단 초청에서는 좀 더 많은 사람의 즉각적인 반응을 끌어내야 했기에 때로는 극단적일 정도로 극적인 수사학적 방식을 사용하기도 했다.[20]

이처럼 그의 예배는 인간의 기술을 중요시했다. 특히 예배를 계획하고 실행하는 예배 리더십의 기술과 자질을 강조했다. 이렇듯 인간-중심적, 청중-중심적 예배는 예배의 성패를 기술적, 자원적 측면에서 평가한다. 그러므로 예배의 성공을 위해 많은 인력과 재정이 요구된다. 사람들의 마음을 인위적으로 움직이려면 인간의 기술뿐 아니라 그들의 문화에 맞는 미디어 장비와 기술, 다양한 악기, 그에 적절한 공간도 필요하기 때문이다.

인간-중심적 예배는 개인주의적인 성향이 강하다. 예배가 하나님과 개인의 관계에 집중하고 하나님을 향한 개인의 반응과 결단을 이끌어내는 것이 틀린 것은 아니다. 그러나 인간-중심적 예배는 청중의 마음을 *끄는* 것에 집중하여 개인의 감정에 호소하는 예배를 추구하기 때문에, 즉 청중의 관심에 민감한 예배를 추구하기 때문에 자칫 복음의 메시지를 왜곡할 수도 있다. 심한 경우, 청중을 소비자로 보고 교회의 사역을 상품처럼 여길 수 있기 때문이다. 따라서 인간-중심적 예배는 참여하는 사람들에게 "이 교회의 예배가 나에게 얼마나 잘 맞을까?" 질문하도록 하면서,[21] 예배를 판단하는 최종 기준을 자기 자신에게 두도록 만들 수 있다.

요약하면, 인간-중심적 예배는 말 그대로 인간 중심적이고, 인간의 기술과 자원을 의존하며, 개인의 선택을 강조한다. 부흥을 말할 때 피니가 하나님과 그분의 일을 배제하지는 않았다. 그러나 그는 신앙을 인간의 일로 여기면서 부흥이 사람들에 의해 좌우될 수 있다고 여겼다. 그래서 피니에게 회심을 통한 부흥은 놀라운 일이 아니었다. 그에게 예배는 부흥, 회심의 도구였다. 부흥, 회심이라는 결과를 만드는 생산적이고 효율적인 기계와 같았다. 그래서 그는 "[하나님께서 원하시는 예배라는 의미에서] **올바른** 예배보다 [사람들을 끌어들인다는 의미에서] **성공적인** 예배를 추구했다."[22] 그의 이러한 접근법은 "그 방법이 효과가 있는가? 만일 그렇다면 계속하라. 그러나 효과가 없다면 버리라"라는 그의 유명한 말로 잘 정리되는 것 같다.

피니로 대표되는 인간-중심적 예배는 경영학적으로는 강력하지만, 신학적으로는 그렇지 않을 수 있다.[23] 피니의 이러한 인간-중심적인 부흥과 예배 이해는 인간-중심적 의미 체계에 익숙한 오늘날에도 그 영향력을 계속 끼치고 있다. 많은 사람이 부흥을 말할 때 수적 성장이나 대형 집회, 인간적 감정을 고취하는 예배, 인간의 행위 강조 등을 연상하는 것이 이를 증명하고 있다고 생각한다. 그러나 이러한 인간 중심적인 이해와 실천이 복음의 원리에 부합한다고 할 수 있을까?

2. 하나님-중심적 의미 체계에서의 부흥과 예배

1) 하나님-중심적 부흥

오늘날의 문화는 인간-중심적 의미 체계에 속한다. 그래서 인간-중심적 의미 체계에서 이해하고 실천하는 부흥과 예배에 더 마음이 끌릴 수도 있다. 그러나 오늘날의 문화가 선호하지 않는 하나님-중심적 의미 체계로 부흥과 예배를 이해하는 그리스도인들도 있다. 그들에게 부흥은 인간이 만들어낼 수 있는 일이 아니다. 부흥은 하나님의 일로, 하나님께서 성령을 통해 당신의 교회와 백성 안에서 일으키시는 은혜의 역사다. 마틴 로이드 존스(Martyn Llyoid-Jones)는 하나님-중심적으로 부흥을 이해하고 주장한 대표적인 인물이다.

로이드 존스에게도 부흥의 전제는 문제 인식이다. 부흥이 필요한 이유는 교회가 위기에 처해 있기 때문인데, 그 위기는 교회의 수적 감소나 사회적 영향력 상실 같은 것이 아니다. 물론 그러한 것들도 문제지만, 근본적인 문제는 사람들이 하나님을 인식하지도, 의존하지도 않는다는 것이다. 하나님을 믿는 신념 자체가 없어졌다는 것이 가장 심각한 문제다. 더 심각한 위기는 교회가 부흥의 필요성을 절감하지 못하는 것이다. 또한 부흥의 필요성을 절감하기는 해도, 이 위기를 인간의 능력으로 해결하려고 하는 것이다. 그 결과 교회가 교회의 역할을 제대로 해내지 못하고 있다고 말한다.[24] 따라서 로이드 존스가 볼 때 오늘날 부흥이 정말로 필요한 이유는 그리스도인들이 인간-중심적 의미 체계에 파묻혀 있기 때문이라고 표현할 수 있을 것 같다.

그렇다면 이 문제를 어떻게 해결할 수 있는가? 어떻게 부흥을 기대할 수 있는가? 하나님 외에는 다른 방법이 없다고 로이드 존스는 강조한다. 하나님 외에는 방법이 없으므로 인간은 자신의 암울한 상태를 직시하고 하나님께 해결을 간구해야 하는데, 그조차도 인간의 힘으로는 할 수 없기에 인간에게는 하나님께 전적인 도움을 구하는 길밖에 없다. 로이드 존스에게 부흥은 하나님께 전적으로 의존하는 것이고, 그래서 우리가 할 수 있는 일은 기도뿐이라고 강조한다.[25]

로이드 존스에게 부흥은 기적이다. 하나님께서 하시는 일이기 때문이다.[26] 그는 부흥을 성령의 임하심, 성령의 부어주심, 하나님의 성령께서 한 사람이나 많은 사람에게 동시에 능력으로 임하시는 것, 하나님께서 당신의 백성을 방문하신 것, 하늘의 날들이 땅의 날에 임한 것, 교회 안에 역사하시는 성령의 주재, 하나님의 백성에게 한량없이 주어진 풍성한 생명 등으로 묘사한다.[27] 로이드 존스는 부흥이 하나님의 일이기 때문에 인간과 인간의 방법에 상관없이 일어날 수 있다고 말한다. 부흥은 하나님께서 하시는 것이기에 누구를 통해서도 일어날 수 있고, 부흥을 일으키는 특정한 인위적인 방법도 없다고 강조한다.[28]

그렇다면 부흥의 목적은 무엇인가? 로이드 존스에 따르면, 부흥의 일차적인 목적은 "하나님의 영광과 능력, 하나님의 이름, 하나님의 명예를 드러내는 것"이다.[29] 부흥이 필요한 이유는 우리의 초점이 하나님께로부터 벗어난 것이기 때문에, 부흥의 주된 목적 하나는 교회 내적으로 그리스도인들이 하나님께 다시 초점을 맞추도록 하는 것이다. 즉, 하나님과 그분의 능력을 인정하고 의존하도록 하고, 그럼으로써 하나님의 영광을 경험하고 나타내는 것이다.[30]

부흥의 또 다른 목적은 하나님의 영광을 교회를 구성하는 그리스도인들뿐 아니라 교회 밖에 있는 사람들에게도 드러내는 것이다. 하나님께서는 주로 하나님의 사람들, 교회를 사용하심으로써 이를 이루신다. 교회가 존재하는 목적은 하나님의 영광을 세상에 나타내는 것으로, 세상 사람들은 교회를 통해 역사하시는 하나님의 영광을 목격하고 하나님을 알게 된다. 이처럼 마틴 로이드 존스는 하나님-중심적 의미 체계에서 부흥을 이해한다. 그에게 부흥의 시작(필요)과 끝(목적 또는 결과)은 하나님이다.

그렇다면 부흥이 인간에게 주는 유익은 무엇인가? 하나님과 그분의 능력을 인정하고 의존함으로써, 그래서 최종 권위를 인간 자아가 아니라 하나님께로 옮김으로써, 그분 안에서 누리는 풍성한 기쁨이다.[31] 창조 본연의 목적에 맞는 인간으로 회복되는 것이고, 교회라는 참된 공동체로서 형성되는 것이다. 즉, "하나님을 영화롭게 하고 영원토록 그분을 즐거워하는 것"이다(웨스트민스터 소요리문답 제1문).

로이드 존스의 부흥이 하나님-중심적 의미 체계에 기반한다는 사실은 그가 설명한 부흥의 단계에서 더욱 잘 나타난다. 그는 출애굽기를 본문으로 한 여러 편의 설교를 통해 부흥의 단계를 말하는데, '인식, 회개, 기도, 목격'의 네 단계로 정리될 수 있다.[32] 그가 말하는 부흥의 첫 번째 단계는 '인식'이다. 부흥의 필요성과 우리의 죄를 인식하는 단계이다. 부흥은 문제 인식을 전제한다. 그러나 문제를 제대로 인식하려면 기준이 필요하다. 인간은 늘 무엇인가가 필요하다고 여기고, 그 필요한 것을 얻기 위해 애쓴다. 그러나 그것이 정말로 필요하고 올바른 것인가? 필요한 것이 무엇인지, 그것이 정말로 필요한 것인지를 제대로 인식하기 위해서는 올바른 기준이 필요하다. 우리는 무엇을 필요로 하고, 무엇의 회복을 이야기하는가? 무엇 때문에 어떤 부흥을 갈구하는가?

윌리엄 윌리몬(William H. Willimon)이 이에 대한 답을 주는 것 같다. 윌리몬은 『모든 것을 가진 사람을 위한 복음(The Gospel for The Person Who Has Everything)』에서 오늘날 대부분의 설교가 다음과 같은 논리적 구조를 따르기 때문에 문제라고 말한다.

당신에게는 문제가 있습니다.
그리스도가 답입니다.
회개하고 구원받으십시오.

윌리몬에 따르면, 이러한 설교의 문제는 그 시작이 '우리'이기 때문이다. 윌리몬이 마르바 던의 귀납적(인간-중심적), 연역적(하나님-중심적) 의미 체계라는 용어를 사용하지는 않지만, 그가 지적하는 오늘날 설교의 문제는 인간-중심적 의미 체계에서 설교가 구성되고 진행된다는 것이다. 오늘날 설교는 인간-중심적 의미 체계에서 인간의 문제를 인식하고, 예수 그리스도를 통해 해결하려고 한다. 예수 그리스도를 문제를 해답으로 제시하기는 하지만, 우리가 인간-중심적 의미 체계에서 인식하는 문제 정도만을 해결해 주시는 분으로 소개한다.[33]

그래서 윌리몬은 설교가 다음과 같은 논리적 구조를 가져야 한다고 주장한다.

그리스도께서 답, 즉 기준이십니다.
(그 답과 기준에 비추어 볼 때) 당신에게는 문제가 있습니다.
회개하고 구원받으십시오.

윌리몬은 우리의 이기적인 욕망이나 자아가 세상의 관점으로 제기하는 문제에 대한 답 정도로 예수 그리스도를 제시하면 안 되고, 예수 그리스도께서 모든 것의 대전제, 절대적인 기준으로 제시되셔야 한다고 강조한다. 그래야 그 기준에 비춰 우리의 진정한 문제를 깨닫고, 그리스도께서 우리의 궁극적인 답이시라는 사실을 인정할 수 있기 때문이다.[34] 로이드 존스도 하나님이라는 대전제를 우리가 잊었기 때문에 부흥이 필요하다고 말한다. 이는 하나님과의 관계가 틀어진 것을 의미하는 것으로, 이것이 성경이 말하는 '죄'다. 따라서 부흥을 위해서는 하나님을 기준으로 우리에게 궁극적으로 필요한 것을 제대로 인식하고, 그것의 원인이 되는 우리의 죄를 인식하는 것이 필요하다.

로이드 존스가 말하는 부흥의 두 번째 단계는 '회개'다. 우리의 암울한 현실을 인식하고 그것이 우리의 죄 때문임을 깨닫게 되면 우리는 애통할 수밖에 없다. 그리고 이러한 애통은 회개로 이어져야 한다. 회개는 단순히 무엇인가를 후회하는 것이 아니다.[35] 회개는 완전한 돌이킴으로, 하나님을 인식하지도 않던 상태에서 하나님만을 바라보겠다는 상태로 바뀌는 것이다. 하나님의 뜻에 온전히 순종하며 마땅히 해야 할 바를 꼭 하겠다는 열망의 표현이 회개다. 하나님을 인정하고 의존하겠다는 결단의 표현이다.

부흥의 세 번째 단계는 '기도'다. 부흥은 인간이 일으킬 수 없고 오직 하나님께서만 하실 수 있는 일이다. 따라서 우리가 할 수 있는 일은 성령의 임재를 경험하고 성령의 능력에 힘입기를 간구하는 기도뿐이다. 하나님의 임재와 능력을 구하는 기도는 '개인'과 '교회 공동체', 그리고 '세상'을 위한 기도로 나눌 수 있다. 개인을 위해서는 하나님을 지식적으로, 인격적으로 더욱 알기를 위해 기도하고, 공동체적으로는 하나님께서 의도하신 교회가 되어 하나님의 임재와 능력을 경험하여 교회 안팎으로 하나님의 영광을 나타낼 수 있기를 기도한다. 세상을 위해서는 하나님을 모르는 이들이 교회를 통해 나타나고 전파되는 하나님의 영광과 복음을 목격하고 듣게 되도록 기도한다. 로이드 존스는 부흥을 위한 참된 기도는 하나님의 영광에 관한 관심, 교회의 존재 목적을 위한 관심, 교회 밖의 불신자들을 향한 관심을 동기로 삼아야 한다고 강조한다. 그리고 이러한 기도를 하나님께 담대하고 구체적으로 기도해야 한다고 말한다.[36]

마지막은 '목격'의 단계이다. 이때 하나님께 기도했던 그리스도인들은 그 기도에 대한 응답으로 하나님께서 당신의 영광과 능력을 나타내시는 것을 목격한다. 로이드 존스에게 부흥은 하나님의 영광스러운 임재와 능력이 많은 이에게 나타나는 것으로, 교회와 세상에 중대한 영향을 미친다. 하나님의 부흥은 초자연적인 현상이나 사건으로 나타날 수도 있지만, 항상 그렇지는 않다. 그러나 하나님의 임재에 대한 자각, 하나님의 영광과 능력에 대한 새로운 인식, 하나님의 진리와 복음에 대한 새로운 확신은 부흥을 통해 교회에 항상 나타나는 것이다. 그리고 세상

은 교회의 이러한 모습에 긍정적이든 부정적이든 '반응'한다.[37]

로이드 존스는 부흥의 단계를 설교하면서 부흥은 전적으로 하나님께 달린 하나님의 일임을 다시금 강조한다. 인간의 수단과 방법으로 부흥을 일으킬 수 있다고 생각했던 찰스 피니와는 달랐다. 그는 부흥을 인간의 힘으로 일으키겠다고 공표하는 이들을 비난했다.[38] 이처럼 로이드 존스의 부흥은 하나님-중심적 의미 체계에 기반한다. 그에게 부흥은 하나님의 일, 하나님의 이야기였다.

그렇다면 하나님-중심적 의미 체계의 예배는 어떤 예배인가? 찰스 피니는 자신이 이해한 부흥 개념에 부합하는 예배 이해와 실천을 제시했다. 그러나 로이드 존스는 예배에 대한 구체적이고 명시적인 설명을 제공하지 않았다. 그의 교회에서 실행된 예배에 대한 기록은 예배 순서에 대해서 언급하지만, 그리 자세하지는 않다.[39] 그렇다면 그의 부흥 개념에 부합하는 하나님-중심적인 예배는 어떤 예배인가?

마틴 로이드 존스의 하나님-중심적인 부흥 원리에 가장 부합하는 하나님-중심적 예배는 개혁주의 전통이 이해하는 예배라고 생각한다. 로이드 존스는 개혁주의 신학에 크게 영향을 받은 목회자였기 때문이다.[40] 이 짧은 글에서 개혁주의 전통이 말하는 예배를 자세히 설명할 수는 없지만, 로이드 존스가 강조했던 부흥의 개념과 일치하는 하나님-중심적 예배의 중요한 원리와 요소를 일부 간략하게 살펴보고자 한다.

2) 하나님-중심적 예배

예배를 인간이 행하는 무엇인가로 여기는 그리스도인들이 적지 않다. 다시 말해, 적지 않은 그리스도인들이 예배는 우리가 하나님을 기쁘시게 만들려고 행하는 것이고, 하나님께서는 그 예배를 받으시는 분이라고 생각한다. 이렇게 이해하는 그리스도인들에게는 "예배드린다"라는 표현이 자연스럽다. 예배를 의미하는 영어 단어인 'worship'은 언뜻 예배에 대한 이러한 이해를 잘 반영하고 있는 듯 보인다. 그런데 이 단어는 고대영어 단어인 'weorthscipe'에서 파생된 단어로, '가치가 있는'이라고 번역될 수 있는 'weorth(= worth)'와 '신분'이나 '되돌리다'로 번역될 수 있는 'scipe(= ship 또는 ascribe)'이 합쳐진 합성어이다. 따라서 'worship'은 '경외하고 존경할 가치가 있는 대상에게 그에 합당한 경외와 존경을 되돌리다'라는 뜻을 지닌 단어다.[41]

흔히 예배는 사람이 하나님께 행하는 일이라고 말하지만, 그러나 'worship'이라는 단어의 어원이 보여 주듯 예배는 암묵적으로 하나님께서 선행하신 '경외하고 존경할 가치가 있는 일'을 전제한다. 이런 의미에서 우리의 예배는 하나님께서 선행하신 일에 근거한다. 그러므로 우리의 예배는 하나님의 선행적인 일에 대한 바른 지식과 교리에 근거해야 한다. 그래야 올바른 예배를 하나님께 드릴 수 있다. 로이드 존스는 참된 부흥에는 참된 교리가 수반되었다고 강조한다.[42] 하나님을 올바로 알아야 하나님께 올바로 예배하고 기도할 수 있다. 즉, 참된 교리로 신실하게 예배할 때, 하나님께서 허락하시는 부흥을 경험할 수 있다.

이를 고려할 때, 예배를 위해서는 최소한 두 가지 지식이 필요하다. 하나님께서 어떤 분이신지 알아야 하고, 그분 하나님께 되돌려드리는 데 합당한 표현 방식을 알아야 한다. 그렇다면 이 두 가지 지식을 어떻게 알 수 있는가? 바로 말씀을 통한 하나님의 계시를 통해서다. 하나님의 말씀인 성경은 하나님께서 어떤 분이신지, 우리를 위해 무엇을 하셨는지, 그리고 그분께 인간이 어떤 태도와 자세를 취하고 표해야 하는지에 관한 내용을 담고 있다. 하나님의 계시를 통해서 말이다.

그러나 하나님께서는 인간이 예배드릴 수 있도록 예배 전에만 일하시는 분이 아니시다. 하나님께서는 예배에서도 일하신다. 독일어로 예배를 뜻하는 단어인 '거테스딘스트(Gottesdienst)'는 '하나님'을 뜻하는 '거트(Gott)'와 '일, 봉사, 또는 섬김'을 뜻하는 '딘스트(Dienst)'가 합쳐진 합성어로, 문자적으로는 '우리를 위한 하나님의 일하심(영어로는 God's service to us)'과 '하나님을 위한 우리의 섬김(Our service to God)'을 뜻한다.[43] 즉, 이 단어는 하나님께서 예배 안에서도 우리를 위해 일하신다는 사실을 잘 보여준다.

예배는 하나님과 우리 사이에서 일어나는 일이다. 그렇다면 누구의 일이 더 크고 우선적인가? 개혁주의 전통처럼 하나님-중심적 의미 체계에 기반한 그리스도인들은 하나님으로부터의 방향을 강조한다. 예배는 우리를 위해 하나님께서 먼저 일하시는 것에 대한 인간의 반응으로, '계시와 응답'이라는 기본적인 형태를 가진다. 초기시대의 기독교 교회들은 이러한 이해를 바탕으로 예배를 구성했다. 그들이 사용했다고 여겨지는 사중구조(모임-말씀-성찬-파송) 예배가 이를 잘 반영한다.[44]

개혁주의 전통은 예배가 무엇보다 하나님의 일이라고 이해한다. 그리고 이러한 예배에 대한 이해는 성령의 역할을 강조하는 예배의 순서 또는 요소에 잘 반영되어 있다. 그러나 인간-중심적 의미 체계에 익숙한 오늘날 그리스도인들은 이러한 것들을 잘 알지 못하고 제대로 실천하지도 않는다. 개혁주의 전통에 속한 교회들도 예외는 아닌 것 같다. 언급했듯이 이 글에서 개혁주의 전통의 예배에 대해 모든 것을 다룰 수는 없기에, 오늘날 제대로 알고 있지 않거나 실천되지 않고 있는 하나님-중심적 예배로서 강조하고 회복해야 하는 순서 혹은 요소를 몇 가지 제시하고자 한다.

① 예배로 부름

하나님-중심적 의미 체계에서 예배는 하나님의 일이다. 예배가 하나님의 일이라는 사실이 예배로 부름에 나타나야 한다. 예배로 부름은 전문적이고 능숙한 예배 인도자나 목회자가 사람들을 초청하는 것이 아니고, 예배자들이 먼저 모여 하나님을 초청하는 것도 아니다. 우리가 함께 모여서 어떤 일이 일어나도록 하자고 서로를 부르는 것도 아니다. 예배로 부름은 하나님의 초청이다. 하나님께서 이미 시작하신 일에 참여하고 호응하라는 부름이다.[45] 개혁주의 전통과 같은 하나님-중심적 의미 체계에서는 예배를 인간이 주도권을 갖고 행하는 일이 아니라 이미 임재하여 우리를 초청하시는 하나님의 공간과 시간에 참여하는 것이라고 믿는다.[46] 이처럼 예배로 부름은 하나님께서 우리를 위해 이미 시작하신 일에 반응하고 호응하라는 하나님의 초청이다.

하나님께서는 우리를 그리스도 안에 모여 예배하도록 부르신다. 하나님의 임재를 늘 인식하고 하나님의 능력을 의존하며 사는 일에 우리가 늘 실패하기 때문이다. 그래서 우리를 예배로 초청하시어 예배를 통해 하나님을 만나고, 하나님의 영광을 경험하고 세상에 드러내는 공동체가 되기를 원하신다. 창조 본연의 인간이 되기를 원하시기 때문이다. 또한 하나님의 능력을 믿고 의존하는 참된 인간으로 회복되라고 초청하신다.[47] 그러면 우리는 성령의 능력에 힘입어 그 초청에 응답하여 예배하러 모인다. 예배로 부름이 담고 있는 의미다. 예배로 부름은 예배는 하나님으로부터 비롯되는 것이기에 우리는 "하나님께서 항상 시작하시고 우리가 거기에 호응한다는 점을 상기"해야 한다.[48] 우리의 예배로 부름은 이러한 사실을 나타내고 있는가?

② 기도와 찬양

인간-중심적 예배이든 하나님-중심적 예배이든 기도가 없는 예배는 없다. 그러나 사람들마다 기도에 대한 이해와 실천은 다르다. 로이드 존스는 부흥을 위해서는 기도가 필수적임을 강조했다. 부흥은 우리가 할 수 있는 것은 전혀 없는, 전적으로 하나님의 일이라고 이해했기 때문이다. 하나님-중심적 의미 체계에서는 예배가 하나님의 일임을 강조한다. 그래서 우리는 기도한다. 하나님의 임재와 능력에 의존해야만 참된 예배를 할 수 있기 때문이다. 예배에서 여러 기도 순서가 있지만 여기서는 '참회기도, 조명기도, 중보기도'에 대해서만 생각해 보고자 한다.

참회기도가 개혁주의 전통에서는 예배 순서에 고정되었지만, 오늘날 적지 않은 교회의 예배 순서에서는 빠져있다. 인간-중심적 의미 체계에 익숙한 사람들에게 자신의 죄를 공적으로 고백하는 것은 그다지 매력적이지 않기 때문일 것이다.[49] 참회기도를 통해 우리는 자신의 한계를 인식한다. 우리의 힘으로 할 수 있는 것은 아무것도 없다고 인정한다. 그리고 우리는 하나님께 의존해야만 하는 존재임을 인정한다. 종교개혁자들은 참회기도가 복음 회복의 본질을 표현한다고 믿었다.[50] 또한 죄를 고백하고 용서를 구한다는 것은 우리에 대한 최종 권위가 우리 자신이 아니라 하나님께 있다는 것을 인정한다는 뜻이다.[51]

앞에서 언급했듯이 우리 자신의 한계와 죄를 제대로 인식하고 인정하기 위해서는 기준이 있어야 한다. 단순한 고백이 아니라 무엇이 죄인지를 인식해야 참된 참회를 할 수 있기에 기준 제시가 필요하다. 기준 제시는 설교를 통해서 이루어질 수 있다. 참회기도 전에 율법에 관한 성경 구절을 선포함으로써 우리가 죄인임을 인식하게 하고 참회가 필요함을 강조할 수 있다.[52] 그러나 칼뱅의 경우 참회기도와 용서의 선언 후에 율법을 위치시킴으로써, 율법을 용서받은 자로서 순종의 삶을 살라는 하나님의 초대와 그에 대한 응답으로 이해했다.[53]

율법이 참회기도 앞에 오지 않는 경우, 하나님에 대한 찬양이 참회를 위한 기준으로 제시되기도 한다. 즉, 찬양을 통해 하나님의 위대하심과 선하심을 나타낸 후, 그에 상반되는 우리의 죄를 깨닫도록 한다.[54] 잘 준비된 참회기도문도 또 하나의 방법이 될 수 있다. 기도문의 내용을 통해 어떤 죄를 구체적으로 회개해야 하는지를 인도한 후에 회중으로 하여금 죄를 고백하게 할 수도 있다. 참된 참회를 위해서는 기준이 필요하기에 어떤 방식이든 참회를 위한 기준을 제시하는 것은 중요하다고 본다.

하나님-중심적 예배에서 중요한 또 다른 기도는 조명기도다. 예배는 하나님과의 만남이고, 그 만남을 통해 하나님을 경험하고 알게 된다. 여러 기독교 전통들에 따라 하나님의 임재를 기대하고 경험하는 방식은 다양하다. 다시 말해, 서로 다른 전통이나 교회에 속한 그리스도인들은 서로 다른 예배의 순서나 요소에서 하나님의 임재를 강하게 경험하고 기대한다. 그리고 이러한 차이가 예배의 차이점을 나타낸다.[55] 그러나 어떤 순서나 요소에서 하나님의 임재를 경험하든 간에 그 예배가 하나님-중심적이라면, 그 순서나 요소 전에 하나님께 기도하는 것이 특징이다. 하나님의 임재를 경험하는 것은 전적으로 하나님께 달려 있기 때문이다. 개혁주의 전통은 하나님의 말씀을 전달하는 설교를 통해 하나님을 만나고 알게 되는 것을 기대하고 경험한다. 그래서 설교 전에 조명기도를 한다.

조명기도는 말씀을 통한 하나님의 임재가 전적으로 성령의 은혜인 것을 믿고 나타낸다. 하나님을 만나고 하나님을 알게 되는 일은 설교자의 수사학적 기술이 아니라 하나님의 주권에 달려 있다. 그래서 하나님의 은혜를 간구한다. 또한 개혁주의 전통의 예배는 조명기도를 공적 예배 안에 넣음으로써, 말씀을 통해 하나님을 만나고 알게 되는 것은 단순히 개인을 위한 것이 아니라 공동체 전체를 위한 것임을 강조한다. 즉, 조명기도는 교회가 참된 교회로서 세워지도록 하나님께 간구하는 것이다.[56] 조명기도에 대한 분명한 이해와 실천은 예배가 하나님의 일임을 다시금 상기하게 돕는다.

하나님-중심적 예배에서 기도와 관련하여 회복이 필요한 또 다른 기도는 중보기도이다. 교회는 세례를 통해 입회하는 공동체이기 때문에 세례 받은 자들의 공동체로 표현되기도 한다. 세례의 의미는 다양하지만 가장 중요한 의미는 그리스도와의 연합이다. 그리스도와의 연합에는 개인의 구원을 위한 그분의 죽음과 부활에의 연합, 그리스도의 몸인 교회와의 연합뿐 아니라, 그분의 사역인 제사장직과의 연합도 포함된다.[57] 즉, 교회의 구성원인 세례 받은 자들에게는 세상과 이웃을 위한 제사장의 책무가 맡겨진다.[58] 그리스도인들에게 중보기도가 중요한 책무라는 사실은 세례 받은 자들만이 교회의 중보기도에 참여할 수 있다고 기록한 순교자 유스티누스의 저술과 기타 여러 문헌에서 발견된다.[59]

세상을 위한 중보기도는 제사장들로 구성된 교회라는 공동체의 중요한 의무 중 하나이기에[60] 교회가 교회답게 사역할 수 있는 한 가지 방법이 중보기도이다.

초기시대의 그리스도인들은 예배를 단지 자신들의 유익을 위한 것으로 이해하지 않았다. 그들에게 예배는 세상을 위한 일이기도 했다.[61] 그래서 어려운 이웃을 실질적으로 돕는 구제와 함께 중보기도를 중요하게 여겼다. 그러나 중세를 거치면서 중보기도는 여러 가지 이유로 예배에서 점점 사라졌다.[62] 만인 제사장직을 강조한 종교개혁자들은 예배에서 중보기도의 회복을 꾀했고, 실제로 개혁주의 전통에서는 중보기도를 고정 순서로 넣을 만큼 중요하게 여겼다.[63] 안타깝게도 개인주의적인 성향이 점점 더 강해지는 문화적 환경에서 중보기도는 예배에서 제외되거나 그리 중요하게 여겨지지 않고 있지만, 중보기도의 회복은 필요하다. 부흥을 이루시는 하나님의 임재와 능력을 경험하고 하나님의 영광을 보는 것은 교회 안에서만이 아니라 세상에서도 필요하기 때문이고, 그것은 하나님께서만 하실 수 있는 일이기 때문이다.

교회의 중보기도는 찬양과 연결된다. 세상을 위한 중보의 궁극적인 목적이 세상으로 하여금 하나님의 영광을 보고 반응하게 하는 것이라면, 하나님을 향하고 하나님에 대한 올바른 신학을 반영한 찬양은 중요하다. 찰스 피니는 예배에서 음악을 사람들의 감정을 자극하는 수단으로 사용했다. 그러나 하나님-중심적 예배에서 음악은 하나님의 영광을 선포하는 일에 주로 사용된다. 월터 부르그만(Walter Brugemann)은 찬양의 목적을 '세계를 건설하는 일'이라고 표현한다. 그에 따르면, 하나님의 백성은 규칙적이고 반복적인 찬양 행위를 통해서 하나님께서 "선하게 경영하시는 놀라운 세계를 유용하고 믿을 수 있도록 이끌어주는 상상력의 행위 속으로 빠져든다."[64] 그리고 찬양을 통해 하나님께서 공의와 정의로 통치하실 그 세계를 선포함으로써, 모든 피조물에 평화와 소망을 가져온다.[65]

그러나 세상의 많은 사람들이 불의와 고통으로 가득한 세상의 나라들에서 신음하고 있다. 그래서 그리스도인들은 세상의 나라들이 하나님의 통치를 온전히 받아들일 수 있도록 하나님께 간절히 간구하면서 찬양과 중보기도를 연결한다. 즉, 찬양을 통해 하나님의 영광을 선포하고, 그 영광을 위해 기도한다. 찬양과 중보기도는 우리가 이 세상에 속한 백성이 아니라 하나님 나라의 백성임을 그 자체로 보여준다. 찬양과 중보기도는 눈에 보이는 것에 만족하기를 거부하고, 그 이상의 일을 기대하도록 만들기 때문이다.[66] 찬양과 중보기도는 세상을 향한 하나님의 사랑과 약속을 선포하고 표현하면서 이 세상을 향한 하나님의 관심에 우리를 동참시킨다.[67] 이처럼 하나님-중심적 예배에서 강조하는 중보기도는 로이드 존스가 부흥을 위해 강조했던 중보기도와 일치한다.

올바른 기도와 찬양을 위해서는 교육이 필요하다. 교회가 하나님 나라를 선포하고 세상이 하나님의 통치를 받도록 중보기도를 해야 하는 하나님 나라의 제사장 공동체라면, 교회의 찬양과 기도는 하나님과 그분의 나라에 관한 올바른 신학적 내용에 근거해야 하고, 따라서 교육이 필요하다. 예배에서 신학적 교육은 주로 설교를 통해서 이루어진다. 그러나 기도와 찬양을 통해서도 이루어질 수 있다. 하나님-중심적 부흥을 열망하는 그리스도인들을 교육하려면 그 의미 체계에 기반한 내용을 담은 기도와 찬양이 예배 속에서 실천되어야 한다.

설교는 물론이고 기도와 찬양의 내용은 기독교 신앙을 배양하는 도구이다.[68] 데이비드 파거버그(David Fagerberg)는 "찬양과 기도는 그리스도인이 된 이후에 행하는 무언가가 아니다. 우리는 찬양하고 기도함으로써 그리스도인이 된다."라고 말한다.[69] 어떤 그리스도인이 되는가는 찬양과 기도의 내용에 영향을 받는다. 우리가 예배에서 어떤 내용의 기도와 찬양을 하느냐에 따라 하나님에 대한 우리의 생각과 이해는 달라진다. 그리고 찬양과 기도를 통해 하나님께서 어떤 분이신지를 알게 되면, 우리가 어떤 존재인지를 깨닫게 됨으로써 어떻게 살아야 하는지를 알게 된다.[70] 인간-중심적 의미 체계에 기반한 내용의 찬양과 기도를 하게 되면 우리는 인간-중심적으로 생각하고 인간의 방법을 믿고 의지하는 사람들로 형성되어 가고, 하나님-중심적 의미 체계에 기반한 내용의 기도와 찬양을 하게 되면 하나님과 그분의 능력을 의존하는 그리스도인들로 형성될 가능성이 더 크다. 따라서 찬양과 기도의 내용과 그 안에 반영된 신학은 매우 중요하다.

③ 파송

하나님-중심적 예배에서 마지막 순서인 파송은 중요하다. 초기 그리스도인들이 예배의 마지막을 파송으로 이해하고 실천했다는 말은 교회 안의 예배와 교회 밖의 일상이 연결되어 있다는 사실을 강조했다는 뜻이다. 예배의 목적은 하나님께 영광을 돌리는 것과 인간이 성화되는 것으로 요약될 수 있다. 이 두 목적은 별개인 것이 아니라 서로 연결되어 있다. 그러나 신학과 전통에 따라 하나님의 영광과 인간의 성화에 대한 이해와 실천은 다르다. 예를 들어, 찰스 피니가 생각한 예배의 목적은 회심이었다. 즉, 그에게는 죄인이 회심하는 것이 곧 성화이고 하나님께 영광을 돌리는 방법이었을 것이다. 그렇다면 하나님-중심적 예배인 개혁주의 전통의 예배에서는 예배의 목적을 어떻게 이해하는가?

휴즈 올리판트 올드(Hughes Oliphant Old)는 예배의 기능 중 하나가 교회 공동체를 '교화'하는 것이라고 말한다. 예배는 그리스도인들을 하나님의 형상으로 변화시키는 작업장이고, 그 작업장에서 하나님의 형상으로 변화되는 것, 곧 성화가 하나님께 영광을 돌리는 것이라는 말이다. 그에 따르면, 하나님께서는 예배에서 예배하는 자들을 만나시고, 가르치시고, 새로운 삶의 방식으로 인도하시면서 그들을 그분의 형상으로 변화시키신다. 그리고 하나님의 형상으로 변화된 그들은 하나님의 영광을 나타낸다.[71] 이처럼 올드에게 인간의 성화는 하나님의 형상으로 변화되는 것이고, 하나님의 형상으로 세상에서 살아가는 것이 하나님께 영광을 돌리는 중요한 방법이다.

하나님의 형상으로 변화됨으로써 하나님께 영광을 돌리는 일은 예배라는 작업장과 그 예배가 교화하는 교회 안으로 제한되지 않는다. 그리스도인들은 세상에서도 변화된 모습으로 살아감으로써, 그들의 삶을 통해 세상에 있는 사람들이 하나님의 사랑과 은혜를 경험하고, 하나님을 만나도록 매개함으로써 하나님을 영화롭게 해야 한다. 이러한 이해와 실천은 기독교 예배의 전통적인 사중구조에서 잘 드러난다. 그리스도인들은 전통적으로 하나님과의 만남인 예배를 모임, 말씀, 성찬, 파송이라는 사중구조로 이해하며 실천했다. … 그리스도인들이 예배의 마지막을 파송으로 이해하고 실천했다는 말은, 예배와 삶의 연결성을 강조했다는 뜻이다.

파송이라는 말은 단순히 떠나거나 헤어지는 것이 아니다. 파송은 사명을 전제한다. 따라서 사중구조가 말하는 예배는 하나님의 부르심에 응답한 자들이 모여, 하나님의 말씀을 듣고, 그리스도를 기념함으로써, 하나님을 만나 하나님의 형상으로 변화된 후, 세상에서 변화된 자로서 살아가면서 하나님을 나타내는 사명을 감당하는 것이다. 예배에서 하나님을 만남으로써 하나님의 형상으로 변화되고, 변화된 모습으로 세상에서 새로운 삶의 방식으로 살아가면서 하나님을 나타내는 일은 예배하는 자들의 공동체인 교회의 존재 이유이고 사명이다.[72]

부흥의 목적은 하나님의 영광을 나타내는 것이라고 했다. 하나님께서는 당신의 영광을 직접적으로 나타내실 수 있지만, 주로 교회를 통해서 나타내신다. 초자연적인 기적을 통해서도 영광을 드러내시지만, 하나님의 형상으로 변화되는 하나님의 백성을 통해서도 나타내신다. 그리고 예배를 통해 하나님의 형상으로 조금씩 변화되어 살아가는 그리스도인들의 모습을 통해서 세상은 하나님을 만나고 알게 된다.[73] 하나님-중심적 예배를 통해서 그리스도인들은 참된 부흥을 간구하고, 참된 부흥의 삶을 조금이나마 실천하는 사람들, 참된 교회 공동체로 형성된다.

맺음말

우리 그리스도인들은 부흥을 원한다고 말한다. 그러나 부흥에 대한 접근법은 다양하다. 필자는 마르바 던의 귀납적(인간-중심적) 의미 체계와 연역적(하나님-중심적) 의미 체계라는 개념을 토대로 부흥에 대한 상반된 이해와 접근법을 살펴봤다. 세상의 원리가 아니라 복음의 원리에 따르는 부흥을 추구하기를 원한다면 그 부흥은 인간-중심적인 것이 아니라 하나님-중심적인 것이어야 한다. 복음은 우리의 이야기가 아니라 하나님의 이야기이기 때문이다. 부흥은 하나님의 일이기 때문이다. 따라서 부흥은 우리가 일으킬 수 있는 것이 아니다. 단지 하나님께 간구할 뿐이다.

부흥에는 '수단'이 필요하다. 그러나 찰스 피니의 주장처럼 인간-중심적, 기술-중심적 예배가 부흥을 일으키는 수단은 아니다. 부흥에는 인간의 수단이 아니라 하나님의 수단이 필요하고, 하나님의 수단은 무엇보다도 신실한 예배자들이다. 신실한 예배자들이란 능숙한 기술로 인위적으로 사람들의 마음을 끌고 감동을 줄 수 있는 자들이 아니라, 자신의 힘으로 무언가를 할 수 있다고 여기는 자들이 아니라, 하나님 앞에서 아무것도 아님을 인정하고, 하나님의 임재와 능력, 하나님의 영광만을 구하고 바라는 자들이다.

하나님의 수단은 사람들이다. 마르바 던은 하나님께서 더 나은 사람들을 '찾고 계신다'고 말한다.[74] 그러나 필자는 하나님께서 더 나은 사람들을 '만들고 계신다'고 말하고 싶다. 하나님께서는 교회 공동체의 예배를 통해서 그러한 자들을 형성하고 계신다. 우리는 교회 공동체의 예배를 통해서 특정하게 형성된다. 우리가 예배하면서 함께 보내는 시간의 모든 영역은 우리가 특정한 유형의 사람들이 되는 데 영향을 끼친다.[75] 다시 말해, 예배에 따라 우리는 다른 사람으로 형성될 수 있다. 인간-중심적 예배는 우리를 인간-중심적인 사람들로 만들고, 하나님-중심적 예배는 우리를 하나님-중심적인 사람들로 형성한다. 우리가 부흥을 하나님의 일로 이해하고, 하나님께서만 부흥을 일으킬 수 있으시다는 것을 믿는 자들이 되려면, 그래서 하나님의 임재와 능력을 구하고 의존하는 자들이 되려면, 우리의 예배는 그러한 신학을 반영한 예배, 하나님-중심적 의미 체계의 예배가 되어야 한다.

우리에게 부흥이 필요한 근본적인 이유는 교인 수가 줄어서, 세상에서 신뢰를 잃었기 때문에가 아니다. 우리가 인간-중심적 의미 체계의 문화에 물들었기 때문이다. 하나님보다 우리 자아를 우선시하고, 하나님을 덜 인식하고, 덜 의존하고 있기 때문이다. 그래서 우리는 하나님-중심적 예배를 통해서 우리의 초점을 하나님께 옮겨야 한다. 아니, 예배를 통해 우리를 그렇게 만들어달라고 하나님께 간구해야 한다. 하나님-중심적 예배를 통해 하나님의 영광을 구하고 경험하여, 공동체에서뿐 아니라 밖에서도 하나님의 영광이 드러나기를 간구해야 한다. 하나님-중심적인 예배를 통해 부흥을 매일 경험하면서 더 큰 부흥을 열망하는, 즉 많은 사람 가운데서 행하시는 하나님의 일을 목격하는 그리스도인들이 되는 은혜가 우리에게 임하길 소망한다.

미주

1   국립국어원   표준국어대사전, "부흥". https://stdict.korean.go.kr/search/searchResult.do?pageSize=10&searchKeyword=%EB%B6%80%ED%9D%A5

2   Marva J. Dawn, *Reaching Out without Dumbing Down* (Grand Rapids: Eerdmans, 1995), pp. 82-84. 이 책의 한국어판은 『예배, 소중한 하늘 보석』이라는 제목으로 번역되었다.

3   Ibid., p. 84.

4   Ibid.

5   Charles G. Finny, Lectures on Revival of Religion (Heritage Bible Fellowship, 2011), p. 5.

6   Ibid., p. 1.

7   Ibid., p. 3.

8   L. Edward Phillips, The Purpose, Pattern & Character of Worship (Nashville, TN: Abingdon, 2020), p. 45.

9   Ibid. p. 43.

10 Ibid., p. 48.

11 Ibid., p. 65. 다른 다섯 개의 패러다임은 교회학교 예배, 오순절 예배, 미적 예배, 기도회, 가톨릭 전례 갱신으로 오늘날의 형태는, 순서대로, 창의적 예배, 찬양 예배, 전통적 예배, 가정교회 예배, 말씀과 식탁 예배다.

12 James F. White, *Protestant Worship: Tradition in Transition* (Louisville, KY: Westminster John Knox Press, 1989), p. 176.

13 James F. White, *Introduction to Christian Worship* (Nashville, TN: Abingdon, 2000), p. 26..

14 L. Edward Phillips, Ibid., pp. 52-53.

15 Ibid., p. 55.

16 Charles G. Finny, Ibid., p. 143.

17 Ibid., p. 250.

18 L. Edward Phillips, Ibid., p. 20, pp. 55-56.

19 Charles G. Finny, Ibid., p. 145.

20 L. Edward Phillips, Ibid., pp. 20-21.

21 Ibid., p. 60.

22 Ibid., p. 48.

23 Ibid.

24 마틴 로이드 존스, 『부흥』(정상윤 역, 복있는사람, 2006), 19~42쪽.

25 같은 책, 40~42쪽.

26 같은 책, 197~220쪽.

27 박태현, 「마틴 로이드 존스(D. Martyn Lloyd-Jones)의 부흥신학 연구: 개혁주의 관점에서」, 『복음과 실천신학』 제62권, 2022, 117~118쪽.

28 마틴 로이드 존스, 위의 책, 40, 42, 211쪽.

29 같은 책, 224쪽.

30 같은 책, 225쪽.

31 박태현, 앞의 논문, 136쪽.

32 마틴 로이드 존스, 위의 책, 275~462쪽.

33 William H. Willimon, The Gospel for the Person Who Has Everything (Valley Forge, PA: Judson Press, 1978), pp. 17-27.

34 Ibid., pp. 29-32.

35 마틴 로이드 존스, 위의 책, 289쪽.

36 같은 책, 321~366쪽.

37 같은 책, 367-413쪽.

38 같은 책, 186쪽.

39 로이드-존스가 목회했던 웨스트민스터 채플의 예배는, 송영, 찬송, 개회기도, 성경봉독, 찬송, 목회기도, 광고, 봉헌, 찬송, 설교, 기도, 찬송의 순서로 진행되었다고 알려져 있다. Brian J. Lund, "The Liturgy of Lloyd-Jones", https://brianjlund.com/2016/01/14/the-liturgy-of-lloyd-jones/ (2023년 9월 5일 접속.)

40 존 파이퍼, 『부흥의 영웅들』(소현수 역, 부흥과개혁사, 2022), 65~66쪽.

41 James F. White, Ibid., p. 27.

42 마틴 로이드 존스, 위의 책, 105~127쪽.

43 James F. White, Ibid., pp. 25-26.

44 Constance M. Cherry, The Worship Architect (Grand Rapids: Baker Academic, 2010), pp. 45-50.

45 브라이언 채플, 『그리스도 중심적 예배』(윤석인 역, 부흥과개혁사, 2011), 254~255쪽.

46 Robbie Castleman, Story Shaped Worship: Following Patterns from the Bible and History (Downers Grove: IVP, 2013), p. 81.

47 제임스 스미스, 『하나님 나라를 욕망하라』(박세혁 역, IVP, 2016), 247쪽.

48 브라이언 채플, 위의 책, 255쪽.

49 같은 책, 293쪽.

50 같은 책, 296.

51 스탠리 하우어워스, 『주여, 기도를 가르쳐 주소서』(이종태 역, 복있는사람, 2006), 132쪽.

52 제임스 스미스, 위의 책, 264쪽.

53 브라이언 채플, 위의 책, 68~69쪽; 제임스 스미스, 위의 책, 265쪽.

54 브라이언 채플, 같은 책, 297쪽.

55 Witvliet, "At Play in the House of the Lord: Why Worship Matters," Books and Culture 4, no. 6 (November/December 1998). https://www.booksandculture.com/articles/1998/novdec/8b6022.html. (2023년 9월 1일 접속.)

56 주종훈, 「성경과 공동예배의 기도: 개혁주의 예배 회복을 위한 제언」, 『개혁논총』 제63권, 2023, 31쪽.

57 Paul F. Bradshaw, Two Ways of Praying (Maryville, TN: OSL Publications, 2008), p. 63.

58 William Willimon, Remember Who You Are: Baptism, a Model for Christian Life (Nashville, TN: Upper Room Books, 1980), p. 111; 제임스 스미스, 위의 책, 295쪽.

59 Ruth A. Meyers, Missional Worship, Worshipful Mission: Gathering as God's People, Going Out in God's Name (Grand Rapids: Eerdmans, 2014), p. 119.

60 Rory Nolland, Transforming Worship: Panning and Leading Sunday Services as if Spiritual Formation Mattered (Downers Grove, IL: IVP, 2021), p. 95.

61 James F. White, Ibid., p. 26.

62 교회에서 중보기도가 약화된 이유에 대해서는, 최승근, 「매일공중기도 활성화를 위한 제언」, 『생명과 말씀』 제33권, 2002, 278~280쪽을 참조하라.

63 주종훈, 위의 논문, 33쪽.

64 월터 브루그만, 『고대 이스라엘의 예배: 핵심 가이드』(차준희 역, 대한기독교서회, 2016), 84~85쪽.

65 Maryann Madhavathu, "Being Formed at the Church's School of Prayer: Role of the Liturgy of the Hours in the Ongoing Formation of Christian Faithful," Studia Liturgica 47 no 2 (2017): p. 41.

66 제임스 스미스, 위의 책, 294~295쪽.

67 Ruth A. Meyers, Ibid. p. 108, 111.

68 제임스 스미스, 위의 책, 61쪽.

69 Maryann Madhavathu, Ibid., p. 199.

70 Kevin W. Irwin, *Models of the Eucharist* (New York: Paulist Press, 2005), pp. 29-30.

71 Huges Oliphant Old, *Worship: Reformed according to Scripture* (Louisville: Westminster John Knox Press, 2002), p. 6.

72 최승근, 「미디어로서의 교회-리터지로서의 예배」, 『복음과 실천신학』 제60권, 2021, 209~210쪽.

73 Simon Chan, *Liturgical Theology: The Church as Worshiping Community* (Downers Grove, IL: IVP Academic, 2006), p. 40.

74 Marva J. Dawn, Ibid., p. 107.

75 Ibid.

루터의 프로테스탄트 부흥 운동

: 하나님 나라와 영적 부흥

김선영 교수

(실천신학대학원대학교)

2023년 초, 미국 켄터키주에서 성령의 놀라운 역사가 일어나고 있다는 소식이 태평양을 건너 들려왔다. 2월 8일에 애즈버리 대학교에서 정기 예배를 마친 후 열아홉 명쯤의 학생이 자발적으로 남아 기도를 시작했는데, 이 모임에서 죄의 고백과 회개와 함께 타오른 불길이 수많은 사람의 관심과 동참을 끌어내며 급속히 번지고 있다는 소식이었다. 순간 예루살렘에서 일어난 오순절 사건이나 1907년 평양 대부흥 운동처럼 성령께서 강하게 역사하신 현장들이 파노라마처럼 머릿속을 스치고 지나가며 가슴이 설레기 시작했다. 그리고 2007년 7월 8일이 기억났다. 평양 대부흥 100주년을 맞이해 서울 상암월드컵경기장에 10만여 명의 목회자와 성도가 세를 과시하며 운집했다. '어게인 1907'을 외치며 평양 대부흥 운동의 재현을 통해 또 다른 부흥을 꿈꿨다. 2023년 6월 3일에는 같은 장소에 또다시 10만여 명의 목회자와 성도가 모여, 100만 명이 여의도 광장을 가득 채웠던 빌리 그레이엄 전도 집회를 회상하며 50주년 기념대회를 치렀다. 여기에는 모두 부흥을 갈망하는 절박한 심정이 담겨 있었다.

'부흥'이라는 단어를 들으면 어떤 생각이 드는가? 사실 1970년대부터 1990년대까지 한국 개신교회에서 신앙생활을 한 사람이라면 '부흥'이라는 용어의 개념보다 '부흥회'라는 집회가 먼저 머리에 떠오를 듯싶다. 필자도 청소년·청년기를 부흥회와 더불어 살았다 해도 과언이 아니다. 당시 '부흥회'는 일정한 특성이 있는 대중집회로서, 손뼉 치며 부르는 열정적 찬양, 뜨거운 통성기도와 방언, 쏟아져 내리는 눈물, 부흥강사의 설교, 안수기도, 병을 고치기 위한 기도와 안찰, 기절하고 쓰러짐, 다양한 간증 등의 현상을 연상시킨다. 춘계 및 추계 부흥성회는 연례행사로 정착했고, 건축헌금과 전도를 독려하기 위해 열리는 모임이 되기도 했다.

이런 유의 부흥회에 익숙해져 있다 보니 '루터와 부흥'을 생각할 때 가장 먼저 든 생각은 이와 같은 의구심이었다. '루터와 부흥회? 정말?' 위에 열거한 그런 성격을 지닌 부흥회를 루터가 개최했다던가 장려했다는 등의 이야기를 아직 접해 본 적이 없기 때문이다. 어디서부터 '루터와 부흥'에 관한 이야기의 실타래를 풀어갈 수 있을까 고민 중, '부흥회'에 대한 개인적 선입견과 편견을 버리고 '부흥'의 개념부터 정립할 필요를 절감했다.

'루터'와 '부흥'이라는 단어만 놓고 연결을 시킨다면 사실 마르틴 루터(Martin Luther)는 '부흥'에 대한 열정에 사로잡힌 시대에 살고 있었다. 왜냐하면 그는 '문예부흥(Renaissance)'으로 잘 알려진 시기(14-16세기)의 인물이기 때문이다. '문예부흥'은 유럽의 중세를 뛰어넘어 그리스-로마 시대로 다시 돌아가 당시 화려하게 꽃폈던 고전과 예술을 되살림으로써 새로운 문화를 창출하려는 운동이었다. 프랑스어 '르네상스'는 접두사 're(다시)'와 'naissance(탄생)'의 합성어로, 직역하면 '재생'이다.

해당 시기를 지칭하는 용어로도 사용되는 '르네상스'는 쥘 미슐레(Jules Michelet)가 1855년에 출간한 『프랑스사(Histoire de France)』의 제7권 부제목으로 처음 사용하면서 널리 통용되었다. 이로 인해 '르네상스'라는 프랑스어를 상용하지만, 잘 알다시피 문예부흥은 이탈리아에서 시작했고 '르네상스'라는 용어는 이탈리아의 화가 조르조 바사리(Giorgio Vasari)가 『가장 위대한 화가, 조각가, 건축가들의 생애(Le vite de' più eccellenti pittori, scultori e architettori)』(1568)에서 미켈란젤로(Michelangelo)에 의한 고전고대 미술의 부활을 '리나시타'(rinascita, 재생)라 부른 데서 유래한다.[1]

바로 이 문예부흥 운동과 더불어 유럽이 중세에서 근대로 이행하던 16세기에 루터는 프로테스탄트 개혁 운동(Reformation)을 선도했다. 이 두 운동의 관심사, 성격, 관계에 관해서는 많은 연구가 있지만, 여기서 주목할 사항은 당시 부흥 또는 재생(renaissance)과 개혁(reformation)이라는 용어는 재생(regeneration), 부활(resurrection), 갱신 또는 소생(renewal), 회복이나 복원 또는 반환(restoration), 각성(awakening) 등과 함께 동의어로 사용되었다는 점이다.[2] 이 다양한 동의어를 숙고해 볼 때 '부흥'은 루터의 신학에서 핵심적 주제요, 루터의 프로테스탄트 개혁 운동은 프로테스탄트 부흥 운동이라 명명해도 틀리지 않겠다는 통찰을 얻게 된다.

17세기 이후 미국의 제1차 및 제2차 대각성운동이나 영국 웨일스 대부흥 운동 등으로 인해 현재 우리에게 가장 익숙한 용어는 리바이벌(revival, 부흥)이라는 영어다. 이 명사의 동사는 리바이브(revive)이고, 이것은 라틴어 동사 리비베레(revivere)에서 왔다. 그 뜻은 '다시(re) 살다(vivere)', '부흥하다', '활기를 되찾다', '건강을 회복하다', '소생하다', '부활하다'이다. 번역어 '부흥(復興)'은 회복할 복 또는 다시 부, 그리고 일 흥이라는 한자로 이루어진 한자어로, '쇠퇴한 것이 다시 성하여 일어남, 일어나게 함'이라는 의미다. 이렇게 볼 때 신학적으로 부흥은 '영적 쇠잔, 침체, 무기력, 죽음'과 같은 상태를 전제하며, 이로부터 '다시 살아남, 생기를 되찾음'을 뜻한다.

이것은 '개인적 차원', '집단적 차원', '제도적 차원' 등으로 나누어서 다룰 수 있을 것이다. 그리고 개인적이든 집단적이든 이 두 차원은 '불신자가 그리스도인으로 거듭남', '쇠잔하거나 죽음과 같은 상태에 이른 그리스도인의 영혼이 새 힘을 얻고 다시 살아남', '죽음 이후 종말론적 부활과 함께 그리스도인이 영생을 누림', 이렇게 세 가지 형태로 구분하여 이야기해 볼 수 있을 것이다. 이를 이해하지 못하면, 사람이 물과 성령으로 거듭나지 아니하면 하나님의 나라에 들어갈 수 없다는 예수님의 대답(요 3:3, 5)에 당혹스러움을 감추지 못한 니고데모처럼, 우리도 이렇게 되묻게 될 것이다. "어찌 그러한 일이 있을 수 있나이까"(요 3:9). 그리고 거듭나지 못하고 영적 부흥을 경험하지 못하는 명목상의 그리스도인으로 살아갈 수도 있을 것이다. 이 글에서는 쇠잔하거나 죽음과 같은 상태에 이른 그리스도인의 영혼이 새 힘을 얻고 다시 살아난다는 의미에서의 부흥에 초점을 맞추어 살펴보고자 한다.

여기서 한 가지 짚고 넘어갈 점이 있다. 루터의 모든 작품을 담고 있는 가장 권위적인 비평판은 『루터 전집 바이마르판(D. Martin Luthers Werke, Weimarer Ausgabe)』이다. 영문판 중 가장 널리 인정받고 사용되는 것은 『루터 전집 미국판(Luther's Works: The American Edition)』이다. 미국판 전집은 20세기에 55권이 출간되었고, 2017년 프로테스탄트 개혁 500주년을 기념하여 추가 번역 작업이 진행되고 있다. 첫 번역 시리즈 중 제55권 색인을 보면 'revival'도 'revive'도 나오지 않는다. 이는 '루터와 부흥'이라는 주제를 다루기 위해서는 루터의 글에서 'revival'이나 'revive'라는 용어 자체가 아니라, 동의어를 사용하고 있는 곳이나 관련된 개념이 나오는 곳들을 찾아 '부흥'에 관한 가르침을 차곡차곡 재구성해야 함을 알려준다.[3] 이 작업은 우리의 왜곡된 사고방식을 바로잡고 참된 '부흥'의 의미를 정립하는 데 도움을 줄 것이다.

1. 영적 부흥의 필요와 의미

1) 영적 부흥의 필요: 의인이면서 죄인인 그리스도인

영적 부흥이 필요한 이유는 기본적으로 인간은 죄인이기 때문이다. 루터는 시편 51편 강해(1538)에서 이렇게 말한다. "우리는 여기서 인간을 이성적 동물 등으로 정의하는 인간에 대한 철학적 지식을 다루는 게 아니다. 그런 것들은 신학이 아닌 과학이 논의할 내용이다. ⋯ 의사는 사람에 대해 말할 때 건강한지 또는 아픈지를 가지고 이야기한다. 그러나 신학자는 사람을 죄인으로 보고 논한다. 신학에서는 이것이 인간의 본질이다."[4] 루터는 인간이라는 존재를 다양한 관점에서 정의하고 다룰 수 있음을 인식하고 있다. 그러면서 하나님 앞에서(*coram Deo*) 인간은 기본적으로 죄인임을 강조한다. 그리스도인이 될 때 우리는 이러한 신학적 인간론과 자의식(自意識)을 분명히 정립하고 출발해야 한다.

하지만 그렇다고 해서 루터가 비관론자였던 것은 절대 아니다. 의사 앞에 선 환자가 의사의 진단을 신뢰하고 자신을 맡김으로써 치료를 받아야 다시 건강을 회복하고 생명을 되찾을 수 있듯이, 인간이 죄인이라는 신학적 진단은 하나님께서 인간을 구원하시고 새 생명을 베푸시기 위한 올바른 시작에 불과하다. 하나님 앞에 선 인간은 하나님의 진단을 받아들이고 하나님의 구원 방법을 신뢰하고 따를 때, 새로운 인간으로 다시 태어날 수 있고 영적 부흥을 경험할 수 있다.

그래서 루터는 신학적 지식에는 두 종류가 있다고 말한다. "인간에 대한 신학적 지식"과 "하나님에 대한 신학적 지식"이다. 이 두 지식은 떼려야 뗄 수 없는 관계를 맺고 있는데, "신학 고유의 주제가 죄가 있고 저주받은 인간, 그리고 죄인인 인간을 의롭게 하는 분이요 구원자이신 하나님"이기 때문이다. 루터는 이 두 지식의 중요성을 다음과 같이 강조한다.

사람은 자신을 알아야 하고, 자신이 죄가 있고 죽음의 지배를 받고 있다는 사실을 알고, 느끼고, 경험해야 한다. 그러나 그는 또 그 반대, 즉 하나님께서는 이런 식으로 자신을 알고 있는 사람을 의롭게 하고 구원하는 분이시라는 사실도 알아야 한다.[5]

무엇보다 하나님께서는 자신이 죄인임을 고백하는 자를 절대 외면하지 않는 분이심을 깨달아야 한다. "왜냐하면 하나님께서는 겸손한 자, 비참한 자, 고뇌하는 자, 억압받는 자, 절망에 빠진 자, 그리고 아무 것도 아닌 상태에까지 이른 자들의 하나님이시기 때문이다."[6] 이와 관련해 루터는 죄인을 두 부류로 나눈다. 첫째는 "자신의 죄를 느끼지 못하는 죄인"이요, 둘째는 "자신의 죄를 느끼는 죄인"이다. 하나님께서는 첫 번째 부류의 죄인은 거부하시지만 두 번째 부류의 죄인은 포용하신다.[7] 이를 제대로 구분하는 게 중요한 이유는 인간은 자신의 판단에 따라 감히 하나님께 가까이 다가갈 수 없다고 생각하는 경향이 있기 때문이다. 그러고는 하나님 앞에 자랑스럽게 내놓을 만한 무언가가 마련될 때까지 기다리겠다고 하면서 자신의 행위를 통해 의를 쌓는 길을 선택한다. 이에 대해 루터는 이것은 경건한 태도가 아니라 오히려 "그리스도의 공로에 맞서 우리 자신의 공로에 대해 신성 모독적인 추정"을 하는 것이라고 일갈한다.[8] 그리고 "만약 누군가 외면적 행위에 관한 법으로 양심을 구속하기 시작하면, 믿음과 그리스도교적 삶의 방식은 곧 사라진다."라고 경고한다.[9]

이처럼 "인간에 대한 신학적 지식"과 "하나님에 대한 신학적 지식," 그리고 이 두 지식으로 형성된 "신학 고유의 주제"에 토대를 두고 루터가 제시하는 신학의 핵심은 '하나님께서는 죄인을 어떻게 구원하시는가', 그리고 '왜 구원하시는가'로 요약된다. 이것은 곧 '믿음'과 '사랑'이라는 한 쌍의 주제에 대한 가르침이다.[10] 루터는 사망하기 한 달 전인 1월 17일에 비텐베르크에서 행한 마지막 설교에서도 이 가르침을 재차 강조한다. 설교 본문은 로마서 12:3이다.

바울은 습관대로 먼저 그리스도교 교리의 가장 주된 조목인 율법, 죄, 믿음, 우리가 어떻게 하나님 앞에서 의롭게 되고 영원히 살 수 있는지를 가르쳤습니다. 여러분이 자주 듣고 여전히 매일 듣고 있듯이, 가르치고 설교해야 할 두 가지 요지가 있습니다. 첫째, 우리는 반드시 그리스도를 믿는 믿음을 올바르게 선포하고, 둘째, 열매와 선행을 올바르게 가르치고 실천하게 해야 합니다. 믿음은 죄가 무엇인지, 율법이 무엇인지, 죽음이 무엇이고 무엇을 하는지, 그리고 우리가 어떻게 생명으로 돌아가서 그 안에 거할 수 있는지에 대해 알아야 한다고 요구합니다. 이것이 바울이 모든 서신에서 가르치는 방식입니다.[11]

루터는 바울이 로마서 1장부터 11장까지 그리스도를 믿는 믿음에 관해, 즉 우리가 어떻게 믿고 구원을 받아야 하는지를 가르치고, 12장부터 16장 끝까지 믿음의 열매인 사랑에 관해, 즉 우리가 왜 구원받았는지, 구원받은 자로서 어떻게 살아야 하는지를 가르친다고 설명한다. 이것은 그리스도인이란 영원한 생명에 속한 자로서 경건한 삶을 살아야 한다는 선행에 관한 말씀으로, 우리가 명목상의 그리스도인이 아닌 참된 신자가 될 것을 가르친다.

루터는 바울이 이렇게 교훈하는 이유는 우리가 믿은 후에 다시 세상을 따르지 않게 하기 위해서라고 설명한다. 그리고 로마서 12:2에 나오는 "오직 마음을 새롭게 함(renewal)으로 변화를 받아"라는 말씀을 인용하면서 그리스도인의 삶에서 새롭게 됨에 의한 변화, 즉 영적 부흥, 재생, 소생의 필요성과 중요성을 강조한다.[12] 이러한 루터의 입장은 그리스도인은 죄인에서 의인으로 거듭난 존재임에도 불구하고, 여전히 죄의 잔재와 상처로 인해 '의인이면서 죄인(*simul iustus et peccator*)'이라는 생각과 연결되어 있다.

2) 영적 부흥의 필요: 하나님의 통치에 대적하는 사탄의 통치

거시적으로 신학적 세계관에서 볼 때 그리스도인은 의인이지만 여전히 죄인이라는 정체성은, 예수 그리스도께서 죽음과 부활을 통해 이미 사탄과 악과 죄와 사망의 권세를 이기셨지만 종말 때까지 사탄이 하나님의 통치에 끈질기게 대항하기 때문이다. 그래서 루터는 결코 선과 악 간의 마니교적인 이원론적 우주론을 옹호하지 않지만, 그럼에도 불구하고 사탄과 그의 힘이 여전히 세상과 인류 역사 속에 실재하며 대단히 파괴적임을 강조한다. 그리고 이렇게 단언한다. "왕국은 하나님의 왕국 아니면 악마의 왕국이다."[13] 하나님의 왕국과 사탄의 왕국 간의 대립에 관한 루터의 사고는 『노예의지론(*De Servo Arbitrio*)』에 잘 나타난다.[14] "하나님의 왕국과 사탄의 왕국 사이에는 어떤 중간 왕국도 존재하지 않는다. 이 둘은 영속적으로 서로 충돌하고 있다."[15] 이 중 "한 왕국에서는 사탄이 다스리고" 있고, "다른 왕국에서는 그리스도께서 다스리고 계시며, 그분의 왕국은 부단히 사탄의 왕국에 저항하며 그것을 공격한다."[16]

루터는 하나님의 왕국과 사탄의 왕국 간의 이러한 전쟁은 역사 안에서뿐만 아니라 개별적 인간 안에서도 벌어지고 있음을 부각한다. 하나님과 사탄의 가장 치열한 각축장은 내적 인간(속사람), 좀 더 구체적으로는 내적 인간의 자유의지다. 만약 한 개인이 사탄의 왕국을 다스리는 신의 지배 아래 놓이면 그 사람은 "그 신의 의지에 포로로 잡혀 있는 것"

이며, 그로 인해 그 신이 하려고 하는 것만 할 수 있다. 하지만 만약 그 신을 이기고 그 개인을 취할 수 있는 "좀 더 강한 자"가 오면, 그 개인은 그가 뜻하는 바를 행하게 된다. 루터는 다음과 같은 비유를 가지고 이를 설명한다.

인간의 의지는 짐을 나르는 짐승과 같이 둘 사이에 놓여 있다. 만약 하나 님께서 그것을 타시면, 그것은 하나님께서 원하시는 곳으로 가고자 한다. … 만약 사탄이 그것을 타면, 그것은 사탄이 원하는 곳으로 가고자 한다. 그것은 자신 위에 올라타는 이 두 존재 중 어느 하나에게 달려가는 것도, 그 하나를 찾아내는 것도 선택할 수 없다. 타는 자들이 대신 그것의 소유 와 통제를 놓고 다툰다.[17]

이런 사고를 기초로 루터는 하나님께서 한 개인이나 '우리' 안에서 통치하실 때, 바로 그 사람 또는 '우리'가 하나님의 나라라고까지 말한 다. 즉, 각 그리스도인이나 그리스도인 공동체가 하나님의 나라요, 하나 님의 나라가 각 그리스도인이나 그리스도인 공동체 안에 존재한다는 것이다.[18] 이 같은 입장은 루터가 인간 전체를 두 종류의 그룹으로 나누 는 방식과 직결되어 있다. 루터는 『노예의지론』에서 로마서 8:5-8을 언 급하며 "육"에 속한 자와 "영"에 속한 자를 분리하고, 성령이 없는 자는 필연적으로 "육"에 속한 자라고 말한다. 그러면서 "만약 누군가가 그리 스도께 속해 있지 않다면, 그 사람은 사탄 말고 그 누구에게 속해 있겠 는가?"라고 질문한다. 그리고 "성령이 없는 자들은 육 안에 있으며 사 탄의 지배를 받고 있다."라고 대답하고[19], "바울은 여기서 성령이 없는

모든 것을 육이라 부른다."라고 덧붙인다.[20]

이처럼 내적 인간의 자유의지를 놓고 벌어지는 하나님과 사탄 사이의 각축전에서 가능한 결과는 두 가지다. 그것은 하나님께서 주인이 되시든지 아니면 사탄이 주인이 되는 것이다. 바울은 자신 안에서 벌어지고 있는 이 "영"과 "육"의 치열한 싸움을 로마서 7:14-25에 생생히 묘사해 놓았다. "오호라 나는 곤고한 사람이로다 이 사망의 몸에서 누가 나를 건져내랴"(롬 7:24)라는 바울의 울부짖음은 왜 지속적인 영적 부흥이 모든 그리스도인에게 필요한지 극명히 보여준다.

3) 영적 쇠잔과 죽음과 같은 상태에 빠지는 원인

이처럼 사탄이 끊임없이 하나님의 통치에 대적하는 세상에 사는 동안 그리스도인은 다양한 형태의 영적 쇠잔과 죽음과 같은 상태를 경험할 수밖에 없다. 그 대표적 원인을 다음과 같이 정리해 볼 수 있다.

첫째, 사탄의 지속적인 공격이다. 사탄은 쉬지 않고 우는 사자처럼 두루 다니며 어떻게든 하나님의 자녀요 하나님 나라의 백성이 된 그리스도인을 삼키려 한다(벧전 5:8).[21] 시편 23편을 다루는 설교에서 루터는 다윗이 "주님의 양 떼인 자들이 큰 위험과 불행에 둘러싸여" 있음을 보여준다고 기술한다. 말씀이 선포되자마자, 그리고 그 말씀을 받아들이고 고백하는 자들이 있자마자, 사탄은 그의 천사들과 함께 재빨리 나타나 전력으로 이 말씀에 맞서고 세상을 자극한다. 사탄이 꾀하는 바는 하나님의 말씀을 억누르고, 그 말씀을 받아들이는 자들을 전멸시키는 것이다.[22]

둘째, 죄성과 죄의 잔재다. 아담의 타락과 죄를 통해 모든 사람은 사탄과 죽음의 폭정에 시달려왔다. 우리는 "이런 약함과 갇힘 속"에 있다.[23] 세례 후에도 옛 아담의 많은 부분이 여전히 남아 있다. 세례 받을 때 죄가 용서되지만, 죄로 인한 상처는 완전히 씻어지지 않았다. 선한 사마리아인의 비유가 보여주듯이 강도에게 공격당한 사람은 완전히 치유될 때까지 계속 돌봄을 받았다(눅 10:30-37). 마찬가지로 주님께서는 우리를 교회로 데려가고, 돌보고, 상처를 싸매주고, 지금도 치유하고 계신다. 이에 대해 루터는 이렇게 설명한다. "우리는 지금 의사의 돌봄을 받고 있다. 성령께서 사람을 다루지 않으시면 그들은 다시 타락한다. 성령께서 매일 상처를 깨끗이 씻어 주셔야만 한다. 그러므로 이생은 병원이다. 죄는 참으로 용서받았으나 아직 완치되지는 않았다."[24]

그러면서 루터는 그리스도께서 그분의 백성이 지닌 상처를 두 번 싸매주고 치유하신다고 말한다. 첫 번째는 죄인의 구원을 위해 당신의 피와 살을 내어주시며 기꺼이 죽음을 맞이하신 그리스도께서 복음과 성례와 믿음과 성령을 통해 우리의 죄를 계속 용서하실 때다. 두 번째는 종말론적 부활과 함께 그리스도께서 우리를 모든 죄에서 완전히 씻기고 죽은 자들로부터 다시 살리실 때다. 그때 죄로 인한 상처는 완전히 나을 것이고, 우리의 몸과 영이 순결하고 건강해질 것이다.[25]

하지만 이 세상에 사는 동안에는 여전히 "육"이 우리에게 달라붙어 있고, 우리의 영혼은 쇠약해진다.[26] 육체의 게으름과 방종이 영혼을 쇠잔하게 하고 죽음으로 몰아간다.[27] 그래서 바울이 로마서 12:2에서 말하듯, 우리는 세상이 하게 만드는 것을 피하면서 "이 세대를 본받지 말고 오직 마음을 새롭게 함으로 변화"를 받아야 한다.[28] 어떻게 새롭게 되는가? "옛사람을 거부하고 완전히 파괴함으로써 우리는 새로워진다."[29]

옛사람은 그리스도와 함께 십자가에 못 박혀야 하고, 이제는 내가 사는 것이 아니라 내 안에 그리스도께서 사셔야 한다(갈 2:20, 롬 6:6). 여기서 새로워진 우리는 자신을 창조하신 분의 형상을 따라 지식에까지 새롭게 함을 입은 자다(골 3:10).[30] 그리고 죽음의 순간에 이르도록 끝까지 은혜 안에 머물 수 있도록 주의해야 한다.[31]

셋째, 인생의 시련이다. 영혼의 쇠잔과 죽음과 같은 상태를 초래하는 또 다른 원인은 원치 않음에도 불구하고 인생에 반드시 동반되는 시련과 환란이다. 이러한 사실은 창세기 3장부터 시작하여 새 하늘과 새 땅이 등장하는 요한계시록 21장 이전까지 잘 나타난다. 한 예로 창세기 37:18-20을 강해하면서 루터는 야곱의 심정을 이처럼 묘사한다. "내 아들[요셉]에 대한 약속을 기대했는데 그 아들을 빼앗기는 바람에 나는 버림받은 자처럼 보인다. 지금으로서는 그 약속이 의심스럽다."[32] 이집트 총리가 되기까지 요셉의 시련 또한 이루 말로 다 표현할 수 없다.[33] 시편 23편에서 다윗은 사망의 음침한 골짜기를 지나가고 있다고, 원수가 있다고 탄식한다. 루터는 다윗의 처지를 이렇게 설명한다. "사망의 음침한 골짜기를 지나가고, 원수가 있는 자는 빛을 전혀 볼 수 없다. 그는 위로도 소망도 없다. 모든 사람에 의해 버림받고, 그가 보기에 모든 것은 완전히 어둡다."[34]

넷째, 악인은 형통하고 의인은 패망하는 등 부조리하고 불공정한 것처럼 보여서 수용하기 힘든 현실이다. 악인은 흥하고 의인은 망하는 것처럼 느낄 때 영혼은 쇠잔하고 죽음과 같은 상태로 추락할 수 있다. 이것은 아삽의 시인 시편 73편에 잘 기록되어 있다. 악한 자는 크게 성공하는 반면 하나님의 성인은 고통 받는 것을 볼 때 영혼은 괴롭고 혼란스러울 수 있다.[35] 루터 자신도 이렇게 한탄한다. "세상이 볼 때 그리스도 인들보다 더 가난하고, 더 비참하고, 더 불행한 사람들은 없다고 생각한 다. 외적으로 볼 때 그리스도인들은 하나님께 버림받고, 늑대에게 잡아 먹히도록 방치된 뿔뿔이 흩어진 양 떼처럼 보인다. 그리고 부족함이 없는 것이 아니라 모든 것이 필요한 이들이다."[36] 반면에 "위대한 신 맘몬 또는 배(Belly)를 섬기는 자들은 세상의 눈에 부족함이 없고, 하나님께서 풍부하게 후원하고, 위로하고, 모든 위험과 불행으로부터 보호하시는 귀중한 양 떼처럼 보인다." 왜냐하면 그들에게는 그들의 마음이 욕망하는 것, 즉 명예, 재산, 기쁨, 쾌락, 그리고 모든 사람의 총애 등이 있기 때문이다.[37]

4) 영적 부흥의 의미: 사탄, 악, 죄, 죽음의 지배에서의 해방

상기한 바처럼 루터는 비텐베르크에서의 마지막 설교에서 예수 그리스도를 믿는 믿음으로 그리스도인이 된 이들의 영적 부흥, 재생, 소생의 필요성과 중요성을 강조하면서 로마서 12:2를 인용한다. 이 성경 말씀은 1518년 8월에 출판된 『95개조 논제 해설(*Resolutiones disputationum de indulgentiarum virtute*)』 제1항의 서두에도 나온다. '95개조 논제 (*Disputatio pro declaratione virtutis indulgentiarum*)'는 루터가 중세 로마 가톨릭교회의 면벌부 매매와 이를 뒷받침하는 면벌 신학의 심각한 문제를 인지하고 이에 대해 논의해 보자고 1517년 10월 31일에 게시했다. 엄청난 폭발력을 가지고 유럽 대륙을 휩쓴 프로테스탄트 개혁의 도화선이 된 이 논제에서 루터는 회개와 같은 영적인 것을 돈으로 환산해 매매하면서 감히 하나님과 흥정하려 들지 말라는 강력한 메시지를 던졌다. 그리고 진정한 회개와 새롭게 됨(영적 부흥)을 호소했다.

이 95개조 논제에 대한 『해설』의 제1항은 이렇게 시작한다. "우리의 주님이시요 주인이신 예수 그리스도께서 '회개하라'[마 4:17]고 말씀하실 때 그분께서는 믿는 자의 삶 전체가 회개의 삶이기를 원하셨다." 그러면서 루터는 '회개하라'를 뜻하는 그리스어 메타노에이테(μετανοεῖτε)라는 용어를 다루는데, 이는 좀 더 정확히 라틴어 트란스멘타미니(transmentamini)로 번역할 수 있다고 설명한다. 그 의미는 "다른 지성 또는 사고방식과 감정을 취하다, 제정신을 차리다, 마음의 한 상태에서 다른 상태로 전환하다, 정신(spirit)이 바뀌다"이다. 루터에 의하면 이러한 변화는 바울이 "오직 마음을 새롭게 함으로 변화를 받아"(롬 12:2)라고 말했듯이, "지금까지 이 세상에 속한 일에 관해 알던 사람들이 이제 영적인 일을 알려면 필요한 조건"이다. "죄인은 마음의 변화를 경험하고 자신의 죄를 미워하게" 되고, 회개함으로 새롭게 된다.[38] 루터는 하나님의 명령, 즉 "하나님의 선하시고 기뻐하시고 온전하신 뜻"이란 내면에서 진심으로 이루어지는 회개요, 이로 인한 거듭난 존재와 삶임을 강조한다. 이처럼 참된 '회개'와 '새롭게 됨'(영적 부흥)과 같은 주제는 1517년 개혁의 시작부터 죽기 전 설교에 이르기까지 루터의 개혁 신학 메시지의 핵심에 있었다.

이와 관련해 루터는 이사야서의 말씀도 언급한다.[39] "지극히 존귀하며 영원히 거하시며 거룩하다 이름하는 이가 이와 같이 말씀하시되 내가 높고 거룩한 곳에 있으며 또한 통회하고 마음이 겸손한 자와 함께 있나니 이는 겸손한 자의 영을 소생시키며 통회하는 자의 마음을 소생시키려 함이라"(사 57:15). 여기서 '소생시키다'는 영어 성경에서 "revive"

로 나온다. 이 구절은 'revive'라는 영어 단어가 사용된 극히 소수의 구절 중 하나다. 하나님께서 그리스도인의 마음속에 탄식을 불러일으키시는 이유는 "잘난 체하게 되고 둔감해지고 (무관심과) 영의 침체로 멸망하지 않도록" 하시기 위해서다. "왜냐하면 만약 영이 각성하면, 믿음이 더 강렬해지고, 하나님에 대한 지식이 자라고, 새 사람이 날마다 새로워지고 하나님의 선하시고 온전하신 뜻이 무엇인지(롬 12:2 참조)를 배우게 되기 때문이다."[40]

더 나아가 루터는 성경 구절들(요 12:25, 롬 6장과 8장, 갈 5:24, 고후 6장 등)을 인용하면서 "자기 자신의 회복 또는 자기 자신에 대한 미움은 평생에 걸친 것임이 분명"하다고 말한다.[41] 회개와 새롭게 됨, 즉 영적 부흥은 한 번으로 끝나는 게 아니라 일생 지속되고 거듭되며, 그래야만 한다는 것이다. 회개의 성격과 관련해 루터는 이렇게 덧붙인다. "그리스도께서는 문자가 아니라 영의 주인이시고, 그분의 말씀은 생명이요 영[요 6:63]이기 때문에, 그분께서는 가장 오만한 위선자들이 금식으로 얼굴을 찡그리면서, 거리에서 기도하면서, 자선을 베푼다고 선전[마 6:16]하면서 공개적으로 할 수 있는 그런 회개가 아니라, 영과 진리 안에서 행해진 그런 회개를 가르쳐야 한다."라고 알려준다.[42]

여기서 새롭게 됨(롬 12:2)과 관련해 또 한 가지 분명히 짚고 넘어가야 할 내용은 인간을 영, 영혼, 몸으로 구성된 존재로 보는 루터의 신학적 인간관이다.[43] 루터는 『마리아의 송가(Magnificat)』에서 이렇게 말한다. 영은 "인간에게 최고의, 가장 심오한, 그리고 가장 고귀한 부분"이고, "믿음과 하나님의 말씀이 거주하는 곳"이다.[44] 영혼은 영과 성격은 같지만, 기능은 다르다. "영혼은 몸에 생명을 주고, 몸을 통해 일한다." "영혼은 몸 없이 살지 모르나 몸은 영혼과 분리되어서는 어떤 생명도 없다.” 몸의 역할은 “영혼이 알고 영이 믿는 바를 이행하고 적용하는 것”이다.[45]

“모든 상속을 소유하고 있는 이 영이 보존될 때, 영혼과 몸은 모두 오류나 악한 행위 없이 살아갈 수 있다. 반면에 영이 믿음이 없으면, 삶 전체와 함께 영혼은 사악함과 오류에 빠지지 않을 수 없다.” 그리고 “이 오류와 영혼에 대한 잘못된 견해의 결과로 어떤 사람이 금식으로 자신을 죽이고 모든 성인이 한 행위를 따라 한다 해도, 몸의 모든 행위 또한 악하고 저주받아 마땅한 게 된다.”[46] 여기서 주목할 점은 영적인 것과 육적인 것을 분간하는 루터의 성경적 논법이다. 이 논법에 따르면 영과 영혼은 영적이고 몸은 육적인 것이 아니라, 영과 영혼과 몸, 이 모두가 “영(spirit) 또는 육(flesh)”, 즉 영적이거나 육적일 수 있다는 점이다.

루터의 이러한 논법은 「로마서 서문」(1546/1522)에도 잘 나타난다. 루터는 바울이 그리스도의 말씀(요 3:6)처럼 육에서 난 것은 모두 육이라고 부른다는 점을 강조한다. 즉, 몸과 영혼, 정신과 감각을 포함한 한 개인 전체가 “영”(영적)일 수도 있고 “육”(육적)일 수도 있다는 것이다.[47] 그리고 루터는 모든 죄, 특히 모든 사악함 중 가장 영적인 사악함은 믿음의 부재라고 지적한다.[48] “육”의 본질인 이 불신앙은 원죄와 연결되어 있고, 원죄는 핵심적으로 너무나 깊이 자기 자신 안으로 굽은 타락한 자기애와 연결되어 있다. 이 본성에 대해 루터는 로마서 5:4을 강해하면서 다음과 같이 서술한다.

우리의 본성은 원죄의 사악함 때문에 그 자체를 향해 너무나 깊이 안쪽으로 굽어 있다. 그래서 그것은 … 심지어 하나님을 이용하기도 할 뿐만 아니라, 또한 너무나 간악하고, 뒤틀리고, 타락한 방식으로 행하면서, 하나님을 추구할 때조차 그 자신을 위해 그렇게 하고 있다는 사실도 모르고 있는 듯하다.[49]

이러한 본성, 즉 타락한 자기애는 한 개인의 속박된 의지가 믿음으로 자유롭게 되기 전까지는 그 개인 전체를 "육"에 속한 자로 머물게 한다는 점이, 오직 예수 그리스도를 믿는 믿음만으로 의롭게 된다는 루터의 개혁 기치요, 영적 부흥 개념의 핵심이다. 그리고 그 유명한 『그리스도인의 자유(De Libertate Christiana)』의 요지가 바로 이것이다.[50] 이런 관점에서 볼 때, 오직 예수 그리스도를 믿는 믿음으로 속박된 의지에서 해방되고, 존재 전체가 성령에 의해 "영"에 속한 자로 거듭나고, 사탄의 지배에서 벗어나 하나님의 통치를 받는 것, 즉 그리스도의 나라, 하나님의 나라 안으로 들어가는 것, 이것이 바로 영적 부흥의 핵심적 의미다.

2. 영적 부흥의 원리와 열매

1) 영적 부흥의 원리: 그리스도의 나라, 말씀, 믿음, 성령

그러면 어떻게 영혼이 쇠잔이나 죽음과 같은 상태에서 벗어나 부흥할 수 있는가? 이것은 기본적으로 사탄과 악과 죄와 죽음을 이기신 그리스도와 그분께서 세우신 나라와 그분의 통치로 인해 가능하다. 즉 하나님께서 예수 그리스도를 통해 새로운 현실을 창조하셨기에 가능하다. 루터는 이런 질문을 한다. "그리스도께서는 어떤 이유와 목적으로 나라를 세우셨는가? 그리스도께서는 이것으로 무엇을 성취하길 원하셨나?" 그리고 이렇게 대답한다. 그리스도께서는 "원수의 멸망을 성취하기 위해" 나라를 세우셨다.[51] 빌립보서 2:9-11과 로마서 1:4을 보면 참된 신이자 인간이신 예수 그리스도께서는 주(Lord)요 통치자시다. 그분께 모든 것이 종속되어 있다. 천사, 사람, 죄, 죽음, 세상, 악마, 지옥, 그리고 하늘과 땅과 땅 아래 있는 이름을 댈 수 있는 모든 게 그렇다.[52] 이 나라는 필멸하는 지상의 나라가 아니라 불멸하는 하늘의 나라다. 그리스도인은 지상에 흩어져 사는 필멸의 인간이지만 동시에 이 나라의 시민, 하늘의 시민이다.[53]

하나님 우편으로 높여지고 만유의 머리로 세워지신 영광의 왕 그리스도께서 이 나라에서, 사탄과 죄와 죽음과 지옥의 지배 가운데 살아가고 있는 그분의 백성인 그리스도인들을 "복음과 성령을 통해 믿음 안에서 통치"하신다. 비록 그들은 육체적으로는 여전히 지상에 살고 있지만, 그리스도께서는 "그분의 나라와 말씀과 성령과 믿음의 능력으로 그들을 하늘에 두신다."[54] 그러므로 "그리스도의 나라 안에서 우리는 영과 마음과 영혼에 따라 이미 하늘에 있다." 그리고 "우리의 시민권, 우리의 본향은 이곳 땅 위가 아니라 하늘에 있다(빌 3:20, 21). 그곳에 우리의 참된 존재와 삶이 있다."[55]

그런데 여기서 한 가지 주목할 사항이 있다. 그것은 루터가 그리스도의 나라는 필멸하는 지상의 나라가 아니라 불멸하는 하늘의 나라라고 말한다고 해서 그리스도의 나라가 천상에만 있다는 것은 아니라는 점이다. 그리스도의 나라는 "지상에 있으면서 동시에 하늘에" 있다. 다만 그리스도의 나라는 "지상에 확장되어 있기는 하지만 이 땅의 나라가 아니라 하늘의 나라다."[56] 루터는 "내 나라는 이 세상에 속한 것이 아니니라"(요 18:36)라는 그리스도의 말씀을 다루면서, 그리스도의 나라는 "이미 이 세상에 존재하지만, 이 세상에 속하지 않았다."라고 설명한다.[57] 즉 그리스도의 나라란 지상의 차원에 속한 것이 아니라 천상의 차원에 속한 것임을 강조하는 것이지 그리스도의 나라, 그리스도의 통치가 이 땅 위에 부재한다는 이야기가 아니다. 루터는 심지어 이렇게 말한다. "주님께서는 하늘에 계신 왕이시다. 하지만 주님께서는 지상에도 주님의 나라를 가지실 것이고 땅 아래 지옥에도 가지실 것이다. 왜냐하면 하늘이나 땅 위나 땅 아래나 주님께서 지배하고 도우실 수 없을 만큼 그렇게 높은 것도 깊은 것도 없을 것이기 때문이다."[58]

이와 함께 주목할 또 다른 사항은 그리스도의 나라가 세워지는 방법이다. 루터는 그리스도의 입을 빌어 다음과 같이 말한다. "세상의 나라가 물리적인 힘과 칼에 의해 세워지고, 강해지고, 보존되듯이 나[그리스도]의 나라도 외적인 힘과 물리적인 칼에 의해 세워지고, 강해지고, 보존되는 게 아니다. 내 나라는 말씀과 믿음과 성령을 통해 세워지고, 강해지고, 보존된다."[59] 그리스도께서는 죄와 죽음과 세상에 대항해 "물리적 무기나 갑옷이나 칼이나 총이 아니라, 사람들의 입", 즉 "선포된 말씀과 복음"을 가지고 힘과 능력으로 가득한 나라를 세우셨다. "그리스도께서는 입술의 말씀을 통해서만 그분의 나라를 세우고, 강화하고, 견고케 하신다."[60] 이같이 말씀으로 그리스도의 나라가 세워질 때, 우리의 마음은 말씀을 믿는 믿음 안에서 성령의 능력을 통해 하늘에서의 삶을 붙잡는다. 즉 육신이 아닌 믿음과 소망 안에서 마음과 영혼으로 하늘에 산다.[61] "성령은 오직 그리스도를 믿는 믿음을 통해서만 사람들에게 이른다."[62] 이것이 바로 영적 부흥의 원리다.

이러한 원리는 요한복음 7:37-39에 대한 설교에 잘 요약되어 있다.

먼저 그분[그리스도]께서는 복음이 우리에게 설교되게 하십니다. 그러면 저는 이 설교를 믿습니다. 그리고 제가 이 설교를 믿고 받아들이자마자 성령께서 임하십니다. 성령께서 임하시면 저의 죄는 용서를 받습니다.[63]

이 같은 원리를 통해 쇠잔하고 죽음과 같은 상태에 이른 영혼은 부흥을 경험한다. 이것은 양심의 가책으로 견딜 수 없이 무거운 짐을 지고 있는 자들에게 평안을 준다. 죄가 양심을 짓누를 때 "하나님의 아들이신 예수 그리스도께서 성부 하나님에게서 우리를 위해 확보하신 성령을 통해 구해내시는 자들"은 이 무거운 짐에서 벗어난다. 그리고 그리스도께서는 그 마음을 즐겁고 견고하게 만드실 뿐만 아니라, 하나님께서 요구하시는 모든 것을 행할 준비가 되게 만드신다.[64]

여기서 우리는 하나님의 말씀이 그리스도의 나라에 들어가게 하는 회개를 가능케 한다는 루터의 가르침에 주목할 필요가 있다. 루터는 하나님의 말씀을 크게 두 유형으로 구분한다. 하나는 율법으로서의 하나님의 말씀이고, 다른 하나는 복음으로서의 하나님의 말씀이다.[65] 루터는 원죄로 인해 인간의 본성 자체가 죄성을 지니고 있고, 따라서 인간이 죄인이라는 지식은 인간의 양심 자체나 이성에서 나올 수 없다고 강조한다. 이 지식은 오직 하나님의 말씀을 통해서만 알 수 있다. 인간은 "본성의 부정함이나 결함을 드러내기 위해 하늘에서 내려온 하나님의 말씀이 필요"하다. 그리고 온 세상은 이 말이 틀렸다고 거부하지만, 믿음은 겸허히 이 말씀을 받아들인다.[66]

루터에 의하면, 인간의 본성 자체가 타락한 상태에 있다는 사실과 그 때문에 근본적으로 선을 행할 수 없다는 사실을 드러내는 하나님의 말씀은 성경에 특히 법으로 계시되어 있다.[67] 이와 관련해 루터는 "법의 이중 용법"을 제시한다. 법의 제1용법은 "시민적 용법" 또는 "정치적 용법"이고, 제2용법은 "신학적 또는 영적" 용법이다.[68] 제1용법은 "시민의 범죄를 제지"하는 것이고, 제2용법은 "영적 범죄를 드러내는" 것이다.[69] 여기서 루터의 주된 관심사는 신학적 용법이다. 이 용법은 인간이 법을 준수하는 행위를 통해 자신의 의를 성취할 수 없을 뿐만 아니라, 애당초 하나님께서 원하시는 방식으로 법을 준수할 수 없는 철저히 무력한 존재임을 드러낸다.

이처럼 "법의 본연의 그리고 절대적 용법"인 신학적 용법에서 법은 아주 강력한 쇠망치처럼 죄인이 완전히 자포자기하는 한계점에 이를 때까지, "그릇된 확신, 지혜, 의, 그리고 힘을 가지고 있는 이 야수[죄인]를 부수고, 멍들게 하고, 분쇄하고, 그리고 완패"시키는 역할을 한다.[70] 루터는 당시 많은 그리스도인이 법에 대한 설교를 들으면 양심상 부담스럽다고 투덜대면서 그런 설교를 못하게 하고 계속 죄를 짓는데, 그들의 비위를 맞추기 위해 이런 설교를 중단해서는 안 된다고 호소한다.[71]

루터가 이처럼 양심의 판단 근거가 하나님의 말씀이어야 함을 강조할 때 또 한 가지 주목할 사항이 있다. 그것은 만약 양심의 판단 근거가 양심 밖에 존재한다면, 양심이 그 근거에 순복하기 위해서는 특별한 외적 작용이 있어야 한다는 점이다. 왜냐하면 모든 사람이 양심을 가지고 있기는 하지만, 하나님께서 인간을 죄인이라 부르실 때 모두가 자신이 죄인이라는 하나님의 심판을 수긍하지는 않기 때문이다. 양심 자체는 이런 깨달음을 얻지 못한다. 성령께서 내적으로 양심을 움직여 하나님의 말씀이 진리라는 사실을 인정할 수 있게 하셔야 한다.

이때 작용하는 것이 바로 믿음이다. "믿음은 절대적으로 [하나님의] 말씀만" 가지고 있어야 하며 인간적인 생각을 추가로 허용해서는 안 된다. 왜냐하면 인간의 지혜와 이성은 보고 느끼는 것이나 오감을 통해 파악하는 것에 따라 판단하고 결론을 내리기 때문이다. "믿음은 그런 느낌과 이해"를 넘어서고, "[하나님의] 말씀에 매달려야" 한다. 이성과 인간의 능력은 믿음이 이렇게 하지 못하게 막는다. 이것은 성령께서 인간의 가슴 안에서 하시는 일이다.[72] 그래서 성령께 내가 죄인임을 분명히 깨닫게 해달라고 간청해야 한다.

루터에 의하면 이처럼 "본성 전체"가 "죄로 으깨지고" 몇몇 선행으로 쌓은 '나의 의'는 아무것도 아니며 의로운 하나님의 심판 앞에서 내세울 게 전혀 없음을 인식할 때 양심은 절망한다.[73] 그런데 양심이 하나님의 처벌을 두려워하고 "이런 두려움 속에서 마음이 법의 망치와 하나님의 심판에 의해 뭉개졌을 때, 이때가 바로 이런 신적 지혜를 붙잡을 장소요, 때요, 기회"다.[74] 왜냐하면 존재 자체가 죄인이라는 사실을 인식하고 회개하고 겸허한 자세를 취하는 자를 하나님께서는 절대 버리지 않으시기 때문이다. 죄인이 하나님 앞에 무릎을 꿇을 때, 법은 신학적 용법에 관한 한 할 일을 다 했다. 이제 복음으로서의 하나님의 말씀을 통해 "자비의 빛"이 비친다.[75] 그리고 그리스도께서 마음속에 들어오신다.[76] 이분 그리스도께서는 우리의 "생명"이시다.[77]

복음은 양심에 하나님의 자비로운 심판을 선포한다. 그것은 그리스도를 통한 하나님의 구원 약속과 그리스도를 믿는 믿음 때문에 죄가 용서되고, 죄인이 의인이 되고, 하나님과 화해되었다는 선포다. 그래서 복음, 즉 기쁘고 좋은 소식이다. 이로 인해 양심은 영적 자유와 평안과 위로를 누리며 기뻐할 수 있다. 이것이 바로 영적 부흥이다. 이는 "몹시 슬퍼하는 양심에 죄의 용서가 선포될 때"마다 일어난다. 이것은 성부 하나님의 자비로서, 다름 아닌 우리에게 주어진 그리스도다.[78]

하나님의 자비는 특히 그리스도와 죄인 간의 "즐거운 교환(der fröhliche Wechsel)"을 통해 경험된다.[79] 루터는 "믿음 그 자체 안에 그리스도가 현존합니다(in ipsa fide Christus adest)."라고 말한다.[80] 따라서 우리는 믿음으로 그리스도와 연합한다. 그때 죄를 포함해 우리의 모든 것은 그분 것이 되고, 의를 포함해 그분의 모든 것은 우리 것이 되는 즐거운 교환이 일어난다. 이것이 죄인이 의인이 되는 유일한 길이다. 그렇기에 "내 눈앞에 십자가에 못 박히고 부활하신 그리스도 외에는 아무것도 남아 있지 않도록 그리스도와 나의 양심은 한 몸이 되어야 합니다."[81] 이것이 바로 영적 부흥의 원리다.

2) 영적 부흥에 관한 설교의 예

영적 부흥에 대한 루터의 이러한 가르침은 시편 23편을 다루는 한 설교에도 잘 나타난다. 다윗은 사망의 음침한 골짜기를 지나가고 있고, 원수로 인해 고통 받고 있다. 그의 영혼은 참으로 짓눌려 있고 죽음과 같은 상태에 있다. 그런데도 다윗은 여호와로 인해 부족함이 없다고 노래한다(1절). 여호와께서 다윗을 푸른 풀밭과 신선한 물로 이끄시고(2절),

이를 통해 다윗의 영혼을 강하게 하시고 소생케 하시기(restore) 때문이다. 루터는 영혼을 소생시키는 이 푸른 풀밭과 신선한 물을 하나님의 말씀으로 본다. 그러면서 강조하기를, 하나님께는 율법과 복음이라는 두 형태의 말씀이 있는데, 다윗이 "내 영혼을 소생시키시고"(3절)라고 찬양할 때 그것은 율법이 아닌 복음이라고 말한다. 율법은 영혼을 소생시킬 수 없기 때문이다.

명령의 말씀인 율법은 준수하지 않는 자를 벌주고 저주 아래 있다고 선언한다(갈 3:10; 신 27:26). 하지만 복음은 복된 말씀이다. 복음은 명령하고 요구하지 않는다. 복음은 하나님께서 죄인인 우리를 위해 독생자까지 주셨고, 자신의 목숨까지 내어주신 그 독생자는 바로 우리의 선한 목자이심을 선포한다. 그 복음의 핵심은 이와 같다. "그분께서는 굶주리고 흩어진 양인 우리를 찾으실 것이고, 죄와 영원한 죽음과 악마의 권세에서 구원하려고 우리를 위해 그분의 생명을 주실 것입니다." 이것이 바로 영혼을 소생시키는 푸른 풀밭이고 신선한 물이다.[82] 이로 인해 우리는 양심의 가책과 침울함, 영혼의 쇠잔과 죽음과 같은 상태에서 벗어날 수 있다.

"주께서 나와 함께 하심"(4절)도 하나님의 말씀이 가능케 하는 일이다. 인간은 오감으로 주님의 현존을 파악할 수 없다. 하지만 "믿음은 그것을 보고, 우리가 우리 자신에게 가까이 있는 것보다 주님께서 우리에게 더 가까이 계심을 확실히 믿습니다. 어떻게? 그분의 말씀을 통해." 다윗이 "주의 지팡이와 막대기가 나를 안위하시나이다"(4절)라고 말할 때 그 의미는 이와 같다.

내가 온갖 염려와 고통 가운데 있을 때 나를 만족시키기 위해 도와줄 수 있는 어떤 것도 이 땅에서 찾지 못합니다. 하지만 주님의 말씀이 나의 막대기와 지팡이입니다. 나는 그 말씀에 매달릴 것이고, 그 말씀으로 나는 다시 일어날 것입니다. 나는 또한 확실히 배울 것입니다. 주님께서 나와 함께 계시고, 모든 불행과 시험 가운데 이 말씀으로 나에게 힘을 주시고 나를 위로하실 뿐만 아니라, 악마와 세상의 뜻과는 반대로 모든 원수로부터 나를 구하십니다.[83]

그리스도께서 죄인을 구원하기 위해 세상에 오셨다는 것(딤전 1:15)과 그분께서 죄인을 위해 목숨을 내어줌으로써 이 구원을 이루셨다는 것을 믿는 자는 멸망하지 않고 영생을 얻을 것이다(요 3:16). 이것이 바로 다윗이 말하는 막대기와 지팡이다. 이로 인해 영혼은 평안과 위로와 기쁨을 얻는다. 그러므로 "영적인 목양에서는, 즉 그리스도의 나라에서는" 그리스도의 양들에게 복음을 선포해야 한다. "왜냐하면 복음을 통해 그리스도의 양은 믿음에 힘을, 마음에 평안을, 오만가지 염려와 죽음의 위험에서 위로를 얻기 때문입니다."[84] 이 설명에서 루터가 "영적인 목양"을 "그리스도의 나라"와 동일시한 것은 주목할 만하다.

다윗은 여기서 어떤 인간의 도움, 보호, 위로를 나열하지 않는다. 칼을 뽑아 들지도 않는다. 모든 것은 감추어지고 신비로운 방식으로 말씀을 통해 이루어진다. 그래서 루터는 믿는 자들 말고는 아무도 이런 보호와 위로를 깨닫지 못한다고 설명한다. 그리고 이렇게 덧붙인다.

다윗은 모든 그리스도인에게 공통된 원칙을 제시합니다. 이것은 잘 주목할 가치가 있습니다. 이것 말고 온갖 종류의 시험과 유혹을 제거할 수 있는 다른 방법이나 조언은 지상에 없습니다. 오로지 하나님께 모든 염려를 맡기고, 그분께서 주시는 은혜의 말씀을 붙잡고, 그것에 단단히 매달리고, 어떤 방법으로도 그것을 빼앗기지 않도록 하는 것뿐입니다. 그렇게 하는 사람은 누구든 만족할 수 있습니다. 그가 성공하든 실패하든, 살든 죽든 그건 상관없습니다. 결국 그는 모든 악마, 세상, 그리고 악에 맞서 싸울 수 있고 반드시 성공할 것입니다.[85]

이처럼 말씀의 선포와 성례의 집례를 통해 하나님께서는 사람들을 믿음으로 이끄시고, 믿음 안에서 강해지게 하시고, 순수한 교리 안에서 지키시고, 악마와 세상의 모든 공격을 견딜 수 있게 하신다. "말씀과 성례라는 수단이 없으면 우리는 이 중 아무것도 얻을 수 없습니다. 창세 이래로 하나님께서는 그분의 말씀을 통해 모든 성도를 다루셨고, 또한 그들에게 외적인 은혜의 표징을 주셨기 때문입니다."[86] 이처럼 루터는 영적 부흥을 위해 말씀과 성례의 중요성을 피력한다.

또한 다윗은 "내 원수의 목전에서 내 앞에 상을 차려 주시고"(5절)라는 고백을 통해서도 말씀의 위대하고 놀라운 힘을 알려준다. 루터는 다윗이 이렇게 말하는 것과 같다고 풀이한다.

주님께서는 주님의 소중한 말씀에 대한 무한한 지식으로 저를 너무나 압도하셔서, 이 말씀을 통해 저는 내적으로 마음속에 풍성한 위로를 얻습니다. 저의 죄책감, 죄, 두려움, 죽음의 공포, 하나님의 진노와 심판에도 불구하고 말입니다. 그뿐만 아니라 이 말씀을 통해 저는 외적으로도 너무나 용감한 무적의 영웅이 되어 어떤 적도 저를 이길 수 없습니다. 그들이 저를 향해 더 격노하고 미쳐 날뛰고 광기를 부릴수록 저는 그들에 대해 덜 걱정합니다. 대신 저는 안전하고 행복하고 쾌활합니다. 이는 오직 제게 주님의 말씀이 있기에 그렇습니다.[87]

그리스도인은 말씀으로 "악마, 세상, 육, 죄, 양심, 죽음에 대해 승리를 거둡니다." 말씀을 붙들고, 믿음 안에서 그것에 단단히 매달릴 때 이 끔찍한 적들을 정복할 수 있다.[88] 이 구절에서 다윗은 영적인 능력, 기쁨, 취함, 즉 하나님의 능력(롬 1:16), 성령 안에서의 기쁨(롬 14:17), 포도주가 아닌 성령으로 충만한 복된 취함(엡 5:18)에 관해 이야기하고 있다. 이것이 바로 하나님께서 악마와 세상에 대항해 그리스도인들을 무장시키시는 갑옷과 무기다. 하나님께서는 말씀을 그들의 입에 넣어 주시고, 용기, 즉 성령을 마음에 넣어 주신다. 그들은 그 무기로 적을 공격하고 정복한다. 오순절의 사도들이 바로 그런 용사였다(행 2:1 ff.). 이런 능력, 기쁨, 행복한 취함은 그리스도인들이 번영하고 평안을 누릴 때만이 아니라 고통 받고 죽을 때도 나타난다.[89]

루터는 자신이 영적으로 쇠잔해지고 죽음의 상태에 이르는 환란의 시기에, 이와 같은 방식으로 하나님께 모든 염려를 맡겼을 때 하나님의 은혜가 자신을 지켜주었음을 고백한다. 그러면서 모든 그리스도인이 "이 기술"을 철저히 배워야 한다고 역설한다. 그것은 음울하거나 불행한 상황에 놓일 때 "이 지팡이와 막대기에 매달리고, 이 [차려 주신] 상으로 나아가는 기술입니다. 그러면 그는 분명히 자신을 걱정하게 만드는 모든 것에 대해 힘과 위로를 얻을 것입니다."[90] 그래서 루터는 이렇게 외친다. 하나님의 말씀과 약속에 매달리라. 우리의 눈이 보고 가슴이 느끼는 것에 따라 판단하지 말라. 우리의 선한 목자께서 하시는 말씀을 듣고 그 말씀에 따라 판단하라. 그러면 우리는 승리한 것이다.

이것이 바로 다윗이 행한 바다. 다윗은 사망의 음침한 골짜기를 지나가고 있다. 그의 인생사와 다른 시편에서 볼 수 있듯이 역경에 처해 있고 비탄에 젖어 있다. 그런데도 단호히 이렇게 외친다. "비록 저의 시험이 더 많고 크며, 저의 운이 더 나빠도, 설령 제가 이미 사망의 문턱에 서 있다 해도, 여전히 저는 어떤 해악도 두려워하지 않을 것입니다. 제가 저의 돌봄, 노력, 일, 또는 도움을 통해 저 자신을 도울 수 있기 때문이 아닙니다. 저는 저의 지혜, 경건, 왕권이나 부에 의존하지도 않습니다. 여기서 모든 인간의 도움, 조언, 위로, 힘은 너무 연약합니다. 하지만 주님께서 저와 함께 계신다는 것이 제게 도움이 됩니다."[91]

루터는 인생에서 이러한 영적 부흥이 매 순간 필요함을 강조한다. 다윗도 다른 성인들도 고난과 고통 가운데 항상 하나님을 온전히 신뢰하고 영원한 기쁨을 누리고 인내했던 것은 아니다. 바울도 확신에 차 있다가도 때로는 마치 그가 지상에서 가장 약하고 가장 큰 죄인인 듯 말한다. "육체의 소욕은 성령을 거스르고 성령은 육체를 거스르나니 이둘이 서로 대적함으로 너희가 원하는 것을 하지 못하게 하려 함이니라"(갈 5:17). 따라서 우리는 연약하고 마음이 약해졌어도 쉽게 절망하지 말고, 말씀과 함께 머물고, 그리스도에 대한 믿음과 지식 안에서 자라도록 부지런히 기도해야 한다.[92]

이처럼 사탄이 내적으로는 공포로 외적으로는 거짓 선생들의 계략과 폭군의 권력으로 신자들을 끈질기게 괴롭히기에 다윗은 시편 23편

말미에서 하나님께 자신을 끝까지 지켜주시기를 간청한다.[93] 그리고 자신의 예를 통해 모든 신자가 잘난 체하거나 교만하거나 주제넘지 말고, 하나님께서 그들에게 주신 보물을 잃지 않도록 두려워하며 기도하라고 권고한다. 이런 진지한 권고는 부지런히 기도하도록 우리를 분발시키고 각성시킨다. 참으로 하나님의 선물을 많이 받은 다윗은 하나님의 축복을 계속 소유할 수 있기 위해 끊임없이 간절히 기도했다.

루터는 다윗의 이런 모습을 부각하면서, 다윗에 비하면 아무것도 아닌 존재와 같은 우리는 더욱 깨어 정신을 차리고 전심으로 부지런히 기도해야 한다고 권한다. 게다가 세상의 종말에 살고 있기에 더욱더 그래야 한다고 호소한다. 그래서 평생 주님의 집에 거할 수 있도록, 즉 하나님의 말씀을 듣고, 그 말씀을 통해 많은 종류의 축복과 열매를 받고, 그 안에서 끝까지 견딜 수 있도록 말이다.[94]

3) 영적 부흥을 위한 참된 설교자와 회중의 자세

시편 23편을 설교하면서 루터는 영혼을 소생시키는 "영적인 목자", 즉 영혼을 부흥하게 하는 참된 설교자에 대해서도 언급한다. 그리고 영적 부흥을 위해 설교자가 하나님의 복음을 올바르고 순수하게 선포하는 일의 중요성을 강조한다.[95] 복음을 설교하는 자는 영적인 목자의 직분을 올바로 수행하고, 푸른 초장에서 그리스도의 양을 먹이고, 신선한 물로 인도하고, 영혼을 소생시키고, 그릇된 길로 가지 않도록 지키고, 그리스도의 막대기와 지팡이로 위로한다. 여기서 루터는 복음 이외의 다른 것을 설교하고 사람들을 행위와 공로와 스스로 정한 거룩함으로 인도하는 자가, 사도를 따르는 자라 자칭하고, 교회의 이름과 칭호로

장식하고, 심지어 죽은 자를 살릴 수도 있음을 인정한다. 하지만 루터는 이렇게 덧붙인다. 그런 자는 "사실상 그리스도의 양 떼를 소중히 다루지 않고, 흩어지게 하고, 고문하고, 영적으로뿐만 아니라 육체적으로도 도살하는 끔찍한 늑대이자 살인자입니다."[96]

루터는 아이슬레벤(Eisleben)에서 행한 생애 마지막 설교에서도 참으로 영혼을 소생시키는 설교자에 대해 다룬다. 설교 본문은 마태복음 11:25-30이다. 올바른 설교자는 "하나님의 아들 외에는 다른 어떤 것도 설교하거나 가르쳐서는 안 됩니다. 그분에 대해서만 [하나님께서는] 이렇게 말씀하셨습니다. '이는 내 사랑하는 아들이라. 그의 말을 들으라.'[마 17:5]" 참된 설교자는 오직 하나님의 말씀만 부지런히, 충실히 가르치고, 그분의 명예와 칭송만 추구해야 한다. 이 점을 강조하면서 루터는 동시에 회중이 취해야 할 올바른 자세도 제시한다. "마찬가지로 듣는 자들도 이렇게 말해야 합니다. 나는 나의 목사님을 믿는 것이 아니다. 나의 목사님은 나에게 다른 주(主)에 관해 말한다. 그분의 이름은 그리스도다. 목사님은 나에게 그리스도를 보여준다. 나는 목사님이 참된 스승이며 주인인 하나님의 아들에게 나를 이끄는 한은 목사님의 말을 들을 것이다."[97] 그리고 회중은 선포된 하나님의 말씀을 어린아이와 같이, 단순한 자들과 같이 듣고 받아들여야 한다.[98]

하나님의 말씀에 자신의 이성, 지혜, 자기애에 따라 해석을 갖다 붙이면 참된 교리는 곧 사라진다. 아무리 설교자가 기꺼이 설교하고, 회중이 기꺼이 들어도 말이다. 그러면 결과적으로 그리스도가 사라진다.[99] 그리스도가 없으면 그 말씀은 영혼을 부흥케 하는 게 아니라 오히려 영혼을 오도하고, 좌절케 하고, 억압한다. 그래서 루터는 순수한 복음을

선포하고 가르칠 수 있는 설교자요 교사를 보내 달라고 하나님께 전심으로 기도해야 한다고 권한다.[100]

4) 영적 부흥의 열매

루터는 "그리스도를 믿는 믿음은 곧 사랑을 낳는다."라고 했다.[101] 그러면서 "그리스도인의 주요 특성들, 즉 그리스도인의 전 삶과 존재는 믿음과 사랑"이라고 가르친 루터는 영적으로 부흥한 그리스도인에게서는 반드시 그에 합당한 열매가 맺히기 마련임을 강조한다.[102] 그리스도를 믿는 믿음을 통해 얻은 "참된 그리스도교적 자유"는 "기쁜 마음으로 이웃을 섬기는 것을 요구"하고,[103] 믿음으로 양심에 영적인 자유를 얻게 되면 "이웃에 대한 사랑이 따른다."[104] "그리스도께서 그들을 도우셨듯이 그들이 가지고 있는 모든 것을 가지고 이웃을 섬기고 돕는다."[105] 따라서 루터는 "믿음의 증거"인 이런 이웃 사랑과 섬김이 없으면 그 사람의 믿음은 진정한 믿음이 아닌, 죽은 믿음이요 가짜 믿음이라고 단언한다.[106]

영적인 부흥을 경험한 그리스도인은 자신 안에 거하는 그리스도로 말미암아 자발적으로 하나님의 계명을 지킨다. 이에 관해 루터는 법과 전통에서 양심이 자유롭게 된 것을, 곧 양심이 하나님의 계명을 지킬 필요가 없게 되었음을 의미하는 것으로 오해해서는 안 된다고 강력히 경고한다. "하나님의 계명에 관한 한 사람은 자유롭지 않다. 그는 하나님의 목소리에 순종해야 한다. … 그의 자유는 예를 들어 외적 행위처럼 하나님께서 전혀 명령하지 않으신 것들과 관련되어 있다."[107] 이런 면에서 인간이 만들어 놓은 법과 관습에서 양심이 자유롭게 되는 것의 긍정적인 결과는 하나님의 계명과 말씀에만 양심을 묶어 놓는다는 점이다. 왜냐하면 하나님께서는 그리스도인에게 영적인 자유를 가지고 자발적으로 하나님의 말씀을 따르고 순종하기를 요구하시기 때문이다.

또한 영적인 부흥을 경험한 그리스도인은 자신의 소명과 관련해서도 다른 태도를 보인다. 인간은 외적으로 가장 거룩해 보이는 것이 하나님을 가장 기쁘게 해 드리리라고 생각하고 그런 행위를 선택하는 오류를 범한다. 그리고 평범한 일은 깔보고 업신여긴다. 하지만 하나님의 말씀에 따른 행위라면 그런 일이야말로 정말 하나님을 기쁘시게 한다. 십자가 신학이 알려주듯 세상의 눈에 하찮고, 범상하고, 경멸할 만한 일일지라도, 하나님께서 명령하신 바이기에 하나님께서는 이런 행위를 기뻐하신다. "우리는 행위 자체의 외관, 규모, 또는 숫자에서가 아니라 하나님의 계명에서 선행을 알아보는 법을 배워야 한다."[108]

그러므로 그리스도인은 그의 삶의 위치와 모습이 세상 사람들의 눈에 어떻게 비치든 그것이 하나님께서 명령하신 자리라면 하나님을 기쁘시게 한다고 확신할 수 있다. "오직 믿는 자들만이 그리스도인이 하는 일의 가치와 중요성을 이해한다. 믿음과 [하나님의] 말씀이 그들의 일을 중요하게 만들고 그 일에 가장 큰 가치를 부여한다. 왜냐하면 하나님께서 직접, 그리고 성령께서 그 일들을 하는 그리스도인 안에 계시기 때문이다."[109]

맺음말

영적 부흥에 대한 루터의 가르침은 가장 먼저 영혼을 쇠잔하게 하고 죽음과 같은 상태로 끌어내리는 사탄과 악과 죄와 사망의 권세와 지배로부터의 해방이 필요함을 알려준다. 이러한 해방을 가능케 하신 분은 삼위일체 하나님이시다. 예수 그리스도께서는 죽음과 부활을 통해 사탄과 악과 죄와 사망의 권세를 이기시고 하나님의 나라, 그리스도의 나라를 세우셨다. 이 나라의 통치자인 예수 그리스도께서는 선한 목자로서 그분의 백성을 영적으로 목양하신다. 적의 공격을 받으며 죽을 것 같은 상황에 놓인 자가 다시 살 수 있는 길은, 적의 공격이 없거나 적의 공격을 막을 수 있는 강력한 방어체계가 갖춰진 곳으로 피신하는 것이다. 이 세상에서 사탄과 악과 죄와 사망의 공격을 받으면서 영혼이 쇠잔해지고 죽음과 같은 상태에 처하지만, 이 모든 것을 이긴 그리스도께서 세우신 나라로 피신할 때, 왕으로 통치하시는 그리스도께서 방어하고 돌보아 주시는 환경에 거할 때 우리는 영적으로 다시 살 수 있다.

이러한 영적 부흥의 원리를 요약하면 다음과 같다. 그리스도께서는 말씀을 통해 그분의 나라를 세우시고, 우리는 말씀을 들음으로써 믿음을 갖게 되고, 믿음은 우리를 그리스도와 연합하게 하며 그분 나라의 백성이 되게 한다. 그리스도께서는 성령을 통해 우리를 통치하시며 보살피시고, 성령께서는 우리의 영혼과 영과 몸 전체가 "영"에 속한 존재가 되게 변화시키신다. 이처럼 주님의 나라에서 "주께서 나와 함께 하시니"(시 23:4) 사망의 음침한 골짜기를 지날지라도, 원수로 인해 환란을 당할지라도, 그리스도인은 다윗과 같이 "내게 부족함이 없으리로다"(시

23:1)라는 고백을 하고, "[여호와 하나님께서] 내 영혼을 소생시키시고"(시 23:3)라는 찬양을 할 수 있다.

그래서 루터는 영적 부흥을 위해서는 그리스도께서 나를 사랑하사 목숨까지 내놓으시고 나의 구원을 이루셨다는 하나님의 말씀을 끊임없이 되뇌고 이 복음에 단단히 매달려야 한다고 거듭 강조한다. 그리고 영적 부흥을 위한 설교자는 그리스도께서 죄인을 구원하기 위해 세상에 오셨고 죄인을 위해 목숨을 내어줌으로써 구원을 이루셨다는 이 복음의 말씀 외에 다른 것을 선포해서는 안 되며, 말씀을 듣는 회중은 설교자가 아닌 설교자가 선포하는 그리스도께만 집중해야 한다고 역설한다. 이것이 참된 영적 부흥의 관건이기 때문이다.

영적 부흥에 대한 루터의 가르침에는 다양한 차원에서의 '회복ㆍ복원ㆍ반환(restoration)'을 위한 노력이 포함되어 있다. 그것은 바로 하나님을 하나님 되게 하고자 그분께 통치자의 자리를 다시 찾아드리고, 그리스도께 교회의 머리 자리를 다시 찾아드리고, 인간의 공로가 아닌 그리스도의 공로만으로 구원받음을 고백하면서 그분의 구세주 칭호를 다시 찾아드리고, 성령께 모든 사역의 주체가 되는 위상을 다시 찾아드리려는 노력이다. 또한 성경의 권위를 회복하고, 성례의 바른 집례를 회복하고, 성도의 교제(communio sanctorum)로서의 교회의 정체성을 회복하고, 교황과 그의 측근이 인간적으로 고안한 법과 규정과 관행으로 억압한 영혼과 양심을 해방함으로써 그리스도인의 자유를 회복하고, 하나님의 말씀인 복음의 순수성을 회복하고, 성경이 가르치는 믿음과 사랑을 회복하려는 노력이다.

이를 통해 당시 개개인뿐만 아니라 집단과 공동체가 영적으로 부흥했고, 결과적으로 이러한 영적 부흥은 유럽 교회는 물론이거니와 삶의 영역 전반에 걸쳐 대대적인 개혁과 갱신으로 이어졌다. 그리고 그것은 인류 역사에 한 획을 긋는 거대한 운동이 되었다. 루터의 프로테스탄트 개혁은, 참된 영적 부흥은 반드시 열매를 맺게 마련이라는 루터의 가르침을 실증하는 좋은 예다.

이와 함께 영적 부흥에 대한 루터의 가르침에는 '회개, 돌아섬'을 향한 강력한 명령이 포함되어 있다. 영적 부흥을 위해서는 그리스도와 연합해야 하고, 성령의 임재를 통해 그리스도께서 말씀으로 그리스도의 나라를 세우실 때 그 나라 안으로 들어가야 한다. 이를 위해 예수 그리스도께서는 회개하라고 명령하셨다. 회개는 영적 전쟁에서 사탄의 통치를 받고 있음을 깨닫고, 이러한 영적 각성을 통해 사탄의 통치에서 즉각 하나님의 통치로 완전히 돌아서서 단단히 매달리는 것을 의미한다. 또한 회개는 '나' 대신 '그리스도'께서 내 안에 거하시게 하는 것이기도 하다. 따라서 나의 죄로 인해 영적으로 쇠잔하거나 죽음과 같은 상태에 빠져 있든, 원치 않거나 예측하지 못한 상황으로 인해 그렇든, 영적 각성을 통한 확실한 회개가 필요하다. 루터는 이러한 회개가 살아가는 동안 계속되어야 함을 강조한다. 이런 의미에서 영적 죽음과 부활을 경험하는 세례는 평생 단 한 번 받지만, 세례를 통한 영적 죽음과 부활의 경험은 평생 거듭되어야 한다.

이처럼 영적 부흥에 대한 루터의 가르침을 재구성해 보고, 실제로 16세기에 역사적으로 어떤 일이 있었는지를 고려해 볼 때, 현재 일반적으로 우리 머릿속에 있는 '부흥' 개념을 되짚어볼 필요를 느낀다. 부흥은 인간이 기획하고 성취할 수 있는 일이 아니다. 부흥은 전적으로 삼위일체 하나님께서 주권적으로 이루시는 일이다. 우리의 역할로서 설교자는 순수한 복음을 선포하고, 듣는 자는 설교자가 제시하는 그리스도께 온 정신을 집중해야 한다. 부흥은 군중집회를 통해 일어날 수도 있지만, 혼자 성경 말씀을 묵상하거나 기도할 때 또는 일상생활을 하는 도중에도 성령의 주도로 일어날 수 있다. 부흥은 종교적 감상주의와 열광주의와 무관하다. 부흥은 일시적인 카타르시스 경험이 아니다. 잠시 감정이 고조되었다가 그 흥분이 확 가라앉는 것이 아니다. 영적 부흥은 평생 지속해서 필요하다. 수적, 양적 팽창이나 세의 확장은 부흥의 본질이 아니다. 하나님께서 숫자를 더하셨다는 오순절 사건 기록이 명시하듯이, 양적 성장은 분명히 하나님께서 행하신 참된 영적 부흥의 결과다.

현재 개별적인 그리스도인은 물론이거니와 한국 교회와 사회도 참된 영적 부흥이 절실한 상태다. 다양한 도전에 직면한 교회 현실과 함께 '헬조선', 'N포세대', '이생망', '자살률 1위', '저출산 1위', '무차별 폭행과 살인', '입시 경쟁', '은둔형 외톨이', '고독사', '경제 위기', '코로나 19' 등 음울한 단어가 꼬리에 꼬리를 물고 우리 영혼을 잠식하고 있다. 우리 주변의 수많은 요인이 영혼을 피폐하고 쇠잔하게 만들고, 죽음과 같은 상태로 끌어내리고 있다. 이러한 시대에 영혼의 참된 부흥을 위해 영적 부흥에 관한 루터의 가르침은 귀한 통찰과 많은 시사점을 제공한다.

미주

1 이석우 외, 『서양문화사 강의』(서울: 형설출판사, 2005), 168쪽. 바사리는 이 책을 1550년에 2권으로, 1568년에 3권으로 내놓았다. 현재 널리 사용되는 판은 1568년에 나온 것이다. 우리말 번역서로는 다음의 책이 있다. 조르조 바사리, 『르네상스 미술가 평전』 1-6권(이근배 역, 한길사, 2018-2019).

2 Jan Lindhardt, *Martin Luther: Knowledge and Mediation in the Renaissance* (Lewiston, NY: Edwin Mellen Press, 1986), pp. 3-4.

3 성경도 마찬가지다. 예를 들어 영어 번역에는 'revival'은 나오지 않고(RSV), 'revive' 는 열 군데 정도 나온다(RSV). 표준새번역, 쉬운말 성경, 현대인의 성경 등을 보면 '부 흥' 또는 '부흥하다'라는 단어는 아예 나오지 않는다. 그나마 개역개정을 보면 하박국 3:2에 '부흥하다'가 딱 한 번 나오는데, 영어 성경에 사용된 단어는 'revive'(NRSV) 또 는 'renew'(RSV)다. 시편 69:32, 71:20, 85:6, 119:25, 이사야 57:15에 사용된 'revive' 는 '소생하게 하다', '다시 살리다', '살아나게 하다'로 번역되었다. 시편 23:3에 나오는 '소생시키다'는 'restore'의 번역이다. 이 같은 상황을 놓고 볼 때 한국어 성경에서 '부 흥' 또는 '부흥하다'라는 단어를 찾을 수 없으니 '부흥'은 성경적 개념이나 가르침이 아니라고 말해서는 안 될 것이다. 원어나 영어 성경과 같은 외국어 성경, 또는 동의어 를 찾아 '부흥'에 대한 성경적 개념과 가르침을 정립해야 할 것이다. 이를 다른 관점에 서 생각해 보면 'revival'을 왜 '부흥'으로 번역했는지도 살펴보면 좋을 것 같다.

4 *D. Martin Luthers Werke, Kritische Gesamtausgabe*, 73 vols., ed. J. F. K. Knaake et al. (Weimar: Hermann Böhlau, 1883-2009), 40/2:327(이후로는 WA 40/2:327과 같이 표기); *Luther's Works: The American edition*, 75 vols., ed. Jaroslav Pelikan, Helmut T. Lehmann, and Christopher Boyd Brown (St. Louis, MO: Concordia Publishing House, 1955 ff.; Philadelphia, PA: Fortress Press, 1955-1986), 12:310 (이후로는 LW 12:310과 같이 표기).

5 WA 40/2:328; LW 12:311-312.

6 WA 40/1:488; LW 26:314-315.

7 WA 40/2:333; LW 12:315.

8 WA 40/2:333; LW 12:314.

9   WA 12:331; LW 30:77.

10 믿음과 사랑에 대한 루터의 가르침을 위해서는 다음 글 참조, 김선영, 『믿음과 사랑의 신학자: 마르틴 루터』(서울: 대한기독교서회, 2014).

11 WA 51:123-124; LW 51:372.

12 WA 51:124; LW 51:372.

13 WA 42:583; LW 3:49.

14 이 부분은 필자의 다음 책에서 다룬 내용이다. 김선영, 『루터의 프로테스탄트 개혁: 신학·교회·사회 개혁』(서울: 대한기독교서회, 2019), 86~88, 100~102쪽.

15 WA 18:742; LW 33:227.

16 WA 18:782; LW 33:287.

17 WA 18:635; LW 33:65-66.

18 WA 7:683; LW 39:218, WA 18:211; LW 40:220, WA 2. 97-98; LW 42:40-41.

19 WA 18:774; LW 33:274.

20 WA 18:775; LW 33:275.

21 WA 51:269; LW 12:150.

22 WA 51:284-285; LW 12:167.

23 WA 45:219; LW 12:110.

24 WA 51:125; LW 51:373.

25 WA 45:231; LW 12:119.

26 WA 45:215; LW 12:106.

27 WA 14:646-647; LW 9:126.

28 WA 12:374; LW 30:119.

29 WA 44:430; LW 7:177.

30 WA 51:126; LW 51:374.

31 WA 51:127; LW 51:374.

32 WA 44:270; LW 6:361.

33 WA 44:430; LW 7:177.

34 WA 51:284-285; LW 12:167.

35 WA 51:286; LW 12:169.

36 WA 51:285; LW 12:167.

37 WA 51:285; LW 12:167.

38 WA 1:530; LW 31:83-84.

39 WA 43:175; LW 4:56, WA 40/1:490; LW 26:315.

40 WA 44:270; LW 6:362.

41 WA 1:530-531; LW 31:84.

42 WA 1:531; LW 31:84.

43 이 부분은 필자의 다음 책에서 다룬 내용이다. 김선영, 『루터의 프로테스탄트 개혁: 신학·교회·사회 개혁』(서울: 대한기독교서회, 2019), 258~260쪽.

44 WA 7:550; LW 21:303.

45 WA 7:550-551; LW 21:303-304.

46 WA 7:552-553; LW 21:305-306.

47 D. Martin Luthers Werke, Kritische Gesamtausgabe, Die Deutsche Bibel, 15 vols., ed. Paul Pietsch et al. (Weimar: Hermann Böhlau, 1906-1961), 7:13(이후로는 WA DB 7:13과 같이 표기); LW 35:371.

48 WA DB 7:13; LW 35:372.

49 WA 56:304; LW 25:291.

50 WA 7:49-73; LW 31:333-377.

51 WA 45:218-219; LW 12:109.

52 WA 45:210; LW 12:101-102.

53 WA 45:212; LW 12:103.

54 WA 45:213; LW 12:104.

55 WA 45:214; LW 12:105.

56 WA 45:216; LW 12:107.

57 WA 45:212; LW 12:103.

58 WA 45:213; LW 12:104.

59 WA 45:212; LW 12:103.

60 WA 45:218; LW 12:108.

61 WA 45:215; LW 12:105.

62 WA 40/2:304; LW 12:87.

63 WA 17/2:395; LW 51:129-130.

64 WA 17/2:395; LW 51:130.

65 이 부분은 필자의 다음 책에서 다룬 내용이다. 김선영,『루터의 프로테스탄트 개혁: 신학·교회·사회 개혁』(대한기독교서회, 2019), 43~53쪽.

66 WA 40/2:385; LW 12:351.

67 WA 40/2:385; LW 12:351.

68 WA 40/1:479; LW 26:308.

69 WA 40/1:485; LW 26:312-313.

70 WA 40/1:488; LW 26:314.

71 WA 43:34-35; LW 3:223.

72 WA 36:492; LW 28:69.

73 WA 40/2:327; LW 12:311.

74 WA 40/2:334; LW 12:316.

75 WA 40/2:335; LW 12:316.

76 WA DB 8:25; LW 35:244.

77 WA 45:217; LW 12:107.

78 WA 1:113; LW 51:20.

79 WA 40/1:443; LW 26:284.

80 WA 40/1:229; LW 26:129.

81 WA 40/1:282; LW 26:166.

82 WA 51:282-283; LW 12:164-165.

83 WA 51:286-287; LW 12:169.

84 WA 51:288; LW 12:171.

85 WA 51:287; LW 12:170.

86 WA 51:287; LW 12:170.

87 WA 51:289; LW 12:172.

88 WA 51:289-290; LW 12:173.

89 WA 51:292-293; LW 12:176-177.

90 WA 51:291-292; LW 12:175.

91 WA 51:285-286; LW 12:168.

92 WA 51:294; LW 12:178.

93　WA 51:294; LW 12:178.

94　WA 51:295; LW 12:179.

95　WA 51:268; LW 12:148.

96　WA 51:288; LW 12:171.

97　WA 51:191; LW 51:388.

98　WA 51:192; LW 51:389.

99　WA 51:130-131; LW 51:377.

100 WA 51:131; LW 51:378.

101 WA 25:37; LW 29:45.

102 WA 10/3:13; LW 51:75.

103 WA 12:332; LW 30:78.

104 WA 10/2:16; LW 36:241.

105 WA 12:332; LW 30:77.

106 WA 10/2:39; LW 36:264.

107 WA 42:512; LW 2:350.

108 WA 6:204; LW 44:23.

109 WA 43:615; LW 5:271.

이 죽을 육신을 벗고
천사처럼 될 때까지

: 장 칼뱅과 교회의 부흥

이정숙 교수

(햇불트리니티신학대학원대학교)

부흥은 쇠퇴하고 있는 것을 다시 일으켜 살리는 것이다. 부흥을 가리키는 영어 'revival'은 라틴어 *revivere*에서 온 말로, '다시 살다'라는 뜻이다. 여러 상황에서 사용될 수 있겠으나 이 단어는 교회와 연결하여 거의 독점적으로 사용되는 듯하다. 역사적으로는 20세기 이후의 교회에서 주로 사용된 용어이고, 1903년 이후에는 이 용어의 물결이 한국교회에도 긴밀하게 연결되어 있다.

과연 교회 부흥의 의미는 무엇일까? 개신교 교회에서 부흥은 교회의 확대, 팽창, 성장 등의 양적 개념으로, 혹은 프로그램이 많아지고 교회에 오가는 사람들의 발걸음이 분주해지는 동적 개념으로 생각된다. 이러한 개념은 2015년 종교인구 통계에서 개신교 인구의 증가와 함께 개신교가 한국 제1의 종교로 자리매김했다는 소식[1]으로 증명이 되는 듯했다. 그러나 이러한 양적개념의 성장이 과연 부흥을 의미할지는 여전히 의문의 여지가 있었다. 그리고 지난 오 년간 우리 사회와 국민 정서는 급변을 경험하고 있다. 그 대표적인 요소들이 경제성장과 놀이·여가콘텐츠의 증가, 종교인구의 감소, 전체 인구의 감소와 초고속 노령화, 팬데믹, 전통적 가치관에 대한 거부와 핵개인[2]의 등장, 그리고 개인주의적 사고와 행동의 증가 등이다.

이 중에서도 특별히 교회 생활에 큰 타격을 주었던 팬데믹은 기독교인들에게 교회는 무엇이며 진정한 신앙생활은 무엇인지를 가르쳐 주는 중간고사와 같은 역사적 역할을 했다. 팬데믹 이후 교회는 리셋을 외치고, 부흥을 부르짖는다. 그런데 우리가 매일 기도하고 예배드리는 교회에서 부흥의 실제적 의미는 무엇일까? 부흥에서 교회는 여전히 절대적으로 중요한가? 교회가, 또 성도들이 다시 살아난다는 부흥은 어떤 상태를 가리키는가?

16세기의 개신교 종교개혁자들은 도시, 지역, 도시국가, 국가를 중심으로 교회를 형성하고 개혁을 실천에 옮겼다. 당시 종교개혁자들은 가톨릭교회의 신학적 오류와 목회실천적 실패를 지적하고 자신들이 믿은 바 구원의 바른 교리를 다양한 방법으로 선포했다. 절대 다수의 종교개혁자들은 인문주의(Humanism)의 영향을 받았다. 인문주의자들은 원전에 집중하는 '근원으로 돌아가자(Ad fontes)'라는 새로운 연구방법론으로 기존의 신학과 지식에 도전했다. 이러한 방법론과 구텐베르크(Johannes Gutenberg)의 획기적인 출판 기술 혁명은 성경연구에서 큰 발전을 이루었다. 인문주의자들은 보다 손쉽게 성경을 원어로 읽게 되었고, 누구나 상대적으로 크게 저렴해진 보급가로 성경을 구입할 수 있게 되었다. 또한 종교개혁자들의 신학서적과 주석이 출판되었고 또한 번역되어 국내외 독자를 확보하게 되었다.

이러한 변화는 빠른 속도로 성경의 권위를 새롭게 세웠다. 또한 중세 가톨릭교회의 공식 성경이었던 '불가타(Vulgata) 성경'에 포함된 오역으로 왜곡되어 해석되던 일부 구절들이 바르게 해석되는 전기가 마련되었다. 정도의 차이는 있지만 마르틴 루터(Martin Luther)를 비롯한 대부분의 개신교 종교개혁자들에게 첫 번째 과제는 성경을 바르게 이해하는 것이었다. 더 나아가 그들의 사명은 원어 성경과 초대교부들의 해설을 참고하면서 예수 그리스도를 통해 우리에게 왔고 성경이 증언하고 있는 '복음'을 회복하고 가르치는 일이었다. 복음의 회복이야말로 하나님의 절대 은혜로 말미암아 믿음으로 의롭게 되는 인간 구원의 시작이요 완성이 된다. 이런 의미에서 개신교 운동은 '복음의 회복'이고 '복음을 통한 부흥'이다.

개신교 종교개혁자들의 성경에 근거한 교회개혁, 복음의 회복은 개혁자에 따라 또 지역에 따라 다르게 진행되었다. 16세기 후반에 시작되어 17세기를 거치며 개신교의 다양한 전통들은 각자의 신학과 목회실천에 따라 교리를 정립하고 교회의 체계를 갖추었다. 30년 전쟁의 결과로 유럽 대부분의 지역은 개신교에 대한 핍박을 멈추고 조금씩 다른 신학과 실천을 추구하는 다양한 개신교의 가능성을 인정하면서 종교적, 사회적 안정에 진입하였다. 그러나 '개혁된 교회는 항상 개혁되어야 한다(reformata semper reformanda)'라는 명제처럼 조직교회는 끊임없이 개혁되어야 한다. 만약 그렇지 않다면 교회는 영적 쇠퇴를 거듭하며 인간의 조직으로 남을 뿐이다.

비록 중세와 같은 기독교왕국(Christendom)은 아니었을지라도 17세기 이후에도 유럽의 교회는 양적으로는 크게 문제가 없었다. 그러나 영적 갱신, 복음의 회복이 절대적으로 필요했다. 중세 스콜라신학을 방불케 하는 지나친 교리 논쟁과 구태의연한 예배로 활기를 잃은 유럽의 교회에서 경건주의 운동과 영국의 청교도 운동, 감리교 운동은 교회의 부흥을 주도하였다. 또한 미국의 대각성 운동과 20세기 성령운동과 같은 부흥운동은 화석화되어 가던 개신교 교회들을 북돋우고 복음의 회복을 주도하였다.[3] 이러한 역사적 경험은 지금도 세속화의 확장에 맞서 싸우는 교회들로 하여금 여전히 부흥의 가능성을 꿈꾸게 만들고 크고 작은 수준에서 교회의 실제적인 부흥을 이끌어 가고 있다.

19세기부터 진행된 적극적인 세계선교 역시 서구 기독교 중심의 교회부흥을 전 세계적 현상으로 확장시키는 놀라운 기적을 이루었다. 20세기 후반부터 가속화된 세계화(globalization)와 초고속 정보통신 기술의 발전은 다양한 지역의 기독교 부흥과 핍박의 소식을 실시간으로 공유할 수 있도록 도와주고 있다. 그런데 우리가 접하는 부흥의 소식 대부분은 일차적으로 수적인 부흥이다. 건물이 있고 사람들이 모이고 세례교인의 숫자가 늘어나는 부흥이다. 사실 가시적인 조직된 교회만을 다룰 수 있는 인간들에게 숫자만큼 구체적이고 확실한 측정치는 없을지 모른다. 그러나 성경과 역사가 보여주는 성장은 분명히 그 이상을 의미한다. 바로 말씀의 성장(행 6:7)이요 복음의 성장이다.

복음은 생명력이 있어 스스로 성장한다. 복음을 이해하고 받아들이는 은혜를 입은 개개인들을 믿음의 길에 들어서게 해 준다. 이것이 온전한 의미에서 개인의 부흥과 교회의 부흥이다. 그리스도의 구속으로 다시 살아 하나님을 향하여 영과 진리로 예배를 드리며, 예배를 통하여 새로워진, 또한 충만해진 삶으로 이웃을 향하여 사랑을 베풀 수 있는 경건(*pietas*)과 사랑(*caritas*)이 공존하는 삶이야말로 진정한 그리스도인의 삶[4]이며, 나를 살리고 이웃을 살리는 진정한 부흥의 삶이다.

이 글은 이러한 부흥의 관점에서 칼뱅의 신학과 목회를 살핀다. 칼뱅은 제네바 교회 목회를 통하여 제네바와 인근 유럽 지역을 변화시키고 현재까지 개혁주의 전통의 교회에 신앙과 목회의 원형을 제공하고 있다. 그의 신학과 목회는 '바른 교회, 바른 성도 정립' 운동이라 할 만하다. 스코틀랜드의 개혁자인 존 녹스(John Knox)는 제네바에 망명하여 영어목회를 하였는데, 그는 그때의 경험을 바탕으로 제네바야말로 '그리스도의 완전한 학교'라고 칭송했다. 이러한 칭찬의 근거가 무엇인지 칼뱅의 신학에서 교회의 의미와 역할을 찾고, 더 나아가 제네바 교회의 목회실천에서 칼뱅이 어떻게 교회를 바르게 세우고 성도를 성도답게 하여 개인과 사회를 변화시키는 부흥을 주도하였는지 살펴보도록 하자.

1. 칼뱅 신학에서 교회의 의미와 역할

1) '외적 수단'이요 어머니가 되는 교회

『기독교 강요』 3권에서 칼뱅은 신자가 하나님의 예정의 뜻을 따라 성령의 도우심으로 예수 그리스도를 믿게 되어 중생을 경험하고, 예수 그리스도의 은혜의 온갖 혜택을 누리게 됨을 강조한다. 이어 4권을 우리가 그 은혜의 혜택을 지속적으로 누릴 수 있도록 하나님께서 '외적 수단(external means)'인 교회를 마련해 주셨다는 내용으로 시작한다. 왜 외적 수단으로 교회가 필요한가? 인간은 근본적으로 무지하고 게으르며 변덕이 많은 약한 존재이기 때문이다. 그래서 성령의 강권하심과 같은 내적 수단이 있지만 교회와 같은 외적 수단 또한 필요하다. 하나님께서는 교회를 통하여 우리가 이 땅에서 지속적으로 믿음을 크게 하며 구원이 완성되어 영원복락에 이를 그때까지 우리를 도우신다는 것이다.[5]

그러므로 교회는 구원받은 백성에게 선택의 대상이 아니라 필수적으로 받아야 할 도움이다. "죽을 육신을 벗고 천사처럼 될 때까지"[6] 교회가 필요하다. 교회의 절대적 필요성을 말하는 칼뱅은 주님께서 교회 안에 보물을 맡겨 두셨다고 말한다.[7] 현대 개신교 교인들 중에서는 이 말을 의아하게 받을 사람들이 있을 것이다. 교회란 도무지 말도 많고 탈도 많은 곳인데, 하나님께서 그분의 말씀인 성경에 보물을 두시면 되지 군이 교회에 보물을 맡기셨을까 하는 의문을 제기할 수 있다. 칼뱅 당시에도 교회의 무용성, 혹은 무교회주의를 주장하는 사람들은 있었다. 이에 대해 칼뱅은, "많은 사람들이 자만, 혐오, 경쟁심 등에 호도되어 개인적으로 말씀을 읽고 묵상하는 것만으로 충분히 유익을 얻는다고 하며 공적 집회를 싫어하고 설교를 불필요하다고 확신한다."[8]라고 이들을 비판하고 있다.

칼뱅에게 교회는 육신으로 인한 현실적 제한에 갇혀 연약하기 그지없는 신자들을 설교와 정기적인 성례전을 통하여 돕는 곳이다.[9] 이것은 하나님께서 당신을 우리 인간의 눈높이에 맞추어 주시는 놀라운 섭리의 결과인데, 이렇게 섭리하시는 하나님께서 아버지와 같다면 교회는

'어머니'와 같다. 교회는 모태에서 아이가 태어나듯 그리스도인이 태어나는 곳이며, 또 갓 태어난 아이들이 어머니의 젖과 돌봄을 통해 자라나는 것처럼 교회는 온갖 양분과 교육, 그리고 훈련을 제공하며 신자의 양육을 책임지는 곳이다.[10]

사실 교회를 필수로 하는 신앙은 사도신경을 통하여 고대교회로부터 명확하게 고백되었다. 개신교 종교개혁자들이 중세 가톨릭교회의 신학적, 목회적 잘못을 지적하고 나왔기 때문에 그들에게서 이와는 전혀 다른 종류의 교회론이나, 더 나아가 교회를 부정하는 상황을 기대할 수도 있다. 그러나 정치와 종교의 협력을 실천한 관료적 종교개혁자들(magisterial reformers)에게 교회는 중요했다. 칼뱅은 사도신경에 나타난 "우리는 교회를 믿습니다"[11]라는 고백을 그대로 고백하며, 여기서 '교회'는 가시적 교회와 함께 하나님께 선택된 모든 자들, 즉 비가시적 교회를 함께 지칭한다고 말한다.

비가시적 교회는 하나님의 선택을 받은 자들로, 어떤 사람들이 해당되는지는 오직 하나님께서만 아신다. 그러므로 우리는 지상의 교회, 즉 가시적인 교회를 다룰 때 누가 선택받은 자인지를 함부로 판단해서는 안 된다. 지상교회는 한 하나님을 모시고 교회의 머리가 되신 그리스도를 믿으며 주님께 받은 모든 혜택과 은사를 공유하는 성도의 교제가 일어나는 곳이어야 한다.[12]

2) 학교와 같은 교회

어머니가 되는 교회는 또한 '학교'와 같다고 칼뱅은 말한다. 이러한 비유는 새삼스러운 것이 아니라 구약성경을 통하여 이스라엘 백성에게 누누이 강조되었던 사실임을 또한 확인한다. 어머니가 되고 학교와 같은 역할을 하는 교회는 우리 인간의 연약함을 돌본다. 그러므로 우리는 이 "죽을 육신을 벗고 천사처럼 될 때까지" 교회의 학생이 되어 배우고 훈련을 받아야 한다.[13] 교회의 교육과 훈련 기능은 다른 종교개혁자들보다 칼뱅의 신학과 목회에서 더욱 강조되어 있고 이것이 경건의 주요 내용을 이룬다고 엘시 맥키(Elsie A. McKee)는 주장하는데, 이는 칼뱅의 제네바교회를 통하여, 그리고 칼뱅파 개혁교회(Calvinist Reformed Churches)에서 잘 증명된 바 있다.[14]

교회의 교육 기능은 전문 교육자들에 의해 이루어져야 했다. 교육기관이 절대적으로 부족했던 16세기 제네바 상황에서 칼뱅의 4중직 중 전문목회자에 해당하는 목사와 교사의 직분은 특별한 의미를 가질 수밖에 없다. 여기서 우리는 하나님께서 인간 구원이라는 당신의 사역을 위하여 참으로 부족하고 연약하기 그지없는 인간의 사역(human ministry)을 마다치 않고 기꺼이 사용하신다는 점에 주목해야 한다.

그분[하나님]께서는 고대 사람들을 천사들에게 맡기지 아니하시고 지상에서 교사들을 세우셔서 천사의 직분을 감당하게 하셨다. 또한 오늘날도 인간을 쓰셔서 우리를 가르치시는 것이 그분의 뜻이다. … 오늘날 가르치는 자들을 임명하셔서 우리가 말씀을 읽는 것에 주의를 기울일 뿐만 아니라 우리를 돕게 하신다. 이것은 이중으로 유익하다. 한편으로 그분께서는 우리가 마치 하나님께서 말씀하실 때처럼 당신의 사역자들의 말을 듣는지를 통해 우리의 순종을 시험하시는 것이다. 다른 한편으로는 우리의 연약함을 감안하셔서 천둥처럼 우리에게 직접 말씀하심으로 우리가 놀라 달아나지 않게 하시려고 우리에게 통역자[목사와 교사]들을 통하여 인간의 방식으로 말씀하셔서 우리가 하나님 당신께 이끌려 갈 수 있는 방법을 제공하시는 것이다.[15]

… 하나님께서 세우신 목사들에게 배우는 자세로 자신을 드리는 사람은 … 이러한 방법의 가르침이 … 하나님을 기쁘시게 하는 방법이며, 또한 좋은 이유에서 적당한 짐(yoke of moderation)이 신자들에게 주어졌음을 알게 될 것이다.[16]

… 그분께서는 인간의 사역을 사용하셔서 그들의 입을 통하여 당신의 뜻을 공개적으로 선포하신다. 이것은 일을 나누어 주시는 방식으로 그들에게 당신의 권리와 영광을 전가하시는 것이 아니고 그들의 입을 통하여 하나님께서 당신의 일을 하시는 것일 뿐이다. 마치 일하는 사람이 일을 하기 위해 자신의 도구를 사용하는 것처럼 말이다.[17]

칼뱅은 하나님께서 목사와 교사 같은 사역자를 사용하시는 이유는 그것이 우리가 하나님의 뜻을 알아듣기에 가장 좋은 방식이기 때문임을 강조했다. 즉 하나님께서는 인간의 능력에 맞추어 그분의 뜻을 친절하게 전달하시는 것이다. 또한 서로 섬기고 순종하게 하시는 것이다. 이 교육의 목적은 신자들이 '그리스도의 모임'에 지속적으로 머물러 자신이 받은 바 구원을 확인하고 그 혜택을 온전히 누리는 데 있다.

2. 칼뱅과 교회의 부흥

1) 교회다운 교회: '교회의 표지'

거대하고 막강했던 가톨릭교회와 대척점에 섰던 개신교 교회는 거짓교회와 참교회의 구분으로 자신들의 새로운 교회운동의 정당성을 확보하고자 하였다. 재세례파나 근원주의자들 역시 같은 논지로 기존의 개신교 종교개혁자들에게서 갈라져 나온 자신들의 정당성을 주장하였다. 이러한 배경에서 종교개혁자들은 참된 교회, 바른 교회를 정의하기 위해 '교회의 표지(Notae ecclesiae)'라는 개념을 사용하였다. 루터파와 달리 칼뱅은 지상교회가 참교회 혹은 바른 교회가 되기 위해서는 두 가지 표지가 나타나야 한다고 믿었다. 바른 교회의 두 가지 표지는 "하나님의 말씀이 순전하게 설교되고 들리며, 성례전이 그리스도께서 제정하신 대로 집행되는"[18] 것이다.

교회는 하나님께서 사람을 그리스도의 모임으로 초대하시고 그곳에 머무르게 하시는 외적 수단이라는 궁극적인 목적과 기능이 있기에, 그곳에서 일어나는 가장 중요한 일은 하나님의 말씀으로 신자들에게 구원을 가르치고 그들이 구원의 혜택을 누리도록 만드는 것이다. 즉 어머니와 같이 양육하는 것이요, 학교와 같이 교육하는 것이다. 칼뱅은 양육과 교육의 일차적 내용으로 하나님의 말씀과 성례를 말한다. 바르게 가르쳐지는 말씀, 그리고 바르게 집행되는 성례, 이 두 가지가 발견된다면 그곳이 바로 참교회라는 것이다. 동시에 기존의 가톨릭교회는 두 가지 표지를 잃어버렸기에 더 이상 참교회가 아니다.

하나님의 말씀은 누구에게나 주어졌지만 누구나 읽을 수 있는 책도,

이해할 수 있는 책도 아니다. 16세기 상황에서는 더더욱 그러했다. 중세 교회에서 말씀은 신학자들과 상급 교역자들에게 속해 있었다. 평신도들의 절대다수가 문맹이기도 했지만, 교회가 사제들을 통해 때를 따라 제공하는 성례를 통하여 구원을 완성하게 되는 교인들에게는 말씀이 그리 중요하지 않았을 것이다. 그런데 중세 말기의 상황에서 알 수 있을 뿐만 아니라 트렌트공의회(The Council of Trent, 1545-1563)의 결정을 통하여, 우리는 중세교회가 교역자들의 교육을 등한시했다는 사실을 확인할 수 있다. 그러므로 지역교회 신부들에게서 설교할 수 있는 능력을 기대하기는 어려웠고, 말씀이 '순전하게 설교되는' 것은 상상하기 어려웠다. 같은 맥락에서 중세 말에 가톨릭교회 안에서도 설교의 필요성을 주장하고 설교를 강화하고자 하는 운동이 있었던 것은 설교의 부실함과 부재를 더욱 증명하고 있다.[19]

칼뱅은 바른 설교만을 강조하지 않는다. 설교가 '들려야' 한다고 말한다. 즉 16세기 당시 지역을 막론하고 교회의 미사에서 라틴어 성경이 읽히고 모든 예전과 말씀 해설이 라틴어로 진행되었던 현실을 염두에 둔 첨언이다.[20] 개신교의 자국어 성경 번역과 자국어 예배는 신자들이 하나님의 말씀을 귀로 듣고 온전히 이해할 수 있도록 하는 것이었고, 이것은 신자들의 삶의 변화를 이끌어 낼 자양분이 되었다. 사실 교회의 표지에 관한 이러한 관심은 1536년부터 있었던 제네바 신앙고백에서부터 다음과 같이 구체적으로 표현되어 있었다. "예수 그리스도의 교회는 그분의 복음이 순전하게 신실하게 설교되고-선포되고, 들리고, 지켜지고-그분의 성례가 적절하게 집행된다. 비록 약간의 불완전과 잘못이 있더라도 이것들은 사람들 사이에 항상 있어야 할 것이다."[21]

참교회의 두 번째 표지인 바른 성례전의 집행에 관하여서는 다음에서 성도의 표지와 연결하여 설명하도록 하겠다.

2) 성도다운 성도: '성도의 표지'

가시적, 비가시적 교회라는 이중 구도에서 진정한 성도는 지상교회 교인이면서 하나님의 백성이다. 교회 안에서 양육되고 교육받은 사람들이 다 비가시적 교회 교인들인지 여부는 우리 인간들에게는 원칙적으로 가려져 있다. 가끔 교회 안에서 "어떻게 그 사람이!"라고 경악할 때가 있지 않은가! 하나님께서만 참신자를 아시기에(딤후 2:19) 일어나는 일이라고 위로할 수 있다. 이러한 구분은 신자들이 마땅히 누려야 할 구원의 확신을 떨어뜨리고 불안을 초래하고자 하는 의도가 아니다. 다만 우리 자신이 아니라 하나님께 우리의 구원이 달려있으며, 믿는 자는 하나님께서 아시는 바 되었음을 강조하는 것이다. 그것은 구원이 연약하고 불완전한 우리에게 달려 있지 않고 강하고 온전하신 하나님께 달려 있어 안전하다는 사실을 재확인하는 장치일 뿐이다.[22]

그런데 칼뱅은 여기서 한 걸음 더 나아가, 하나님께서는 우리가 진정한 성도를 알아보는 것이 유익이 있다고 생각하시고, 우리에게 그들을 알아볼 수 있는 "일련의 자비로운 판단"의 기준을 주셨다고 말한다. 그 판단 기준은 세 가지인데, 첫 번째로 신앙을 고백하고, 두 번째로 삶의 모범이 있고, 마지막으로 성례전에 참여하며 우리와 함께 계시는 하나님과 그리스도를 공적으로 인정하는 것이다.[23] 칼뱅은 이 판단 기준은 하나님께서 우리의 수준에 맞추어 주시는 또 다른 방법이며, 이를 통하여 지상교회를 지켜 가신다고 본다. 이를 가리켜 우리는 교회의 표지에 이어 조심스럽게 '성도의 표지(Notae fidelium)'라고 부를 수 있다.

칼뱅은 성도의 표지에 대하여 더 이상 긴 설명을 하지 않지만 그의 관심이 결코 사라진 것은 아니다. 『기독교 강요』에서 성도의 표지를 언급한 직후에 '교회의 표지'를 다루는 것은 그것을 성도의 표지와 연결하여 볼 때 매우 의미 있는 전개이다. 즉 두 가지 교회의 표지는 성도의 표지와 긴밀하게 이어져서 성도의 표지를 강화하는 역할을 하기 때문이다. 교회가 하나님의 말씀을 바로 전하는 것은 성도의 표지 중 첫 번째인 신앙의 고백과 관련된다. "믿음은 들음에서 나고 들음은 그리스도의 말씀으로 말미암았"기에(롬 10:17) 교회는 말씀을 가르쳐야 할 의무가 있다. 16세기의 높은 문맹률을 고려한다면 설교의 중요성은 상대적으로 더욱 크다. 개신교 예배에서는 설교가 가장 큰 비중을 차지하는 중심이 되는데, 칼뱅의 제네바에서 설교에 해당하는 불어 단어 'sermon'이 예배 자체를 가리키는 말로 흔히 사용되고 있었다는 사실에서도 이를 확인할 수 있다.

교회의 두 번째 표지인 성례전은 세 번째 성도의 표지와 직접적으로 연결된다. 교회가 성례전을 바르게 집행하지 않는다면 성도들의 입장에서는 정기적으로 성례전에 참여한다 해도 그 효과를 누리지 못한다. 교회가 바른 성례의 신학과 목회적 실천을 행할 때 성도는 바른 성도가 될 수 있는 환경을 갖게 된다. 그리고 바른 성도가 많아지는 교회야말로 믿음이 살아있는 교회, 부흥하는 교회가 된다. 여기서 16세기 종교개혁자들이 바른 신학과 실천을 세우기 위해서 한 노력들을 조금 더 살펴보자.

16세기 종교개혁자들은 성례를 구원과 연결시키는 중세 신학과의 연결고리를 끊었고, 가톨릭교회의 7성례 중 '세례'와 '성찬' 두 가지만을 인정했다. 이 두 가지 개신교 성례는 여전히 '보이는 말씀'이요, 하나님의 약속의 '가시적 표식'이요 '인치심'에 해당되는 교회 예식이다. 두 가지 성례만을 예수님께서 제정하신 성례요 하나님의 약속을 담고 있는 성례로 받아들였던 종교개혁자들도, 성례 각각의 신학적 의미와 목회적 실천을 두고 모두가 일치한 것은 아니었다. 세례와 관련하여서는 유아세례를 그대로 인정할 것인지 여부를 두고 개신교 내부의 분열과 갈등이 있었고, 성찬에 관해서는 그리스도의 임재의 실재성 여부와 관련하여 치열한 신학적 공방이 오갔다.[24] 근원주의자 혹은 재세례파를 제외하면 종교개혁자들은 언약(covenant)에 근거한 유아세례에 문제가 없다고 입을 모았지만, 그들도 성찬에 관하여서는 견해 차이가 컸다. 마르부르크회의(Marburg Colloquy, 1529년)는 루터와 츠빙글리(Ulrich Zwingli)가 이견을 좁힐 수 있는 기회였지만 실패로 끝났다.

그 이후 루터와 츠빙글리, 그리고 오이콜람파디우스(Johannes Oekolampadius) 사이의 반목이 심해진 것을 안타까워 한 칼뱅은 1540년 스트라스부르에서 성찬에 관한 소논문을 썼다. 이 논문에서 그는 성찬에서 예수 그리스도의 임재에 관하여 제3의 이해를 제시했는데, 바로 성령의 사역을 성찬에 접목한 것이다. 그리스도께서 실제적으로 임하시는 것과 상징으로만 계신다는 극단의 의견들을, 그리스도의 몸은 영적으로 성찬을 받는 자들에게 임하신다고 정리한 것이다. 칼뱅의 이러한 견해는 하인리히 불링거(Heinrich Bullinger)와 1549년 '취리히합의서'를 작성하는 데 기여하여 교회연합의 귀한 본으로 남았다.

그렇다면 성도의 두 번째 표지인 '삶의 모범'은 무엇인가? 칼뱅은 말씀을 바르게 전하고 성찬을 바르게 행하는 교회에 있는 교인들은 저절로 바른 행실의 삶, 모범된 삶, 자신을 부인하고 그리스도를 닮아가는 삶을 살게 된다고 믿는다. 그러나 연약한 인간의 본성으로 인해 죄를 지을 가능성은 언제나 넓게 열려 있기도 하다. 그래서 그들의 삶을 규범화하고 잘못이 있을 때 권징하는 것이 필수적이다. 권징에 관해서는 조금 후에 살펴보기로 하자.

3. 제네바 교회 '바로 세우기 프로젝트'

앞서 보았듯이 칼뱅에게 있어서 교회의 부흥은 교회가 교회답게 되고 성도가 성도다워지는 것이 아닌가 한다. 전도와 선교의 필요가 현재 우리가 공유하고 있는 개념과는 사뭇 달랐던 시대의 칼뱅과 제네바 교회가 어떻게 더 교회다워지고 더 성도다워졌는지를 살펴보자. 필자는 이것을 가리켜 칼뱅의 '제네바 교회 바로 세우기 프로젝트'라고 명명해 본다. 이 프로젝트는 큰 틀에서 보면 '예배 갱신, 교육 제공, 훈련과 권징(치리)의 실천(church discipline), 디아코니아'로 구성되어 있다.

1) 예배 갱신

공예배에 대한 칼뱅의 확신은 현재의 개신교 교회 교인들보다 더 크다고 말해도 좋을 듯하다. 그는 "신자들에게 공적 예배보다 더 크게 도움이 되는 것은 없다. 왜냐하면 하나님께서는 예배로 그분의 백성들을 한 단계씩 올려 가시기 때문이다."[25]라고 말한다. 코로나 팬데믹 이후

대부분의 교회와 교인들이 이전에 알던 공예배의 힘과 능력을 다시 경험하기 위해 애쓰고 있기에 이 말에 더욱 공감하리라 믿는다. 칼뱅은 공예배 갱신을 위한 제안서를 제네바에서 사역을 시작한 다음 해인 1537년에 만들었다.[26] 이 제안서의 처음에서 칼뱅은 교회가 질서 있고 규범화되기 위하여 성찬이 잘 지도받는 가운데 자주 시행되어야 한다고 말한다. 그렇게 해야 누구든지 경건하게, 또 순수하며 경외하는 마음으로 성찬상으로 나아갈 것이고, 또한 그렇게 되기 위해서 치리와 출교는 필수적으로 시행되어야 한다고 설명한다. 칼뱅이 교회와 예배의 체계화를 시도하면서 먼저 성찬과 함께 출교를 언급하는 것이 현대교회 교인들에게는 불편할 수 있다. 그러나 출교는 하나님의 말씀에 온전히 순종하지 않는 사람들에게 교정할 수 있는 기회를 주는 것이다.

16세기 제네바 교인들은 성찬으로 그리스도의 희생 제사를 반복하는 가톨릭교회의 미사에 익숙했다. 제네바에서 미사가 한 주에 몇 번 있었는지 알 수 없지만, 개혁된 제네바 시의회는 성찬을 가톨릭교회처럼 자주 하기를 원하지 않았다.[27] 칼뱅이 이 제안서에서 매주 혹은 한 달에 한 번 성찬을 시행하기를 원했던 것은 취리히가 일 년에 네 번만 성찬을 한 것에 대한 아쉬움을 반영하는 것일지 모른다. 그러나 이러한 제안에도 불구하고 제네바 시의회는 취리히의 모델을 따라 일 년에 네 번 성찬을 하기로 결정했다.

제안서는 이어서 두 번째로, 공예배에서 시편 찬송을 함께 드려야 한다고 제안한다. 이는 회중 찬양을 도입하자는 것인데, 예배에서 시편 찬양으로 온 성도가 하나님께 기도하고 찬양과 감사를 올려드리자는 것이다. 세 번째 제안은 교인들이 교리의 순수함을 유지하도록 도와야 한다는 것이다. 이것은 특별히 유아세례를 받은 아이들이 분별력이 생기는 나이가 되면 학습교육에 참석하게 하려는 것이었다. 이에 대해서는 다음 절에서 좀 더 설명하도록 하겠다.

네 번째는 결혼에 대해 말한다. 결혼이 더 이상 성례의 일부가 아니기 때문에 결혼에 관한 규정이 필요했다. 1541년의 '제네바 교회법령 (Les Ordonnances Ecclsiastiques)'은 결혼예식을 주일이든 주중의 예배에서든 공예배의 첫 부분에 행한다고 했다.[28] 그러나 성찬이 있는 주일에는 결혼예식을 금하고 있다. 성찬의 거룩성이 손상될 것을 염려하고, 성찬을 준비하는 사람들의 실제적 부담을 고려한 결정이라고 추정할 수 있다.

결혼과 관련된 제반 문제(결혼의 성립 여부, 결혼 약속 이행 여부, 부정행위 등등)는 컨시스토리(Consistory, 불어로는 Consistoire)에서 다루도록 했다. 문제가 심각할 경우 시의회에 보고하고 처리하는 것은 필수 절차였다. 루터교회와 달리 칼뱅은 결혼의 언약성을 중시하였다. 그래서 시의회가 결혼의 행정적 측면을 관할하지만 교회 예배를 통하여 결혼이 성립되도록 명시하고 있다. 종교개혁자들 중에서 특히 칼뱅은 가톨릭교회와 달리 혼인이 더 이상 성례는 아니더라도 결코 소홀하게 여겨지지 않도록 하나님과의 언약의 차원을 중시했다.[29]

제네바에서 예배는 매일 있었다. 매일 드리는 예배는 비교적 간단한 형태, 즉 기도와 설교로 진행되었다. 그러나 "기도의 날 예배는 회개와 중보, 감사에 초점을 맞춘 특별한 예배로 … 시편찬양까지 포함"했다.[30] 주일에는 네 번의 예배가 있었는데, 첫 예배는 보통 일하는 사람들을 위하여 마련된 예배였다. 이 예배는 여름에는 오전 네 시, 겨울에는 다섯

시에 드려졌고, 주로 기도와 설교로 이루어졌다. 우리 식의 대예배는 아침 여덟 시였는데, 시편찬양과 기도와 설교, 그리고 일 년에 네 번의 성찬식으로 되어 있었다. 정오에는 신앙교육을 했다. 오후 세 시 예배는 시편찬양과 기도, 설교로 진행되었다.[31] 예배의 시간을 정하면서 일하는 사람들을 배려하여 예배를 배치한 것은 모든 사람에게 열려 있는, 또 모든 사람에게 임하는 은총과 구원의 혜택을 드높이는 장치였다.

가톨릭교회에서 개인의 요청에 따라 개인 미사가 많았던 것과 달리, 제네바교회에서 개인 예배는 찾아보기 어렵다. 대신 공예배가 강조되었고 제네바 시민들에게 예배 참석은 의무였다. 이 예배는 모두에게 개방된 예배이고 남녀노소 모두가 함께 배울 수 있는 기회가 제공되는 교육과 훈련의 시간이었다. 이러한 공예배를 통하여 영성을 새롭게 하는 것은 '하나님께로 마음을 들어 올리는' 영혼의 부흥을 경험하는 시간이기도 했다.[32] 여기서 공예배의 구성요소를 좀 더 살펴보겠다.

① 말씀

설교는 목사들의 가장 중요한 직무라 할 수 있다. 칼뱅의 4중직에서 목사는 하나님의 말씀을 사람들의 눈높이에 맞추어 풀어 줌으로 설교를 듣는 교인들이 하나님의 말씀을 이해하고 말씀에 따라 살아가도록 돕는 사역자이다. 그러므로 목사는 하나님의 말씀을 잘 알아야 하고 그 것을 바른 신학으로 이해하고 설명할 수 있어야 하며, 교인들의 수준을 감안하여 적절한 수준으로 설득력 있게 설교할 수 있는 사람이어야 한다. 제네바에서 목사를 선발하는 기준과 그들을 관리하는 기준 등은 1541년 교회법령에서 잘 드러난다. 목사는 시공무원과 같이 시의회에 의해 최종 임명되고 불가피한 경우 면직될 수 있었지만, 제네바 목사회와 교인들이 그 선발 과정에 구체적으로 참여하게 된다는 점에서 전문적일 뿐만 아니라 수요자 중심의 평가를 거쳐 탄생되는 직분이었다.

칼뱅은 목사로 부르심을 받았지만 루터나 츠빙글리, 부처와는 달리 가톨릭교회에서 안수를 받은 적이 없는 사람이었다. 이에 대한 가톨릭교회의 비난은 상당했고 칼뱅은 사돌레토(Jacopo Sadoleto) 추기경과의 서신 교환에서 자신의 목사직에 대해 강하게 변호해야 했다.[33] 이런 시비에도 불구하고 제네바에서 칼뱅은 빠른 시간 안에 목사들의 목사로, 또 제네바 교인들에게는 더 이상 이방인이 아닌 자신들의 목사로 인정받으며 그의 강단설교가 영향력을 발휘하기 시작했다. 그는 제네바목사회를 구성하고, 또 매주 금요일에 모임(Congrégation)을 이끌며 이 모임을 목사들의 자질 향상과 목회활동의 주요 사안들을 함께 의논하는 정기모임으로 발전시켰다.

칼뱅의 설교는 현재 남아 있는 설교[34]를 기준으로 보면 한 편에 약 한 시간 정도의 길이였을 것으로 추정한다. 제네바에서 목사들은 세 개의 교구 교회에서 돌아가며 설교했지만, 상대적으로 칼뱅의 설교를 들으러 오는 사람들이 더 많았기에 칼뱅은 주로 가장 큰 교회인 생피에르교회에서 설교해야 했다. 이때 가톨릭교회가 특별한 경우 외에 사용하지 않았던 회중 좌석이 교회당에 마련되었다. 마이크가 없었던 시대에 소리 전달에 있어서 여러 가지 제약이 많았던 고딕 성당을 그대로 사용했던 제네바교회는 효과적인 말씀의 전달을 위해서 다양한 장치, 즉 설교단 위의 덮개라든가, 좌석 재배열 등을 창의적으로 시도할 수밖에 없었을 것이다. 현재 생피에르교회를 들어가면 왼쪽 기둥에 설치된 설교단

과 덮개, 회중석 배치가 어느 정도 16세기 당시 혹은 그 직후의 느낌을 재현해 준다고 생각한다(사진 참고).

칼뱅의 설교는 절기를 제외하고는 거의 언제나 연속강해 설교(*lectio continua*)이다. 이러한 설교 방식은 신구약의 특정 본문을 골라 읽는 성구집(*lectionarium*) 중심의 예전을 행했던 당시 가톨릭교회와는 상당한 차이가 있다. 그러나 이러한 연속강해 설교는 이미 1519년부터 츠빙글리에 의해 선보였던 방식이라는 점에서 그리 새롭지는 않을 수 있다. 다만 칼뱅(1509-1564)의 목회 기간이 47세쯤 전사한 츠빙글리(1484-1531)보다는 조금 더 길었다는 점을 고려하면 그의 말씀 교육의 영향력 또한 상대적으로 크고 넓었을 것이다.

② 기도와 찬송

개신교 종교개혁과 함께 기도 역시 큰 변화를 겪는다. 가톨릭교회의 마리아와 성인을 향한 기도는 당연히 제거되었다. 주기도문은 기도의 가장 좋은 모델로서 다시금 조명받고 적극적으로 사용되었다. 기도와 관련하여 특이한 것 중 하나는 '회개의 기도'가 예전에 포함된 것이다.[35]

고해성사가 없어진 개신교회에서 공예배에 포함된 회개의 기도는 교인들에게 회개의 중요성을 가르치며 정기적이며 규칙적인 회개를 가능하게 해 주었을 것이다. 회개의 기도나 다른 기도의 경우 가톨릭교회나 영국 국교회와는 달리 고정된 기도문을 만들지는 않았다. 목사가 자유롭게 기도문을 작성하도록 하였는데, 칼뱅은 약간의 변화를 주기는 했지만 비교적 동일한 기도문을 사용하고 있다고 엘시 맥키(Elsie A. McKee)의 연구는 밝히고 있다.[36]

기도와 찬송은 예배의 독립적 요소이지만 내용상 한가지라고 할 수 있다. 칼뱅도 회중찬송을 보급한 루터의 목회실천을 따르고 있지만, 루터와 달리 찬송 가사를 굳이 따로 만들지 않았다. 시편 그 자체가 찬송 시이기에 시편에 당대 최고의 작곡가들이 만든 곡을 입혀 시편 찬송을 불렀다. 이미 오랜 시간 수도원에서 수도사들이 외우고 읊조려 온 시편이 이제 회중 찬송으로 거듭난 것이다. 칼뱅은 시편이 "우리를 부추겨 우리의 마음을 주께로 들리게 하고, 우리로 하여금 주님을 부르는 일에 열심을 내게 하며 하나님의 이름의 영광을 찬양하도록 움직이게 한다."[37]라고 강조했다. 칼뱅은 그동안 가톨릭교회는 시편을 영적인 찬송이 아니라 어떤 이해도 없이 자기들끼리 웅얼거리는 것으로 전락시켰다며 한탄했다.

한편 제네바교회에서는 시편찬송이 교회에서 회중찬송으로 불러질 수 있도록, 이전에 가톨릭교회에서 성가대에 섰던 아이들이 새로운 시편찬송가를 배워서 확실하고 큰 목소리로 선창을 하고 어른들이 이를 따라 하게 하였다.[38] 어른들이 아이들을 따라 찬송을 배우며 익히는 것은 당시나 지금이나 누가 봐도 참으로 놀라운 장면이고 새로운 경험이었을 것이다.

③ 성례

개신교의 성례는 두 가지이다. 먼저 세례로, 재세례파가 아니라면 종교개혁자들은 유아세례를 인정했다. 유아세례는 구약 시대의 할례와 언약에 근거하여 믿음을 스스로 고백하지 못하는 아이에게 줄 수 있었다. 부모와 대부모(代父母, *patrinus matrina*, 영어로는 godfather, godmother)가 아이를 교회에 데려올 수 있는 가장 빠른 시점에 세례를 주었는데, 주일, 주중의 어떤 예배에서든 가능했다. 가톨릭교회가 사산아에게 예외적으로 허용했던 산파의 세례는 금지되었다. 세례는 교회에서 이루어졌고 목사가 직접 혹은 목사를 돕는 사역자가 함께 집전했다.

아이들의 이름은 부모의 이름과 함께 기록되었기에 사생아의 경우는 시의회에 알릴 의무가 있었다. 대부모의 자격은 오직 제네바교회 공동체에 속한 사람으로 제한하였다. 외부인의 대부모 자격을 배제한 것은 그들이 아이에게 적절한 신앙교육을 할 수 없다고 보았기 때문이었다.[39] 교회법령에 나타나지는 않았지만 아이들은 세례명을 가졌다. 이전과 달라진 점은 세례명으로 성인들의 이름은 더 이상 사용되지 않고 성경 인물의 이름만 사용되었다는 점이다.[40] 만약 아이의 부모 중 누가 출교의 상태라면, 그는 아이를 데리고 교회 앞까지 올 수는 있지만 그 예식에 참석할 수는 없었다.

일생에 한 번 있는 세례와 달리, 성찬은 우리를 구원하시기 위해 찢기시고 피 흘리신 그리스도의 몸과 피를 기념하여 주님 다시 오시는 그날까지 이를 행함으로, 우리 믿음의 시작이 되시고 완성이 되시는 주 예수 그리스도의 덕을 입는 것이다. 이것은 교회에서 교인들과 함께 받는 것이기에 교회 연합과 형제자매 사랑의 근본이 된다. 이런 의미에서 칼뱅은 앞서 소개한 것처럼 매 주일 이를 행하기를 원했으나 이것이 현실적으로 어렵다는 것을 알고, 적어도 한 달에 한 번 이를 행하자고 제안하였다. 다만 제네바에 세 개의 교회가 있으니 한 달에 한 번씩 돌아가면서 하자는 것이었다. 그러나 1541년에 공포된 교회법령에 의하면 이 제안은 제네바 시의회에서 받아들여지지 않았다. 결국 일 년에 네 번 성찬을 시행하여 부활절과 오순절, 구월 첫째 주일, 그리고 크리스마스에 실시하였다.[41]

성찬은 한 주 전에 교인들에게 알려 마땅히 자신을 살피고 마음을 준비할 수 있게 해야 하고, 해당 주일에 성찬식은 질서 있게 진행되어야 했다. 성찬상은 제단 가까이에 배치하여 성찬의 신비가 손상되지 않으면서 성찬 제정의 말씀이 선포될 때 쉽게 이해할 수 있게 배치되어야 했다. 적절한 시간에 교회에서만 성찬을 베풀 수 있었고, 공적으로 믿음의 고백을 하지 않은, 즉 입교하지 않은 아이들은 성찬상으로 나아올 수 없었다.[42] '이방인들'이나 '새로운 사람들'[43]도 교회에서 나름의 교육을 받은 후에야 성찬에 참여할 수 있었다. 그렇지 않다면 스스로 죄를 범하는 것이라고 생각했기 때문이다.[44]

제네바교회의 성찬식 예전은 어떠했을까? 바드 톰슨(Bard Thomson)은 1545년 스트라스부르의 성찬식을 포함한 주일의 예배 예전과 1542년 제네바의 예배 예전을 자세히 비교 나열함으로써 두 도시의 예전이 갖는 유사성과 차이성을 잘 보여 주었다.[45] 성찬이 있는 날은 설교자가 성찬에 관하여 설교하거나 성찬의 중요성에 대하여 설교 중 언급하도록 했다. 기도와 신앙고백을 하고, 제정의 말씀으로 성경 말씀(고전 11:23-29)을 나누는데, 이 순서가 '거리낌이 있는 사람은 성찬에 참여하지 못하게 하는 배제의 말씀'으로 마치는 것에 주목할 필요가 있다. 이어서 성도들을 성찬상으로 초대한다. 사람들은 질서 있게 앞으로 나아와 떡과 잔을 받았다. 이때 사용된 떡과 잔의 종류가 어떤 것이었는지에 대한 기록은 없는 듯하다. 다만 잔은 이전의 가톨릭교회에서 썼던 하나의 큰 잔(chalice)에서 나누어 마셨을 것이다. 최근 코로나 팬데믹 이후의 변화는 잘 알지 못하지만, 현대 유럽의 전통적 개혁주의 교회 성찬에서는 하나의 큰 잔을 돌려 마시는 것이 오랜 관례였다.

'배제의 말씀'에 대해 조금 더 생각해 보자. 고린도전서 11:27-29에 근거하면 성찬상에 나오기 전에 자신을 돌아보아 그리스도의 몸과 피를 받기에 거리낌이 없는지 살피는 것은 죄를 짓지 않기 위함이라는 성경의 가르침을 칼뱅은 그대로 받는다. 이 구절들에 대한 칼뱅의 주석과 설교는 거의 문자적이다. 거리낌이 있는데도 성찬을 받는다면 죄를 범하는 것이기에 이를 막아 주는 장치를 교회가 마련해야 한다. 말씀 교육을 통하여 죄를 예방하는 것이 근본적인 장치라면, 죄를 지은 사람에게 회개의 기회를 마련해 주고 회개가 분명할 때까지 성찬에 참여하지 못하게 하여 그의 영혼을 보호하는 일 또한 교회의 마땅한 책무이다. 이 과정이 바로 권징과 치리이다. 이에 대해서는 신앙교육에 대해 다룬 후에 살펴보겠다.

2) 신앙교육
유아세례를 받은 아이들에게 자신들이 마땅히 가져야 할 삼위일체 하나님에 대한 신앙과 그리스도인의 삶에 대해 잘 배울 수 있는 신앙교육서(Catechismus, 교리문답)를 제공하고 가르치는 것은 양육을 담당한 교회가 해야 할 당연하고 마땅한 의무였다. 개신교 교회로 막 탈바꿈한 제네바교회에서 이러한 교육을 소홀히 한다면 신앙의 고백은 점차 약해질 것이고, 결국에는 하나님을 만홀히 여기고 하나님의 교회를 능멸하게 되었을 것이다. 칼뱅은 신앙교육이야말로 신앙의 고백과 신앙생활을 연결시키는 성경의 가르침에 부합하는 것이고 고대교회의 전통을 계승하는 것이라고 믿었다. 그러므로 신앙교육을 위해서 청소년기 아이들에게 가르칠 수 있는 적절한 신앙고백서는 필수였다.

파렐(Willam Farel)과 칼뱅은 1537년(또는 1538년)에 불어와 라틴어로 '제네바 신앙고백서'를 만들었는데, 그 형식은 교리 요약서와 같았다. 이어서 1542년에 우리에게 익숙한 교리문답 형식, 즉 질문과 답변 형식의 불어로 된 교리문답서를 만들었고, 1545년에 이를 라틴어로 번역하였다. 이 교리문답서는 개혁주의교회의 신앙고백서로 많이 사용되는 '하이델베르크 교리문답서(1563년)'[46]의 기본이 된다.

전체 373개의 질문과 답으로 구성된 제네바 교리문답서는 아이들이 배우기 쉽도록 작성되었다. 문답형식의 신앙교육은 교사와 학생이 질문과 답을 주고받으면서 성경의 내용을 주제별로 배우게 해 준다. "인간의 주요한 목적이 무엇인가?", "무슨 이유로 그렇게 답하는가?", "인간의 가장 높은 선함은 무엇인가?", "왜 당신은 가장 높은 선함을 가져야 하는가?", "그러므로 우리는 하나님을 향하여 살지 않는 것보다 나쁜 일은 인간에게 없다는 사실을 분명히 본다." 등의 근본적인 인생의 목적을 다루는 문답에서 시작하여 하나님을 아는 지식으로 넘어간다.

이러한 질문은 하이델베르크 교리문답서와 웨스트민스터 교리문답서에서 단순하게 그러나 정확하게 정리되었다.

필자는 개인적으로 고등학교 1학년 때 교회 고등부에서 웨스트민스터 소교리문답서로 공과 공부를 하였다. 시간이 걸렸지만 1번 질문과 답을 이해하고 인정하게 되면서 기독교 신앙에 제대로 입문하게 되었던 생생한 기억이 있다. 아직 부모의 보호 아래 있지만 자기 인생을 이해하고자 하는 청소년기 아동들에게 이러한 교육으로 신앙을 북돋는 일은 믿음의 초기 형성 과정에서 결정적인 역할을 할 수 있다.

제네바교회에서 신앙교육은 정오에 이루어졌다. 아침 예배를 드리고 집에 돌아갔다가, 교육 대상 연령의 자녀들이 있는 부모들은 아이들을 데리고 시간에 맞춰 다시 교회로 와서 아이들과 함께 교육을 받는 것이다. 이 시간은 단순히 아이들만 교육받는 시간이 아니고 부모들도 함께 배우는 시간이었을 것이다. 부모들이 자녀들 옆에 앉아 핸드폰을 하면서 아이들만 배우게 한다는 것은 생각할 수 없었던 시대의 축복이다. 열성적인 부모들은 아이들과 집으로 돌아오면서 배운 것들을 되짚어 보았을 것이다. 조금 더 생각해 보면 16세기의 부모들은 대부분 제대로 신앙교육을 받을 기회가 없었고 이제 개신교 교회에 다니면서 잘 준비된 설교를 통하여 성경을 배우고 있는 사람들이었다. 그러므로 자녀들을 위해 마련된 신앙교육은 사실상 그들에게도 신앙을 제대로 배울 수 있는 절호의 기회였을 것이다.

3) 성도의 훈련과 권징(치리) 실천

앞서 미뤄뒀던 권징 또는 치리에 대해 생각해 보자. 1537년 교회와 예배의 체계화와 관련하여 시의회에 제출하였던 목사들의 제안서가 성찬과 출교의 필요성을 지적하는 것으로 시작했던 것을 기억할 것이다. 칼뱅이 성찬의 거룩함을 보존하기 위해서와 구원받은 죄인들의 영적 안전을 위해, 또 성경이 필요시 출교를 사용하라고 명했기에 출교는 필수적이라고 이해했다는 점도 기억하자. 덧붙여 칼뱅에게 있어서 출교의 권한은 절대적으로 교회의 권한이었다. 16세기 개신교 종교개혁자들이 인간은 하나님의 은혜로 주어진 믿음으로 의롭게 된다는 교리에 동의하고, 성경이 우리의 믿음과 신앙생활의 유일하고 궁극적인 권위라는 사실에 동의했지만, 실제적인 내용에 있어서는 상당한 차이가 있었다는 것은 누차 강조한 바 있다. 권징에 대해서도 역시 예외가 아니었다.

제네바가 모델로 삼고 있었던 취리히는 츠빙글리의 신학에 근거하여 출교를 시의회의 권한으로 간주했다. 물론 시의회가 기독교인으로 구성되었다는 전제 아래 가능한 결론이다. 그러나 칼뱅은 출교를 교회의 고유한 권한이라 주장한다. 예수님께서 "교회에 말하고"라고 하시는데(마 18:17), 이 교회가 다른 기관이 될 수는 없다는 것이다. 『기독교강요』 4권 12장에서 권징을 다루기 시작하면서 칼뱅은 천국 열쇠의 힘과 영적 관할권의 대부분이 권징에 달려있다고 말하며, 교회가 이 일을 담당하는 기관이며 목회자와 평신도가 함께 이 일을 담당한다고 정리한다. 1541년 교회법령은 컨시스토리가 이 일을 담당하는 기관임을 천명하고 있고, 지금도 제네바고문서도서관에 보관된 컨시스토리의 회의록은 당시의 권징과 치리의 과정을 생생하게 전하고 있다.[47]

출교는 권징과 치리의 결과 중 가장 엄중한 단계이다. 권징과 출교의 근거는 마태복음 18:15-18, 고린도전서 5장, 디모데전서 1:18-20 등에 있다. 이 중에서 마태복음 18장은 권징의 단계를 구체적으로 보여 주기에 결정적으로 중요한 구절이다. "네 형제가 죄를 범하거든"은 교회공동체를 전제하고 있다. 교회공동체의 일원은 예수 그리스도의 구속을 통하여 맺어진 형제요 자매이기에 이들 중 누가 죄를 범하는 것은 간과할 수 없는 일이라는 점이 권징에 정당성을 부여한다.

칼뱅은 권징의 세 가지 목적으로 첫째, 그리스도의 이름과 하나님의 영광을 욕되게 하지 않으며 보존하는 것이고, 둘째, 교회공동체가 악인들의 죄로 인하여 타락하고 오염되지 않게 예방하는 것이고, 마지막 셋째는 권징을 받은 죄인이 잠시의 부끄러움을 통하여 회개에 이르도록 돕는 것이다.[48] 권징을 시행하기 위하여 죄를 구분하는 것은 중요했다. 이러한 내용과 제네바 컨시스토리의 권징과 치리는 필자의 이전 논문들에 자세히 소개되어 있기에 여기서는 생략하고자 한다.

여기서 우리는 잠시 거슬러 올라가, 칼뱅이 권징을 절대적으로 중요하게 다루지만 교회의 표지에는 포함하지 않았다는 사실을 기억할 필요가 있다. 이 점에서 칼뱅은 루터와 다르고 부처(Martin Bucer)와도 차이가 있다. 두 종교개혁자 모두 칼뱅에게는 종교개혁의 선배지만, 칼뱅은 권징은 교회의 본질이 아니라 교회를 보호하는 방편이자 성화의 수단이 되기에 교회의 표지가 될 수는 없다고 이해한 것이다. 교회의 본질(말씀의 전파와 성례전의 바른 시행)이 바로 선다면 권징은 해결될 수 있기 때문에 교회 자체를 정의하는 표지와는 차이가 있다고 생각한 듯하다.[49]

권징과 관련하여 칼뱅에게 있어서 중요한 것은 영혼 보호이다. 공공질서나 사회통제의 수단이 아니라 영혼 구원의 한 부분으로 권징이 자리 잡고 있다.[50] 필자의 연구에서 권징의 대상이 되는 여러 죄목들의 큰 분류가 성도의 표지와 어느 정도 일치하고 있는 것은, 성도를 성도답게 하는 방법으로 권징이 필요한 것임을 재확인시켜 주었다.

4. 바른 교회와 디아코니아

제네바에서는 개신교 종교개혁과 함께 구제와 집사직에 대한 이해와 실천이 새롭게 정립되었다. 초대교회에서 봉사와 구제가 공예배의 한 부분으로 있었던 반면,[51] 중세교회에서 봉사와 구제는 예배에서 점차적으로 빠지고 고해성사의 일부인 보속(補贖, *satisfactio*) 행위와 연결되어 구원을 이루기 위한 개인 차원의 자선 행위(봉사와 구제, 기부 등)로 정착되어 있었다. 행위 구원이 당연시되었던 중세 기독교에서 봉사와 기부는 없어질 땅의 것들을 영원한 하늘의 은총과 교환하여 죄 사함을 받고 천국의 축복을 예비하는 수단이었다. 기부가 현대 사회에서 정부의 세금 공제와 연결되어 있다면, 중세에 자선 행위는 하나님과 인간 사이에서 일어나며 그 혜택의 범위가 산 자에게만 국한되는 것이 아니라 죽은 자에게까지도 확대 적용되는 지극히 영적 행위로 이해되고 실천되었다.[52]

개신교 종교개혁자들은 이러한 등가교환을 믿지 않았다. 자선 행위는 성경에 나타난 대로 구원받은 성도의 마땅한 의무였다. 종교개혁자들은 하나님을 바르게 예배하는 것이 이웃을 사랑하는 삶의 실천을 포함한다고 이해했다. 다른 말로 하면, 경건(*pietas*)과 사랑(*caritas*)은 분리되지 않고 하나로 연결되는 것이다. 진정으로 하나님께 예배하는 사람은 은혜로 충만하여 이웃을 네 몸과 같이 사랑하라는 계명을 지키게 된다는 것이다. 칼뱅이 강조한 율법의 제3용법대로, 말씀에 따라 사는 그리스도인의 삶이 빛을 발하는 것이다.

그러므로 칼뱅의 제네바교회 바로 세우기 프로젝트에서 구제는 빠질 수 없는 부분이었다. 우선 칼뱅은 구제를 교회가 회복해야 예배의 한 부분이자 사역으로 보았고, 이를 담당하는 두 종류의 집사를 통해 다양하고 폭넓은 개념의 구제를 교회의 사역으로 실천하였다. 집사라는 직분 역시 중세교회에서는 목회자의 한 단계로 이해되었지만, 칼뱅은 평신도의 역할로 보고 구제를 전담하는 직책으로 이해했다. 이에 대해서는 1541년의 교회법령과 집사직 연구를 통하여 이미 잘 소개된 바 있다.[53]

요약하면 종교개혁 이후 개신교 집사직은, 특별히 칼뱅과 개혁주의 교회에서는 평신도의 사역으로 이해되었다. 집사들은 교회의 직분이었지만 시의회의 공무원으로서 월급을 받았고 제네바병원에서 사역하였다. 당시 제네바병원은 이전까지 소규모로 흩어져 있던 병원들을 단일하게 통합하여 만든 종합사회복지시설이었다. 집사는 업무행정을 돌보는 집사와 실무를 담당하는 집사로 나뉘어 병자와 가난한 자, 난민과 이주민, 여행객 등으로 대표되는 사회적 약자에게 효율적인 구제 사역을 실시하였다. 오늘날 다수의 교회들이 각 지방 관청과 연결하여 사회복지나 구제 활동의 영역을 설정하는 경우가 늘어나고 있는데, 이는 칼뱅의 제네바 모델과 어느 정도 흡사한 구조를 가졌다고 생각할 수 있다.

다만 21세기 사회는 16세기와 달리 교회와 국가가 확연하게 분리되어 있기에 지방 관청과의 협력은 예배와 전도의 제한을 동시에 수용해야 하는 어려움이 있다. 그래서 지혜와 전략이 중요해졌다. 이런 어려움에도 불구하고 끊임없이 예배와 봉사, 구제를 연결하고자 하는 태도는 율법의 완성이 되는 사랑, 특별히 이웃사랑을 실천하는 일로 하나님을 기쁘시게 하고 영광을 돌려드리는 진정한 예배를 가능하게 하고, 주일과 주중의 날들이 분리되지 않고 연결되는 계기가 될 것이다.

맺음말

칼뱅을 가리켜 '성경적 실천적 신학자'라고 한다. 그는 성경을 통하여 발견한 진리를 자신의 삶에서 실천하였고, 그 시대를 함께 살아가던 많은 사람들 또한 그렇게 할 수 있도록 목사로서 도왔다. 그의 삶을 다른 말로 요약한다면 그는 '교회의 신학자'이다. 사실 '실천적'이라는 말에는 교회가 이미 포함되어 있다. 그럼에도 불구하고 그를 교회의 신학자라고 부르는 것은 교회를 다시 드러내어 강조하고자 함이다. 그는 제네바에서, 또 스트라스부르에서, 또 유럽의 여러 지역에서 교회개혁을 위한 목회에 적극적으로 직접 참여하고 또한 멀리서 도우면서 다양한 질병을 얻었고 육신이 쇠하였다. 그럼에도 불구하고 목회와 함께 엄청난 저술 활동을 동시에 진행한 것은 교회에 대한 그의 확신에서 가능했다고 믿는다.

우리의 죽을 육신이 주님의 은혜로 천사처럼 되는 그날까지 우리 모두에게 교회가 필요하기에 교회는 바르게 서야 했다. 칼뱅은 교회의 표지를 바르게 세우는 것이야말로 성도를 성도답게 만드는 최고의 방법으로 믿었다. 바른 신앙고백과 삶의 모범을 세우고, 성례전에 정기적으로 참여하여 주님의 은혜를 누리고 주님을 기념하며, 주님 다시 오시는 날까지 그분의 죽으심을 전하고(고전 11:26), 모범된 삶으로 이웃을 섬기는 것이 참된 성도의 모습이다. 이러한 성도가 많아지는 것이야말로 교회의 부흥이다. 교회는 하나님께서 마련해 주신 외적 수단으로, 내적 수단이 되시는 성령과 함께 성도들을 하나님의 자녀답게 살도록 훈련하고 교육하며 가르치고, 징계하여 바로 서게 하는 곳이다. 이러한 교회에 하나님께서 주시는 부흥의 산 증거가 드러날 것이다.

칼뱅은 사도행전 6:7을 주석하면서, 기록된 당시의 부흥은 하나님의 "탁월한 역사"라고 주저 없이 말한다. 교회 부흥의 주체는 우리가 아니라 하나님이시기에, 우리는 하나님께서 일하시도록 그분의 말씀을 바르게 전하고 성례전을 바르게 집행하는 교회를 세우는 일에 그저 겸손히 헌신해야 한다. 또한 우리의 삶이 전도를 훼방하지 않도록 우리 자신을 돌아보고, 이웃을 돌아보아(빌 2:4) 경건(pietas)과 사랑(caritas)이 공존하는 삶을 이루고자 애써야 한다. 이것이 칼뱅이 제네바에서 그의 혼신을 바쳤던 바른 교회 세우기 프로젝트였고, 그것이 제네바교회의 부흥이었다!

미주

1   2017년 통계청의 「2015 인구주택총조사 종교통계」 발표는 종교인구의 변화와 종교간 인구수의 변화라는 크게 두 가지 의미에서 중요했다. 한 기사를 인용하면, "종교가 없는 인구 비율은 2005년 47.1%에서 2015년 56.1%로 증가했다. 하지만 종교인구 감소에도 개신교 인구는 10년 새 125만 명이 증가했고, 불교 인구는 무려 300만 명이 급감한 것으로 나타나는 등 의미심장한 변화를 보였다." 「2015 종교통계, 개신교 인구증가 원인분석」, 코람데오닷컴(http://www.kscoramdeo.com 2023년 9월 3일 접속). (참조 https://gsis.kwdi.re.kr/statHtml/statHtml.do?orgId=338&tblId=DT_1LGG011)

2   송길영, 『시대예보: 핵개인의 시대』(교보문고, 2023).

3   Mark A. Noll, David Komline, & Han-luen Kantzer Komline, *Turning Points: Decisive Moments in the History of Christianity* (Baker Academic; 4th edition, 2022). 이 책은 2012년에 나왔던 동일 제목의 책을 보완, 확대했다. 일곱 가지에서 열네 가지로 확장된 주제를 통하여 세계교회사를 새롭게 정리하고 있으며 각 시대별로 등장한 부흥운동의 역할과 가치에 대해서도 중요한 통찰을 제공한다.

4   Elsie A. McKee, *Diakonia in the Classical Reformed Tradition and Today* (Grand Rapids: Wm. B. Eerdmans, 1989), pp. 28-31.

5   John Calvin, *Institutes of Christian Religion*, 4.1.1., translated by ford Lewis Battle, Edited by John T. McNeill (Philadelphia: The Westminster Press, 1977, 8th Printing), Ⅷ. 1011. (이후로 『기독교 강요』의 인용은 'Institutes, 권.장.절.'로 표기한다. 권.장.절은 동일하지만 내용이 다른 것을 다룰 때에는 'Ibid.' 대신에 권.장.절을 반복한다).

6   이 구절은 칼뱅의 『기독교 강요』 4권 1장 4절에 나오는 구절의 일부로, 신자들은 사는 동안 교회가 절대적으로 필요하다고 강조하면서 나온다.

7   *Institutes*, 4.1.1.

8   *Institutes*, 4.1.5.

9   *Institutes*, 4.1.1.

10   *Institutes*, 4.1.4. 가시적(visible) 교회를 '어머니'라 부르는 것은 초대교회 키프리아누스(Cyprianus, 3세기)에게서 시작된 것으로 알려져 있다. 교회는 어머니와 같이 신자

를 품어 태어나게 하고 양육하여 구원에 이르게 하는 것이다. 물론 이 교리는 하나님께서 구원의 주체가 되시는 것을 부인하는 것이 아니다. 교회가 하나님의 구원을 현실화시키는 도구가 된다는 점에 방점이 찍힌다. 중세교회는 이에 근거하여 어머니로서 성례전(성사)을 통하여 신자들의 구원을 이루는 일에 힘썼다고 할 수 있다. 대부분의 개신교 종교개혁자들은 '어머니로서의 교회'의 개념을 부정하지 않았으나 성례전이 구원을 이루는 수단이 된다는 중세신학에는 반대하였다. 칼뱅 역시 교회를 어머니라고 부르는 것이 매우 유용하고 필수적이라고 설명하고 있다.

11 여기서 '교회를 믿습니다'는 "I believe the church'로 'believe in'이 아니다. 비록 고대교회로부터 혼용되는 경향이 있었으나 하나님을 믿는 것과는 다른 의미에서 'in'을 붙이지 않는 것이 적절하다고 칼뱅은 판단한다. *Institutes*, 4.1.2.

12 *Institutes*, 4.1.3. 가시적, 비가시적 교회의 구분은 이미 아우구스티누스에 의해 언급되었고 이러한 교회론은 중세교회와 종교개혁자들에 의해 통용되었다. 칼뱅뿐만 아니라 절대 다수의 개신교 종교개혁자들이 하나님의 구원의 섭리를 예정으로 설명하며 비가시적 교회를 예정의 자연스러운 결과로 받아들였다. 현대로 오면서 존 머레이(John Murray)와 같은 신칼뱅주의자들 중 이에 대해 이견을 가진 자들이 있다. Cf. John Harley, "John Calvin's Doctrine of the Visible Church: A Key to Difficult Texts", *Torch Trinity Journal*, vol. 2 no.1 (1999 Nov.), pp. 183-197.

13 *Institutes*, 4.1.4. 이 말의 문맥과 역사적 맥락에서 이러한 부류의 사람들은 재세례파 지도자들이었을 것이다. 그들은 중세교회에 대한 환멸과 성경에 대한 지식과 자신의 해석 능력을 근거로 이 같은 주장을 했을 것이다.

14 Elsie A. McKee, *John Calvin: Writings on Pastoral Piety* (Paulist Press, 2001).

15 *Institutes*, 4.1.5

16 *Institutes*, 4.1.6. 여기서 '적당한 짐'은 칼뱅에게 상당히 의미 있는 표현이라고 짐작할 수 있다. 세네카의 『중용론』을 주석했던 칼뱅의 초기 저작을 고려하면 칼뱅은 고대 사회의 중용, 혹은 적당함이 기독교적 인간론에 비추어 적절한 가치를 지닌다고 본 듯하다. 이를 근거로 우리는 구원받은 죄인으로서 인간이라면 누구나 가르치는 목사이든, 배우는 평신도이든 인간의 한계를 의식하는 것이 필요함을 추정할 수 있다. 평신도가 목사에 대하여, 목사가 평신도에 대하여 이 '적당한 짐'을 이해한다면 서로를 더 잘 이해하고 존중할 수 있을 것이다. John Calvin, *Calvin's Commentary on Seneca's De Clementia* (Trans. Ford Lewis Battles, Andre Malan Hugo, Leiden: Brill, 1969) 참고.

17 *Institutes*, 4.3.1.

18 *Institutes*, 4.1.8.

19 H. Leith Spencer, *English Preaching in the Late Middle Ages* (Oxford: Clarendon Press, 1993).

20 이러한 현실은 20세기 제2차 바티칸공의회(1962-1965) 이후에나 수정되었다.

21 "The Geneva Confession"(1536), *Calvin: Theological Treatise* (London: SCM Press LTD: 1954), p. 31. 이 신앙고백서는 칼뱅이 저자이거나 적어도 그의 참여로 작성되었다고 본다. 인용문에서 "약간의 불완전과 잘못"은 가톨릭교회의 신학 정도를 의미하는 것이 아니라 목사들이 말씀을 가르치며 또한 성례를 집전하며 범할 수 있는 사소한 실수를 말하는 것으로 이해할 수 있다.

22 하나님의 예정(predestination)은 제네바에서 제롬 볼섹(Jerome Bolsec)에 의해 도전을 받지만 종교개혁자들은 하나님의 예정을 당연한 성경의 진리로 받아들였고, 이중예정 역시 같은 맥락에서 수용하였다. 아르미니우스로부터 촉발된 이중예정과 자유의지의 충돌 여부, 하나님의 선하심의 제한 가능성 등이 17세기 초 유럽의 신학자들과 교회의 초미의 관심사가 되었고, 도르트회의(The National Synod of Dort)를 통하여 'T.U.L.I.P.'이라는 칼빈주의 5대 강령이 정리되면서 '이중예정설'이 개혁주의의 대표신학처럼 자리 잡았다. 그러나 칼뱅에게 있어서 예정은 하나님의 절대적인 주권을 확증하는 성경적 신학적 진리이다. 구원의 절대성이 사람들에게 좌지우지되지 않고 하나님의 예정에 있다는 점에서 이후 세대가 가진 불안과 걱정을 공유하지 않고 있다.

23 *Institutes*, 4.1.8.

24 16세기 개신교 종교개혁자들의 성례에 대한 이해와 논쟁에 대하여서는 세계교회사 혹은 종교개혁사를 다룬 책들에서 찾을 수 있다. 그러나 좀 더 깊이 있는 내용을 원한다면 다음의 책들을 참고하라. James White, *The sacraments in Protestant practice and faith* (Nashville: Abingdon Press, 1999); Burnett, Amy Nelson, *Debating the sacraments: Print and Authority in the Early Reformation* (Oxford: Oxford University Press, 2018).

25 *Institutes*, 4.1.5.

26 "Articles Concerning the Organization of the Church and of Worship at Geneva Proposed by the Ministers at the Council", *Calvin: Theological Treatise* (London: SCM Press LTD: 1954), pp. 48-55.

27 현재 가톨릭교회에서는 매일 미사가 있고 영성체를 모시는 성체성사가 거행되지만, 이것은 20세기 초에 피오 10세의 '영성체에 관한 회칙'(1905년)이 만들어지면서 변화된 결과일 뿐이다. 1973년 3월에는 하루에 두 번까지 영성체를 모실 수 있도록 회칙을 개편하며 적극적으로 성찬의 중요성을 더욱 강조하고 있다. "사설: 영성체를 자주 하자", 〈가톨릭신문〉 1973년 4월 8일자 [제 860호 2면] https://m.catholictimes.org/mobile/article_view.php?aid=345870 (2023년 9월 8일 접속)

28 엘시 맥키는 결혼예식은 주중 예배에서 하는 경우가 있었지만 대부분 주일 오후예배에 있었다고 한다. 주중과 주일 아침 예배 시간을 고려할 때 충분히 설득력이 있다. 엘시 맥키, 『칼뱅의 목회신학』(이정숙 역, 두란노아카데미, 2011), 194쪽.

29 John Witte Jr., *From sacrament to contract : marriage, religion, and law in the Western tradition* (Louisville, KY: Westminster John Knox Press, 2012).

30 엘시 맥키, 위의 책, 193쪽. 인용문 중 '기도의 날'은 매주 수요일 예배를 말한다. 제네바에는 주일 아침과 오후 예배와 매일 예배가 있었다. 그중 수요일은 기도의 날이라 불렀고 다른 주중 예배의 예전이 간소하게 진행된 것과 달리 수요일 기도의 날 예배는 완성된 형태의 예전을 사용했다. 주일 오전, 오후 예배와 기도의 날 예배는 제네바의 모든 시민과 공직자들이 참석하는 것이 의무화되어 있었다. 예배 불참자는 컨시스토리에 불려갈 수 있었고, 시의회가 벌금을 징수하기도 했다.

31 같은 책, 같은 곳.

32 '하나님께로 마음을 들어 올리는' 것은 'sursum corda'라는 라틴어 예전 용어를 번역한 것이다. 이 표현은 성공회 교회를 제외한 한국 개신교 교회에서는 잘 쓰지 않지만 가톨릭과 개신교 예배에서 중요하게 사용되는 표현이다. 예레미야애가 3:41에 나오는 "우리의 마음과 손을 아울러 하늘에 게신 하나님께 들자"라는 표현에 근거하고 있다. 마치 손을 들어 하나님을 찬양하듯 우리의 마음을 들어 올려 진심으로 전심을 다해 하나님께 집중하고 하나님과 소통하려는 상징적 표현이다. 초대교회로부터 성찬의 시작 부분에서 이 표현이 사용되었다. 칼뱅의 제네바에서의 공예배와 공예배 영성에 관해서는 엘시 맥키, 위의 책, 186~197쪽을 보라. 또한 칼뱅의 예배 개혁에 관해서는 필자의 논문, 「칼빈의 예배신학과 실천」, 『칼빈의 목회와 윤리, 사회참여』(요한칼빈 500주년 기념사업회, SFC, 2013), 87~109쪽을 참고하라.

33 John Calvin and Jacopo Sadoleto, *A Reformation Debate: John Calvin and Jacopo Sadoleto* (Edited by John Olin, Baker Academic, 2000). 칼뱅의 목사직 변호와 이해 그리고 실천에 대해서는 그의 "Ecclesiastical Ordinances"(1541), 그리고 필자의 논문 「목사는 누구인가?: 칼빈의 목사직 이해와 실천」(『한국교회사학회지』 23권, 2008년), 207~235쪽과, 박경수, 「16세기 제네바교회의 목회자 선발과 훈련에 관한 연구: 한국교회의 목회자 위기 극복을 위한 모색」(『장신논단』 vol. 44 no. 2), 173~197쪽을 참고하라. 그리고 제네바 목사회 활동에 대해서는 스캇 마네치, 『칼빈의 제네바 목사회의 활동과 역사』(신호섭 역, 부흥과 개혁사, 2019)를 참고하라.

34 칼뱅의 설교문의 보존과 관련하여 웃지 못할 안타까운 에피소드가 전해진다. 이러한 에피소드와 함께 칼뱅 설교의 내용과 그 형태, 출판과 관련하여 엘시 맥키, 「칼뱅의 설교: 그에 관한 보배로운 사실과 놀라운 사실들」, 위의 책, 76~101쪽을 참고하라.

35 제네바교회에서 사용되었던 예전은 다음의 책에서 볼 수 있다. Bard Thomson, *Liturgies of the Western Church* (Fortress Press, 1980), pp. 195-215

36 엘시 맥키, 위의 책, 193쪽. 칼뱅이 사용한 기도의 예들은 *John Calvin: Writings on Pastoral Piety* 같은 엘시 맥키 교수의 다른 책에서 다양하게 읽을 수 있다.

37 "Articles Concerning the Organization of the Church and of Worship at Geneva Proposed by the Ministers at the Council", *Calvin: Theological Treatise* (London: SCM Press LTD: 1954), p. 53.

38 "Articles Concerning...", p. 54.

39 "Ecclesiastical Ordinances 1541", *The Register of the Company of pastors of*

Geneva in Time of Calvin (Wipf and Stock, 2004), p. 44.

40 세례명과 관련된 연구는 다음의 연구를 참조하라. William G. Naphy, "Baptisms, Church Riots and Social Unrest in Calvin's Geneva", The Sixteenth Century Journal, vol. 26, No. 1 (Spring, 1995), pp. 87-97; Jeffrey R. Watt, "Calvinism, Childhood, and Education: The Evidence from the Genevan Consistory", The Sixteenth Century Journal, vol. 33, No. 2 (Summer, 2002), pp. 439-456; Jeffrey R. Watt, The Consistory and Social Discipline in Calvin's Geneva (University of Rochester Press, 2020).

41 칼뱅이 작성했던 제네바 교회법령 초안에는, 한 달에 한 번 성찬을 하며 세 개의 교회가 돌아가면서 성찬을 베푸는데 부활절, 오순절, 크리스마스에는 다 같이 해야 하기에 중복되지 않도록 해야 한다고 기록되어 있다. "Articles Concerning…", pp. 66f.

42 "Ecclesiastical Ordinances 1541", The Register of the Company of pastors of Geneva in Time of Calvin (Wipf and Stock, 2004), pp. 44-45.

43 칼빈 생전의 제네바는 위그노뿐만 아니라 다양한 국적의 개신교들에게 피난처와 같은 곳이었다. 그래서 1550년 이후 끊임없는 난민과 이주민으로 도시 인구는 급팽창하게 된다. 그러므로 '이방인들'은 여행객들을, '새로운 사람들'은 제네바로 이주 온 난민과 이주민을 말할 것이다.

44 "Ecclesiastical Ordinances 1541", p. 45.

45 Bard Thomson, op. cit. pp. 195-215.

46 선제후 프레데릭 3세의 요청에 의해 마련된 하이델베르크 교리문답은 수정을 거치면서 52항으로 나뉘져 교회에서 일 년 동안 매주 신앙교육을 하기에 편리하게 편집되었다. 이후 화란어로 번역되어 화란에서도 그 내용의 우수성과 간결성이 인정받아 1618-1619년에 열렸던 도르트회의에서 교리문답서로 정식 채택되었다. https://students.wts.edu/resources/creeds/heidelberg.html (2023년 9월 4일 접속). 16세기 신앙고백서에 대하여서는 John Heselink, Calvin's First Catechism: A Cemmentary (Westminster John Knox Press, 1988) 참고.

47 이정숙, 「제네바 컨시스토리(The Genevan Consistor): 칼빈의 신학과 목회의 접목」, 『한국기독교신학논총』 18집(2000년), 159~185쪽.

48 Institutes, 4.12.5.

49 프랑소아 방델, 『그의 신학사상의 근원과 발전』(김재성 옮김, 크리스챤다이제스트, 2001), 365쪽.

50 같은 책, 364쪽.

51 Elsie A. McKee, Diakonia in the Classical Reformed Tradition and Today (Grand Rapids: Wm. B. Eerdmans, 1989), pp. 31-33.

52 Gury Schneider-Ludorff, "하나님의 선물과 인간의 선물: 종교개혁 기간에 변한 적

선, 기증, 기부에 관한 이해", 「현운 지원용 박사 서거 2주기 기념 2014 루터강좌」, 2014
년 10월 30일, 1~2쪽.

53 이에 관하여서는 다음의 연구를 참고하라. Robert M. Kingdon, "Social Welfare in
Calvin's Geneva", *American Historical Review*, vol. 76, no. 1 (1971), pp. 50-
69. Jeannine E. Olson, *Calvin And Social Welfare: Deacons and the Bourse
Francaise* (Susquehanna University Press, 1989); Elsie A. McKee, Ibid.; 황대우,
「칼빈신학과 제네바 사회복지」, 『갱신과 부흥』 15호 (2015), 98~131쪽.

마틴 로이드 존스의 부흥 설교

: 프루스트 현상적 설교

박성환 교수

(한국성서대학교)

    프랑스 작가, 마르셀 프루스트(Marcel Proust)는 1913년부터 1927년까지 총 일곱 권으로 구성된 대하소설 『잃어버린 시간을 찾아서(A La Recherche Du Temps Perdu)』를 집필했다. 『잃어버린 시간을 찾아서』에서 주인공이며 화자로 등장하는 '나'는 마르셀 자신이며, 이 책은 마르셀의 자서전적 내용이 담긴 시간적 심리학책이라 평가받는다. 이 대하소설에서 프루스트는 인간을 잊어버렸던 기억을 재생하는 존재로 묘사한다. 왜냐하면 인간은 세월의 망각으로 과거 기억을 잊은 채 살아가고 있지만, 자의적이든 비자의적이든 과거의 사건들을 상기할 수 있는 냄새나 소리를 접하는 순간, 과거의 사건들을 생생하게 회상하기 때문이다.

    이 작품은 프루스트에게 20세기의 최고의 작가 중 한 사람이라는 추앙을 선물했다. 그리고 『잃어버린 시간을 찾아서』를 향한 열광적인 인기에 힘입어, '과거의 기억을 재생시키는 현상'을 가리켜 프루스트 현상(Proust phenomenon)이라 부르게 되었다. 현재까지 이 용어는 사회 전반에 걸쳐 다양한 분야에서 활용되고 있다.[1]

목회 현장에서도 프루스트 현상을 적극적으로 활용하는 하나님의 거룩한 수단이 있다. 바로 설교다. 왜냐하면 예배 가운데 설교는 신자와 공동체가 함양해야 할 삶의 의미를 규정하며, 과거의 기억과 현재 일어난 사건들을 연결하여 하나님께서 허락하실 미래의 사건을 예측하도록 인도하기 때문이다.[2] 즉, 프루스트 현상적 설교는[3] 신자와 교회 공동체로 하여금 하나님의 계획에 비춰 자신들의 역사를 회고한 후, 현실적인 신앙을 인식하고 삶에 반영하게 한다.[4]

그렇다면, 과연 작금의 한국 교회에 프루스트 현상적 설교가 필요한 이유는 무엇일까? 또한 한국 교회에서 과거의 기억을 회상시켜, 오늘날 추구해야 할 원동력으로 삼아야 할 신학적인 주제는 무엇일까? 그것은 '부흥'일 것이다. 왜냐하면 한국 교회에서 '부흥'이라는 신학적 주제는 그저 과거의 아름다웠던 추억일 뿐, 현재는 체험할 수 없는 상상의 용어로 인식되기 때문이다. 실제로, 한국 교회는 1907년의 평양 대부흥을 기점으로 1990년도 초반까지 놀라운 성장을 보여주었다. 그러나 1990년 중후반부터 대중매체를 통해 한국 교회의 만연한 부조리와 윤리적 해이가 여과 없이 방영되어 사회에 드러나면서, 기독교에 관한 종교적 신뢰도는 하락하며 쇠퇴의 길을 걷고 있다. 거기에, 한국 교회는 역사상 유례를 찾을 수 없는 코로나 팬데믹 시기를 경험한 후, 주일에 교회로 발길을 옮기는 신자들의 숫자가 급감하면서 혹독한 시련을 경험하고 있다.

물론, 2023년도에 한국 교회는 빌리 그레이엄(Billy Graham) 목사의 아들이자 빌리 그레이엄 전도협회(Billy Graham Evangelistic Association)의 현 회장인 프랭클린 그레이엄(Franklin Graham) 목사를 초청하여 '빌리 그레이엄 전도대회 50주년 기념대회(The 50th Anniversary of Billy Graham Seoul Crusade)'를 서울 월드컵 경기장에서 개최했다. 그리고 이 전도대회를 통해 한국 교회 역사뿐 아니라 세계 교회 역사에서 기념비적인 전 세계 최대 규모 집회, '빌리 그레이엄 목사 한국 전도대회'를 상기시키려고 노력했다. 1973년 5월 30일부터 5일 동안 여의도 광장에서 열렸던 이 대회에서는 334만여 명이 모여 기도했고, 7만 2000여장의 신앙 상담 및 결신 카드가 작성되었다. 50주년 기념대회에 모인 사람들은 50년 전의 이 전도대회 이후에 한국 교회에서 일어났던 대부흥이 오늘날에도 유사하게 일어나기를 소원했다.[5] 그러나 이벤트성 짙은 단회적 전도 집회를 통해 한국 교회가 망각했던 '부흥'의 기억을 되살리는 것은 불가능하다고 생각한다. 또한 한국 교회는 '부흥'이라는 하나님의 은혜가 절실히 필요한 실정인데도 불구하고, 현실적인 절망 앞에 자포자기한 상황에 놓여 있는 것처럼 보인다.

그러므로 본 글은 한국 교회 재부흥의 시발점을 제공하는 방안으로 프루스트 현상적 설교의 관점에서 마틴 로이드 존스(Martyn Lloyd-Jones)의 '부흥 설교'에 관하여 정리하여 소개함으로써, 한국 교회에서 잊혔던 '부흥'의 향수를 상기시켜 하나님의 은혜를 간구하도록 돕고자 한다. 로이드 존스는 영국 교회 대부흥 100주년을 맞이하여 1959년 1월 11일부터 6개월 동안 부흥에 관한 26편의 설교를 연속적으로 선포했다.[6]

로이드 존스는 이벤트적 전도 집회가 아닌 현존하는 일반적인 교회 공동체들 내에서 성령 하나님께서 설교를 통해 역사하심으로 부흥이 불길처럼 퍼지는 비상섭리(非常攝理)를 참된 부흥이라 생각했기에, 자신의 부흥 설교 내용들이 많은 영국 교회에 공유되기를 소원했다. 필자는 로이드 존스의 이러한 '부흥 신학'이 담긴 '부흥 설교'야말로 오늘날 한국 교회에게 재부흥을 위한 신학적 혜안을 제시한다고 생각한다. 그러므로 로이드 존스의 부흥 설교를 제임스 화이트(James White)의 연구 방법인 '역사적 고찰, 목회적 고찰, 신학(설교학)적 고찰'[7]을 통해 설명함으로써, 로이드 존스의 '부흥 설교'를 깊이 있게 파악하려고 한다.

마틴 로이드 존스는 1899년 12월 20일 남(南)웨일즈 카디프에서 출생했다. 그가 태어난 때는 스펄전이 세상을 떠나고 7년이 되는 해였으며 무디가 떠나기 이틀 전이었다. 그는 어린시절에 부모와 두 형제와 함께 살았으며, 경제적인 어려움으로 인하여 1914년 런던으로 이사를 했다.

제1차 세계대전이 발발했을 당시는 스물한 살이던 로이드 존스가 학교 공부를 모두 마치고 세인트 바돌로매 병원에서 의사 자격을 취득한 때였다. 그는 목회자가 되기 전에는 유능한 내과 의사로서, 당시 영국 왕실 주치의로 유명했던 호오더 경의 조수로서 미래가 보장된 사람이었다. 그러나 1927년에 갑자기 그는 의사로서의 성공을 포기한 후, 내과 의사였던 아내와 함께 고향 근처인 웨일즈 포트탤벗 애버라본으로 내려와 장로교회인 샌드필즈 미션 홀의 목회자로서의 삶을 살게 된다.

그 후 1938년에 그는 런던 버킹엄 게이트에 있는 웨스트민스터 채플의 캠벨 모건(Campbell Morgan)에게 동사 목사로서 초청을 받았으며,

1943년부터는 단독으로 사역을 하였고, 1968년 8월 은퇴하기까지 거기에서 무려 30년 동안 목회를 계속하였다. 그 다음, 그는 영국과 미국을 넘나들며 설교자로서 순회설교를 하였으며 저술가로서의 삶을 살았다. 그리고 1981년 3월 1일에 하나님의 부름을 받아 영원한 나라로 들어갔다.

물론, "로이드 존스가 사역했던 20세기의 영국 교회와 21세기의 한국 교회는 역사적 정황이 분명히 다르다. 왜냐하면 제2차 세계대전 후의 경제적 타격, 진화론과 사회 · 공산주의 영향력 아래에 있던 영국 교회와, 경제적 풍요로움과 포스트모더니즘으로 인하여 세속화된 한국 교회의 쇠퇴는 다르기 때문이다. 그러나 영국 교회와 한국 교회는 둘 다 '교회 쇠퇴'라는 관점에서 서로 맞물려 있으며, 교회 쇠퇴의 주된 원인은 성령의 능력을 소멸시키는 설교자에게서 비롯되었다."[8] 로이드 존스는 영국 교회가 직면하고 있는 쇠퇴의 근본 원인을 설교자로 인식했다. 그러므로 그는 성령의 임재가 부흥을 일으키는 진정한 부흥 설교의 시작임을 자각하는 설교자의 온전한 확신이 가장 중요한 부흥의 원동력임을 강조했다.[9] 이런 점에서, 로이드 존스의 부흥 설교는 21세기의 한국 교회 부흥에 설교학적 혜안을 제시한다고 사료된다.

1. '부흥 설교'에 관한 역사적 고찰

역사적 고찰은 실천신학의 올바른 방향성을 제시한다. 역사적 고찰은 현재 일어난 교회 문제들을 역사적 관점에서 신학적인 진단과 처방을 할 수 있도록 돕는다. 또한 역사적 고찰은 하나님께서 인간에게만 선물하신 역사를 통해, 하나님의 계획이 역사 가운데 어떤 방식으로 나타나는지를 인지하게 만든다.[10] 유사한 맥락에서 알리스터 맥그래스 (Alister E. McGrath)도 역사적 고찰을 가리켜, 교육적 도구로서의 교회 역사를 활용하는 방식으로 아래와 같이 설명한다.

> 교회사를 연구하는 학도 중 다수가 이 매력 있는 학과의 사회적·경제적·제도적 측면에 집중하다가 사상적 측면을 등한시한다. 그러나 그 역사 안에서 몇몇 가장 중요한 에피소드들은 교회사의 여정에 그토록 영향을 끼쳤던 사상들을 파악하지 않고 이해할 수 없다. … 역사신학은 교회사를 연구하는 사람들에게 주요 자원이 되며, 교회사의 고비마다 교회에 영향을 끼친 사상들의 특수한 성격을 이해하도록 돕는다. 그러나 역사신학이 단지 과거의 이해를 돕는 것만은 아니다. 그것은 현재의 신학을 위한 자원이다. … 그러므로 독자는 과거 기독교의 풍부한 유산에 친숙해질 필요가 있으며 이 유산은 현대적 논쟁과 생생한 자원을 맺어준다. 이렇게 역사신학은 현대의 신학적 진술에 본질적인 교육적 자원이 된다.[11]

언제나 설교는 교회 역사 가운데 그 가치를 증명해 왔다. 하나님께서는 설교를 통해 당신의 역사를 이루어 오셨고, 앞으로도 설교를 통해 하나님께서 당신의 계획대로 일하실 것이기 때문이다. 즉, 교회의 흥망성쇠가 설교의 역할에 달려있다고 생각해도 무방할 것이다.[12] 유사하게 로이드 존스는 '부흥 설교'에서 교회 역사의 고찰을 통해 성찰이 얼마나 중요한지를 반복적으로 설명한다.

[하나님의 교회에서 일어난] 모든 것을 해결하는 방안은 교회사로 돌아 가는 것입니다. 현재 상태에 새로운 것이 없습니다. … 교회가 깊은 시궁 창 밑바닥까지 떨어져 그리스도인들이 이제 곧 끝장이 날 것이라고 생 각하기 시작했던 때가 여러 번이었습니다. 그러므로 우리는 교회사로 돌 아가 연구합시다.[13]

이러한 이유로, 우선 로이드 존스의 부흥 설교는 역사적인 관점에서 아래와 같이 고찰되는 것이 적절할 것이다.

1) 제2차 세계대전

제2차 세계대전(World War II)[14]은 서구 사회에 가장 강력한 타격을 입 혔다. 왜냐하면 제1차 세계대전의 종전 후 20년 정도밖에 되지 않았는 데, 제1차 세계대전에 참전했던 대부분의 유럽 국가가 제2차 세계대전 에 재참전했기 때문이다. 또한 제2차 세계대전은 참혹함 그 자체였다. 왜냐하면 독일이 유대인 학살로 드러낸 인종 말살 정책과, 일본이 입은 인류 최초의 원자폭탄 피해와 같은 반인류적인 범죄가 일어났기 때문 이다.[15] 더욱이 제2차 세계대전은 지구상의 대부분 나라들이 직, 간접적 으로 얽힌 인류 최악의 전쟁이었다.[16]

제2차 세계대전은 영국에 전례를 찾을 수 없는 심각한 상처를 남겼 다. 영국은 1940년 9월 이후부터 4년간 독일의 폭격기 공습으로 엄청난 충격을 받았다. 영국은 제1차 세계대전 때는 전쟁이 끝날 때까지 본토 의 직접적인 피해를 경험하지 않았다. 단지 영국 남부 해안에서 가끔 포 성을 들을 수 있었으며, 연합국에 파견된 영국군들만 제1차 세계대전을 경험한 정도였다. 그러나 제2차 세계대전에서 영국은 독일에게 철저히 유린당했다. 왜냐하면 독일의 연이은 공습에 피해 받은 영국 사람들은 일상생활을 영위할 수 없는 처지에 놓였기 때문이다. 그 예로, 런던에서 주거하던 여성들과 어린이들은 독일 공습을 피하여 여러 차례 외곽지역으로 대피하는 상황들이 그들의 삶에서 반복적으로 일어났다.[17] 실제로, 영국 정부는 독일 공습이 두 달 동안 지속될 경우 백만 명의 피해자가 발생할 것이라 예상했으며, 모든 시민에게 방독면을 지급했다.[18]

한편 제2차 세계대전 종전 이후에 영국 사회에서는 전쟁 트라우마가 지속되었다. 제2차 세계대전은 군인들보다 민간인들을 더 많이 희생시켰을 뿐 아니라, 홀로코스트까지 발생했기 때문이다.[19] 더욱이 제2차 세계대전 이후에 영국은 공습의 공포에 따른 공황(恐慌) 현상과 패배주의, 약탈과 암거래 문제, 도시와 농촌 간의 갈등, 국민 건강 악화 등과 같은 어려운 난제들을 해결해야만 했다.[20] 이러한 전쟁 폐해는 영국의 예술과 문학에도 그대로 반영되었다. 당시 영국 예술은 주로 실존적인 회의주의와 추한 리얼리티로 시대적 상황을 반영하고,[21] 영국 문학에서는 주로 '움추림과 죽음(withdrawal and death)'을 내포하는 작품들이 끊임없이 출판되었다.[22] 분명한 사실은 제2차 세계대전을 승리로 이끈 윈스턴 처칠(Winston Churchill)이 언급한 것처럼, 제2차 세계대전은 '불필요한 전쟁(unnecessary war)'이었다.[23]

아무튼, 제1차 세계대전과 달리 제2차 세계대전은 영국에게 직접적인 고통을 주었다. 제2차 세계대전을 경험한 영국은 계속하여 죽음의 공포를 극복하지 못했기 때문이다. 거기에, 제2차 세계대전은 영국이 대영제국으로서 누렸던 사회 · 경제적 풍요에 종지부를 찍었다.[24] 다시 말해, 제2차 세계대전은 영국 국내에서 원자재와 기본적 식량부족 문제를 야기했을 뿐 아니라, 영연방(Commonwealth)을 수호하는 데 막대한 재원을 투입하게 함으로써 영국 제국을 몰락시키는 원인을 제공했다.[25] 즉, 제2차 세계대전 이후 영국은 지금까지 경험해 본 적이 없는 전방위적인 압박을 받았다.

그러므로 로이드 존스는 제2차 세계대전 이후 10년 넘게 죽음 설교를 통해 전쟁의 무서움과 죽음을 목격한 자들에게 하나님의 참된 위로를 설교했다.[26] 그러나 로이드 존스는 제2차 세계대전이 종전된 지 14년이 지난 1959년(영국 교회 대부흥 100주년)의 '부흥 설교'에서도, 여전히 제2차 세계대전의 상처는 사회 전반에 걸쳐 회복되지 않았다고 설명했다. 동시에, 로이드 존스는 제2차 세계대전을 하나님의 징벌적 수단으로 설교하며, 영국 교회에 속한 신자들에게 다시 하나님의 편에 나아와 참된 회복을 경험할 것을 거듭 요구한다.

언제나 하나님께서는 죄를 징벌하십니다. 제가 자주 말씀드린 것을 거듭 다시 말씀드립니다. 우리가 20세기에 겪었던 [2차] 세계대전은 지난 19세기의 [영국 교회의] 배도에 대한 하나님의 징벌로 생각한다고 말입니다. 달리는 바르게 설명할 도리가 없습니다. … 하나님께서는 진영의 문에 서서 "누구든지 여호와의 편에 있는 자는 내게로 나아오라"(출 32:26)고 말씀하셨습니다. … 또한 불꽃을 언제나 살리고 이것만이 진리임을 깨달았던 사람들이 있었습니다.[27] … [2차] 세계대전은 … 교회 자체가 너무나 말할 수 없을 정도로 어리석게 되어 하나님을 배역하고 성령님을 근심시킨 일입니다.[28]

왜냐하면 로이드 존스는 비참에 빠진 영국에 성령 하나님의 강권이 부어져야 회복될 수 있다고 '부흥 설교'에서 다음처럼 확신 있는 설교를 하기 때문이다. "오늘날 성령 하나님의 강권적인 부어주심이 아니고는 20세기 중엽에 처해 있는 우리들의 상황을 대처하기에 알맞은 것이 없다는 확신 … 여러분은 아직도 그 밖의 다른 것들을 의뢰하고 있습니까?"[29]

2) 영국 교회의 수적인 감소 현상[30]

로이드 존스는 제2차 세계대전이 영국을 휩쓸던 1939년 10월부터 11월 첫째 주까지 "왜 하나님께서는 전쟁을 허용하실까(Why Does God Allow War)?"라는 주제로 다섯 번에 걸쳐 오전에 설교했다. 그리고 그는 제2차 세계대전은 영국에게 하나님을 향해 원망을 제공하는 원인이 아닌, 곤경에 처한 인간이 하나님만을 의지하는 기회가 된다고 설명했다. 다시 말해, 영국에게 제2차 세계대전은 기억 속에서 사라진 하나님을 다시 찾고 기도하게 만드는 하나님의 선물이었다.[31]

그러나 로이드 존스의 역발상적인 이 생각은 영국 교회에서 현실로 일어나지 않았다. 오히려, 제2차 세계대전 후에 영국 교회에서는 성도의 감소 현상이 뚜렷하게 나타났다. 왜냐하면 영국인들은 제2차 세계대전을 경험하면서부터 '과연 하나님은 살아 계신가?'라는 질문을 던지며 영국 교회로부터 급격히 이탈했기 때문이다. 이러한 영국 교회에서의 성도 이탈 현상은 막을 수 없는 하나의 커다란 흐름처럼 되었다.[32]

영국인들은 하나님을 대신할 무엇인가가 필요했다. 그것이 바로 약물이었으며, 신비주의(Occultism) 종교였다. 제2차 세계대전 이후부터 영국 사회에는 올더스 헉슬리(Aldous Huxley)의 사고방식이 커다란 영향력을 미쳤다. 그런데 그는 '제일의 체험(a first-order experience)'이라는 용어를 내세우며, 제일의 체험을 얻기 위해서는 반드시 약물이 필요하다고 주장했다. 이러한 그의 주장은 시대적 모습을 반영한 사상이었다. 왜냐하면 당시 상당한 사람들이 약물을 주입하여 짧고 인위적인 안식이라도 얻고자 했기 때문이다.[33]

헉슬리가 내세운 이 '제일의 체험'이 사람들에게서 신비주의 종교에 관한 관심을 촉발하는 역할을 했다. 왜냐하면 신비주의 종교는 종교적 체험을 얻기 위하여 약물을 즐겨 사용했기 때문이다. 특히, 1960년대부터 영국에서 신비주의 종교는 약물 탐닉과 함께 범람하기 시작했으며 나중에는 심각한 사회 문제로 발전하였다. 1970년대에 이르러 영국의 신비주의는 오컬트 폭발(Occult explosion)로 이어지고, 마침내 80년대에 들어와 뉴에이지 운동이 이를 계승하면서 끊임없이 확장되어 나간다.[34] 이런 가운데, 영국 교회도 성도 수의 감소를 막기 위해 신비주의적인 운동에 동참했다. 바로, 성령을 통한 은사 운동이었다. 신비주의 종교의 유행과 맞물려 영국 교회에서는 성령을 통한 은사 운동이 싹트기 시작한 것이다. 물론, 은사 운동은 부분적으로 성도의 감소 현상을 막는 역할을 감당하였다. 그러나 이러한 은사 운동이 올바르다고 할 수 없었다. 왜냐하면 신자들을 지나친 감성주의(Emotionalism)에 빠뜨렸기 때문이다.

로이드 존스도 '부흥 설교'에서 참된 부흥을 가리켜, 순수한 감성주의라고 설명한다. 즉, 참된 부흥은 참되게 성령을 체험한 그리스도인과 교회 공동체에서 일어난 감성이다. 하지만 그는 참된 부흥에서 느껴지는 감성과 신비주의적인 체험을 통해 발생하는 감성을 구별한다. 왜냐하면 감성주의는 자칫 교회의 참된 부흥을 오도할 공산이 컸기 때문이다.[35]

아무튼, 영국의 은사 운동은 미국 교회와 유사하게 맥도날드화(McDonaldization)와 신설교학 운동(the New Homiletic)[36]과 결합하면서, 영국 교계에서 상당한 힘을 과시했다. 그러나 그 결과, 설교단의 주요 기조는 감상적이고 도덕적이며 예화 중심의 설교를 전달하는 것이 되었으며, 교회에서는 다양한 프로그램들을 실시하여 세상과 소통 간격을 좁히려고 노력했으나, 영국 교회의 세속화는 가속되었다.[37] 그리고 영국 사회의 반기독교적인 풍조는 교회를 급격히 위축시켜 나갔다. 더욱이, 영국 목회자들도 설 자리를 점차 잃게 되었다.

'부흥 설교'에서 로이드 존스는 조직화된 교회와 화려한 예배, 그리고 쉽고 재미있는 설교가 성도의 교회 이탈을 막는 근본적인 대안이 될수 없다고 다음처럼 지적한다.

복음을 안방까지 들이밀라. 짧은 막간을 이용해서 메시지를 전하라. … 교회 내에 광고 기구를 둬야 한다.[38] 오락의 요소를 증가시키고 … 다양한 프로그램과 행사들을 준비하고 … 모든 예배 때마다 성경적인 예배가 드려져야 하지만 실로폰 솔로, 오르간 솔로, 사람들의 합창 이런 일로 40분이 허비됩니다. … [그리고] 보편적인 설교를 좋아합니다. 자신에게 도움이 되거나 좋아하는 것이나 흥미 있는 내용에 관심을 갖습니다.[39] … 그러나 조지 휫필드가 은혜와 구원의 영광에 관해서 설교할 때 그의 뺨에는 눈물이 흘러내렸습니다. 그리고 그가 설교하는 것을 듣는 자들도

역시 울었습니다.[40]

궁극적으로, 로이드 존스는 '부흥 설교'에서 분명히 밝힌 것처럼, 교회 부흥은 죄인인 것을 깨닫는 복음의 각성을 일으키는 설교자의 설교에서 시작된다고 생각했다. 그리고 그는 복음의 자각 이후, 개인적 삶과 교회 공동체 중심에 그리스도께서 계시는 신자와 교회가 성부 하나님께 찬미와 영광을 돌릴 때 부흥의 불길이 퍼져나간다는 것을 설교했다.[41]

1940년대 후반부터 영국 목회자들은 무너지는 교회를 회복시키기 위하여, 에큐메니컬(Ecumenical) 운동을 전개하기 시작했다. 왜냐하면 그들은 교회의 기반들이 상실되었을 뿐 아니라 기독교가 완전히 사양길로 접어들었다고 생각하고, 교파 간의 연합과 협력을 이 상황을 바꿀 수 있는 최상의 방법이라고 믿었기 때문이다. 수많은 목회자들이 이런 호소 앞에 마음이 흔들릴 수밖에 없었다. 왜냐하면 교회 존폐가 달린 문제이기 때문이었다. 하지만 영국의 에큐메니컬 운동은 복음으로 하나 되는 것을 강조하면서도 구체적으로 복음이 무엇인지에 대한 정의를 내리지 않고 연합을 이루려고 하였다.[42] 즉, 그들은 교리적 갈등을 그저 사소한 것으로 취급함으로써 거대한 조직을 이루고자 했다.

이러한 에큐메니컬 운동은 로마 가톨릭 사상을 거부할 만한 근거를 완전히 상실케 하였다. 게다가, 이 운동을 통하여 영국 교회는 본격적으로 자유주의 신학을 향하여 문을 활짝 열게 된다.[43] 그들이 꿈꾸는 에큐메니컬 운동은 포용 정신이 가장 중요한 것이며, 보수적인 신학에 반기를 든 사람들을 폭넓게 포용하여 그들이 교회로 올 수 있도록 발판을 놓기 위함이었다. 분명한 것은, 1950-60년 동안 영국 교회는 에큐메니컬 운동을 주도하는 역할을 감당하며 전 세계 기독교에서 잘못된 변화를 이끌었다는 사실이다.

3) 영국 교회 대부흥 100주년

로이드 존스는 '부흥 설교'에서 두 개의 포인트를 대척점으로 삼았다. 첫째, 로이드 존스는 제2차 세계대전 이후, 영국 전체 인구 가운데 교인은 5퍼센트 내외 정도밖에 되지 않는다는 사실을 청중들에게 반복적으로 각인시킨다.

교회에 출석하는 사람이 … [영국] 인구의 5퍼센트밖에 되지 않습니다. 우리가 설교하고 금식하고 땀을 흘리고 기도하며, 우리가 할 수 있는 모든 일을 다 해본다 할지라도 우리의 모든 노력은 수포로 돌아가는 것 같습니다.[44] 여러분이 신문을 보시고 여러 교단들의 통계를 살펴보십시오. 교회에 출석하는 숫자가 줄어들고 주일 학교 출석률이 낮아지고 예배에 참석하는 인원이 줄고 있는 양상을 보십시오. 모든 교단들에서 그 비율이 내려가고 있습니다. 그것도 참 놀라운 비율로 말입니다. … 교회들의 수가 매년 계속해서 줄어들고 있습니다.[45] 대다수 사람들이 교회에 나오지 않고 있습니다. 10퍼센트의 사람들만이 교회에 성의를 보이고 있고 그중 절반에 속한 사람들만이 정규적으로 교회에 나가고 있습니다. 이것이 바로 교회의 지금 처지입니다. 교회는 찌꺼기가 되었고 연약하고 작게 되었습니다.[46]

로이드 존스는 에큐메니컬 운동이 지닌 신학적 문제점들을 정확하게 꿰뚫어 보는 안목을 가지고 있었다. 그는 이런 에큐메니컬 운동으로 말미암아 자유주의 신학이 강단을 지배할 것이며 신자들은 더 이상 참된 복음을 들을 수 없게 될 것을 알았다. 그러므로 그는 에큐메니컬 운동을 반대했다. 물론, 로이드 존스도 교회 연합이 부흥을 촉발하는 구심점이 될 것을 '부흥 설교'에서 밝힌다. 그러나 그는 에큐메니컬적인 연합이 아닌, 성령 하나님의 강권으로 교파들이 연합할 수 있다고 강조했다. 다시 말해, 그는 성령 하나님께서 교파들에게 부흥을 허락하실 경우에만 자연스럽게 연합이 이루어질 수 있다고 생각했다.[47] 그러나 이런 로이드 존스를 에큐메니컬 운동을 찬양하는 다수의 사람들은 눈엣가시처럼 여겼다. 그러므로 그들은 로이드 존스를 '분리주의' 또는 '완전한 배타주의'의 핵심 인물로 낙인찍었다.[48] 그러나 시간이 흐른 후, 로이드 존스의 생각처럼 영국의 에큐메니컬 운동은 점차 영향력을 상실해가며 영국 교회의 급격한 쇠퇴를 막을 수 없었다.

실제로, 산업혁명 이후부터 영국에서는 교회에 출석하는 인구가 점차 줄어들기 시작했다. 물론 영국 교회는 일거리를 찾아 대도시로 흘러들어 온 젊은 노동자들이 교회에 몸담도록 하기 위해 다양한 방식으로 접촉을 시도했으나 실패했다. 그렇기에 1903년에는 영국 런던에 거주하는 주민 가운데 19퍼센트만이 정기적으로 교회에 출석했는데, 이들은 대부분 상류층에 속하는 사람들이었다.[49] 게다가, 제1차 세계대전 이후 영국 사회는 도덕적 기준을 결정해온 교회의 가르침과 권위에 도전하기 시작했다. 물론, 영국은 외형적으로는 기독교 국가였다. 하지만 영국 국교회와 비국교회가 모두 재정적 어려움에 시달릴 정도로 신자 수가 감소하였다. 더욱이 제2차 세계대전 이후에는 영국 사회에서 신적 존재 자체를 강력하게 부인하고 절대성이 아닌 상대성에 근거한 '에고 (ego)'를 강조하는 현상이 뚜렷하게 나타났다.[50]

그 결과, 로이드 존스가 '부흥 설교'에서 설명한 것과 같이, 제2차 세계대전 이후 영국 기독교는 신자 수가 전체 인구의 5퍼센트 내외인 극소수 종교로 전락하게 되었다. 즉, 영국은 더 이상 기독교 국가가 아닌, 이교(pagan) 국가가 되었다.[51] 이런 점에서, 로이드 존스는 '부흥 설교'를 통해 성령의 주권적인 '재부흥'이 영국 교회의 가장 시급한 과제라고 끊임없이 역설했다. 또한 그는 영국 교회의 몰락을 막기 위해서 부흥에 대한 절박감을 가지라고 요구했다.[52]

둘째, 로이드 존스는 '부흥 설교'에서 끊임없이 1959년을 반복적으로 강조했다. 왜냐하면 영국에서 1959년은 영국 교회 대부흥 100주년을 기념하는 해였기 때문이다. 로이드 존스는 영국 내의 다른 교회들에게 닥친 비관적인 현실을 안타깝게 생각했다. 제2차 세계대전 중에 로이드 존스도 담임하던 웨스트민스터 채플의 성도 수가 감소하는 현상을 목격했다. 독일 공군의 폭격으로 웨스트민스터 채플 건물 일부가 손상되는 일도 있었다. 제2차 세계대전이 끝난 후, 하나님의 은혜에 힘입어 웨스트민스터 채플에서는 신자들로 넘치는 예배가 다시 드려지게 되었다. 이후에 웨스트민스터 채플은 런던에서 가장 큰 교회로 자리매김했다.[53] 로이드 존스는 웨스트민스터 채플이 다시 회복된 것에 감사했으나, 그러나 대다수 영국 교회는 몰락하는 과정에 있었다.

이런 가운데 로이드 존스는 1959년을 맞이하게 되었다. 그 당시, 로이드 존스는 주일 오전 예배에서 에베소서를 연속적으로 강해하고 있었다. 하지만 그는 에베소서 강해 설교를 잠시 멈춘 후, 1959년 1월 11일부터 시작하여 24주간 동안 '부흥'을 주제로 연속하여 설교했다. 그는 자신의 교회 공동체뿐 아니라 영국 내에서 자신의 설교를 사모하는 모든 이들을 영국 교회를 위한 '부흥'의 필요성에 주목하게 할 기점을 1959년이라고 판단했다.[54] 그러므로 그는 1959년 초부터 부흥에 관하여 스물네 번에 걸쳐 설교하면서, 1859년도에 웨일스, 아일랜드, 스코틀랜드에서 하나님께서 설교자들을 통해 어떻게 부흥을 허락하셨는지를, 그리고 1959년에도 하나님께서 영국 교회에 재부흥을 허락하셔야 한다는 내용을 반복적으로 다루었다.[55]

한편, 로이드 존스는 1959년이 영국 교회 부흥 100주년이 되는 해인 동시에 찰스 다윈(Charles Darwin)의 『종의 기원(the Origin of Species)』출간 100주년이 되는 해라는 사실에 주목했다. 로이드 존스는 다윈의 진화론이 영국 내에서 공산·사회주의로 발전되어 영향력을 현재까지 행사하고 있는 점을 누구보다도 잘 알고 있었다. 그러므로 로이드 존스는 부흥 설교에서 "1959년은 또한 다른 어떤 일을 기념하는 100주년이 되는 해입니다. 그것은 찰스 다윈이 『종의 기원』을 출판한 지 100년이 되는 해입니다."[56]라며 다윈의 진화론이 찬양되고 있다는 사실을 경계한다.

왜 로이드 존스는 이토록 다윈의 진화론을 경계할까? 다윈의 『종의 기원』은 이 책이 출판된 빅토리아 시대 이후 사회진화론자들에게 필독서가 되어 진화와 진보의 사고방식을 영국 사회 내에 침투시키기 시작하였다. 다시 말해, 다윈의 진화론은 공산·사회주의의 정치적 개념을 형성하는 중추적인 역할을 담당했다.[57] 두 차례의 세계대전을 겪은 영국 사회에서는 평등한 사회와 인간의 평등권을 내세우는 사회혁명 사상이 봇물 터지듯 주장되어, 영국 역사상 유례를 찾아볼 수 없을 정도로 사회·경제·정치·문화가 좌측으로 과격하게 움직였다. 심지어, 영국 사회에서 1945-51년까지 노동당 정부가 6년간 지속하여 집권하면서 혼합경제와 복지국가에 기초한 사회민주주의를 실시했다.[58] 『종의 기원』 출판 100주년이 되는 1959년은 재차 진화론과 공산·사회주의가 급격하게 이슈로 부각될 가능성이 있는 해였기 때문에, 로이드 존스는 '부흥 설교'에서 공산·사회주의가 언제나 하나님의 대적하는 원수의 역할을 하고 있다고 단언했다.[59]

로이드 존스는 고향 근처인 애버라본 샌드필즈에 위치한 베들레헴 교회에서 처음 목회를 시작했는데, 이 지역은 이미 마르크스-레닌주의(Marxism-Leninism), 즉 공산·사회주의에 함락되어 있다고 할 정도였다. 그런데 그가 목회한 베들레헴 교회가 부흥하여 지역을 변화시키는 복음의 선구자 역할을 하였다.[60] 영국 교회는 다윈의 진화론이 왕성한 영향력을 미치고 있을 때, 기독교적 변증학과 합리적인 토론을 통해 기독교의 주장이 참됨을 증명하고자 애썼다.[61] 하지만 이미 19세기부터 영국 교회에서는 계몽주의와 합리주의의 영향으로 인해 성경고등비평을 인정하는 목회자가 대다수였다. 성경고등비평을 지지하는 목회자들은 창조론과 진화론이 조화를 이룰 수 없다고 주장하며, 창조론을 배격했다.[62] 그러므로 로이드 존스는 '부흥 설교'에서 변증이 오히려 철의 장막이나 보호막을 형성할 뿐, 궁색한 변명을 내세우는 방식밖에 되지 않는다고 변증의 효용성에 관하여 반박했다. 그리고 그는 지금이야말로 구원 교리를 설교할 것을 주장했다.[63] 다시 말해, 그는 설교 시간에 설교자

가 변증하는 것이 아니라, 적극적인 구원의 메시지를 전해야 한다고 생각했다.[64]

2. '부흥 설교'에 관한 목회적 고찰 [65]

목회란 무엇인가? 찰스 브리지스(Charles Bridges)의 말을 빌린다면, 목회는 교회 공동체를 온전하게 하고 세상을 중생시키는 목적이 있는 하나님의 신적 기원을 지닌 사역이다. 그리고 목회는 성경과 동일 수준의 가치를 지닌 행위로서, 사람의 일이 아니라, 하나님의 일이다.[66] 그리고 목회에서 가장 중요한 수단은 설교라 할 수 있다. 왜냐하면 설교의 퇴보가 종국에는 교회에 위기를 가져다주기 때문이다. 그러므로 설교자의 설교는 교회 부흥을 일으키는 원동력이 된다.

이런 점에서, 로이드 존스는 신자들이 잘 받아들일 만한 메시지를 전하는 목회적 분위기를 철저하게 배격했다. 물론, 일반적인 영국 목회자들처럼 그도 성도 수의 감소 현상을 막아내고 교회를 유지하는 목회적 사명이 있었다. 그러나 그는 "교회가 메시지를 사람들의 구미에 맞게 절충하면 할수록 그만큼 예배에 참석하는 신자들의 수도 줄어들 것"이라 생각했다.[67] 왜냐하면 교회는 기독교가 제시하는 참된 복음을 설교하는 거룩한 모임이기 때문이다. 그리고 그는 교회에서 사람들에게 좋은 프로그램과 환경을 제공하더라도 인간이 지닌 유일한 문제, 곧 죄의 문제를 해결할 수 없음을 누구보다도 잘 알고 있었다. 그러므로 로이드 존스는 에큐메니컬 운동, 신설교학, 자유주의 신학과 현대주의 등을 받아들이면 영국 교회가 어려움에 봉착하게 될 것을 알고 있었다. 그는 언제나 참된 부흥을 꿈꾸는 교회는 인간에게 참된 복음을 제시해야 한다고 강조했다.[68] 왜냐하면 아무리 사람이 엄청난 노력을 쏟아 놓더라도 참된 회심으로 나아갈 수 없기 때문이었다.[69]

거기에, 로이드 존스는 영국에서 단회적인 전도 집회를 통해 부흥이 일어날 수 없음을 더하여 강조했다. 제2차 세계대전을 겪은 영국의 많은 신자들이 하나님께 영적으로 실망했다. 하나님께서 살아 계신다면, 제1차 세계대전이 끝나고 겨우 20년 후에 제2차 세계대전이 일어날 리가 없다고 생각했기 때문이다. 즉, 하나님을 향한 영적인 실망이 영국 사회에 전방위적으로 자리 잡게 되었다. 그 결과 영국 교회의 교세가 급격하게 하락하자, 영국 교회의 몰락을 막기 위하여 영국의 복음주의 연맹은 대규모 전도 집회를 반복적으로 개최했다.[70] 그러나 이러한 일회성 전도 집회는 영국 사회에서 복음적 각성을 일으키지 못했다.

이런 점에서, 로이드 존스는 '부흥 설교'에서 단회적인 전도 집회의 무의미함을 계속 주장했다. 왜냐하면 그는 하나님께서 특정한 집회 혹은 일회성 집회가 아니라, 일반적으로 신자들이 모여 예배하는 교회 공동체에게 부흥을 허락하신다고 믿었기 때문이다.[71] 특히, 로이드 존스는 하나님께서 일하시는 방식은 과거나 현재, 그리고 미래에도 동일한 방식으로 보편적인 교회 공동체를 사용하시는 것임을 알고 있었다. 그 이유는 부흥은 언제나 교회 공동체 안에서 시작되며, 교회 공동체 구성원의 교회 생활부터 변화시키기 때문이다.[72] 그러므로 로이드 존스는 "하나님께서 일하시는 단위는 언제나 [일반적인] 교회였습니다. 부흥의 역사를 읽어 보십시오."[73] 라고 주장한다.

로이드 존스는 이러한 목회 신념을 가지고 목회함으로써 참된 부흥을 경험할 수 있었다. 그는 오직 성령 하나님께서 설교를 통해 진리를 확인시키시고 회심을 불러일으키실 수 있다고 확신했다. 그러므로 로이드 존스의 설교에 나타나는 선명한 특징은 분명한 복음을 접하게 함으로써 사람들로 하여금 죄의 근본 성격을 깨닫게 했다는 것이다. 성령 하나님께서는 이러한 목회적 신념으로 섬기는 그의 교회에 역사하셔서 참된 부흥을 허락하셨다.

먼저, 로이드 존스는 고향 근처에서 자신의 신학적 신념을 가지고 처음으로 목회를 시작했다. 이때는 제1차 세계대전이 끝난 후 영국 사람들의 관심이 점점 기독교에서 멀어지고 있던 순간이었으나 그는 참된 부흥을 경험하게 된다. 1926년에 그가 섬기던 교회의 교인이 꾸준히 증가하여 146명이 되었고, 1927년 말에는 165명, 1928년 말에는 196명으로 증가했다. 물론 그리 많은 수가 아니었을 뿐 아니라, 등록했지만 회심치는 않은 사람들도 포함되어 있었다. 그러나 점점 회심자들이 늘어났다. 1930년 11월 2일에 40명이 세례를 받았으며, 교인의 수가 88명 더 증가하였다. 그 가운데 70명은 이 교회에서의 신앙생활을 통해 처음으로 그리스도를 인생의 주인으로 받아들인 자들이었다. 특히 1930-31년의 기간 동안 온 성도들이 하나님의 임재를 느낄 수 있었다.[74]

더욱이 그가 처음 목회했던 곳인 샌드필즈의 교인들은 하나님의 은혜를 경험한 뒤 혹독한 경제 침체 속에서도 많은 헌신을 하였다. 1930년부터 1933년까지 4년 동안 교인들이 자유롭게 헌금한 액수가 각각 1,074, 1,069, 955, 1,102파운드였다. 그 기간 교회의 부채는 1,750파운드에서 615파운드로 줄어들어 교회의 살림은 점점 나아졌다. 새 목사

관을 건축하고, 전등을 설치하고, 예배당 좌석을 60석 이상 더 배치하였고, 예배당과 사무실 난방을 새로 설치하였으며, 새 교육관을 지어 주일학교 교실로 사용하였다. 예배당은 점점 사람들로 가득하여 주일 저녁 예배 때에도 빈자리를 찾아보기 힘들었다.[75]

그 후, 로이드 존스는 1938년부터 런던의 웨스트민스터 채플에서 30년간의 목회를 시작하였다. 얼마 안 되어 제2차 세계대전이 발발하였으므로 그의 가정은 교회로부터 적은 액수의 사례를 받아 가며 생활해야 했다. 게다가 전쟁이 격화되자 폭탄이 예배당에 투하되었다. 그 결과 2,000명이 모일 수 있는 예배당에서 150명 정도만 모여 예배하게 되었으나, 이후 그는 놀라운 일들을 경험하게 된다. 비록 제2차 세계대전 가운데 상당수 성도가 교회를 떠났으나, 전쟁에 참여하기 위해 런던으로 발령받은 많은 군인이 예배에 참석하여 그 빈자리를 메꾸었다. 그리고 그들 가운데 로이드 존스의 설교를 들은 많은 사람이 회심하게 되었다.[76]

제2차 세계대전이 끝난 뒤, 로이드 존스는 다시 약 500명의 성도와 함께 웨스트민스터 채플에서 목회를 할 수 있게 되었다. 그리고 시간이 조금 지난 1951년, 웨스트민스터 채플은 약 2,500명이 출석하는 런던에서 가장 큰 교회로 성장하게 된다.[77] 그런데 로이드 존스는 자신의 교회에 출석하지만 여전히 불신자인 사람들이 있다는 사실을 감지한다. 그래서 1955년부터는 그들을 회심시키기 위하여 금요일마다 로마서를 중심으로 교리 설교를 했으며, 주일 저녁에는 전도 설교를 통해 그들에게 복음을 전하였다.[78]

3. '부흥 설교'에 관한 설교학적 고찰

1) 부흥 설교의 필요성

헨드리어 피터스(Hendrir J. C. Pieterse)는 설교를 그리스도와 사귐이 있는 자들의 증언이며 선포라고 설명한다. 즉, 피터스는 설교는 단순히 설교자 자신의 의견을 전하려는 수단이 아니라, 예수에 관한 보전된 증언을 회중에게 해석하는 거룩한 일로 이해한다. 그러므로 피터스는 설교자의 설교 행위를 가리켜, 설교자의 믿음의 행위라고 주장한다.[79] 결국, 설교란 예수를 증언하는 믿음의 행위라 말할 수 있다. 또한 설교자는 예수를 증언하는 믿음의 행위자라 할 수 있다. 마찬가지로 로이드 존스도 설교를 가리켜, 예수를 증언하는 증인으로서의 믿음의 행위라 생각했다.[80] 설교자의 주된 임무는 하나님의 말씀을 믿음으로 설교하는 행위인 것이다.[81]

제2차 세계대전 이후, 로이드 존스는 영국 교회 쇠퇴의 근원적인 문제를 사회 풍조 탓으로 규정하지 않았다. 물론, 그도 교회가 세상 속에 늘 존재하기에, 세속적 풍조들이 교회에 직, 간접적으로 영향을 미쳤다는 사실을 인정한다. 그러나 로이드 존스는 오히려 영국 교회의 쇠퇴 원인은 부흥에 대한 긴박감의 필요성을 인식하지 못하는 영국 설교자들에게 있다고 꼬집는다. 왜냐하면 설교자들에게서 부흥을 위해 기도하지 않을 뿐만 아니라 부흥을 기대조차 하지 않는 영적인 패배자의 모습이 비쳤기 때문이다. 로이드 존스는 물론 하나님께서는 설교 외의 비상한 방식을 사용하여 교회 부흥을 이끄실 수 있다고 말했다. 하지만 또한 로이드 존스는 작금의 설교자가 부흥의 확신이 가득한 설교를 선포할 경우에 부흥이 일어난다고 강조했다. 그 이유는 확신 있는 설교를 들은 후에야 신자가 영적 자각과 함께 부흥을 위해 기도하게 되기 때문이다.[82]

그러므로 로이드 존스의 '부흥 설교'는 설교자와 청중에게 옛 과거의 향수를 불러일으키는 '프루스트 현상적 설교'의 양상을 보인다.[83] 그리고 로이드 존스는 영국 교회의 재부흥을 가로막는 당면 문제로 세 가지를 제시한다. 첫째, 영국 교회 내에 재부흥을 다급하고 절박하게 필요로 하는 긴박감이 없다. 둘째, 대다수 영국 교회의 구성원들은 부흥이 존재한다는 사실과 부흥이 일어나야 한다는 것을 인식조차 하지 못한다. 셋째, 1959년으로부터 100년 전에, 영국 교회에 엄청난 부흥의 역사가 존재했다는 사실을 망각했다.[84]

2) 부흥 설교 분석

로이드 존스와 동시대 복음주의 신학자로 활약했던 제임스 패커 (James I. Packer)는 1948년에 오크힐 신학교(Oak Hill Theological College)에서 교수로서 가르치기 위해 런던에 1년간 머물렀다. 그러면서 패커는 로이드 존스가 사역하는 웨스트민스터 채플의 저녁 예배에 정기적으로 참석하며 로이드 존스와 자연스러운 교제를 형성하게 되었다. 패커는 웨스트민스터 청교도 연구회(Puritan and Westminster Conference)를 이끌고 있었는데, 1950년 12월 19일에 처음으로 이 연구회를 웨스트민스터 채플에서 개최했다. 이 연구회는 매년 성탄절 전 주 화요일과 수요일 이틀 동안 진행되었으며, 옥스퍼드 국제 기독 학생 연맹(Oxford Inter-Collegiate Christian Union)에 속한 학생들 가운데 청교도에 관심을 표하는 학생들만 주로 참여했다. 이 당시, 젊은 청년들에게 청교도는 그리 환영받지 못하던 주제였다. 그러나 로이드 존스는 이 연구회가 청교도 연구를 표방하는 것이 당대 영국 기독교계에 특별한 신학적 공헌을 할 수 있을 것으로 평가했다. 그래서 로이드 존스는 패커와 함께 이 연구회를 이끌어 갔다.

1959년 연구회 모임부터는 둘째 날(성탄절 전 주 수요일) 마지막 강연은 로이드 존스가 담당하는 것이 상례처럼 되었다. 이 강연의 주제는 '1959년: 역사적 및 신학적 관점에서 본 부흥'이었는데, 이 강연은 로이드 존스가 1959년 1월부터 24주 동안 주일 아침 예배에서 부흥에 관하여 연속하여 설교한 내용들을 일목요연하게 요약한 것이다.[85] 24주간 선포되었던 로이드 존스의 '부흥 설교'는 훗날 『부흥(Revival: Can we make It happen?)』이라는 제목으로 출판되었다. 패커는 로이드 존스의 '부흥 설교'에 대하여 다음처럼 극찬했다.

오늘날 우리 시대에는 1895년 영국 대부흥이 일어난 지 100년이 되던 해에 런던 웨스트민스터 채플에서 이루어진 이 시리즈 메시지만큼 이 주제를 능력 있고 깊이 있게 다루지 못하고 있다고 생각합니다. [로이드 존스] 박사는 하나님께서 이 100주년을 통해 당신의 백성들을 움직여 부흥을 다시 갈급하게 해 주시기를 기대했습니다. … 그러나 우리가 부흥의 필요성을 깨달을 때까지는 하나님께 부르짖을 수 없고, 또 그 어떤 것도 우리에게 도움이 될 수 없음을 깨닫기 전까지는 부흥이 일어나지 않습니다. … 이제는 우리가 변화되어야 할 때가 아니겠습니까? [로이드 존스] 박사께서는 생전에 부흥을 별로 체험하지 못하는 것을 안타깝게 여기셨습니다. 또 자신의 설교를 듣고 열광하던 많은 사람이 관심을 딴 곳으로 돌린 채 부흥을 마음 뒷전으로 밀어버리는 것을 안타까워하셨습니다.[86]

최고의 기독교 지성인 중 한 사람인 패커가 극찬했던 로이드 존스의 '부흥 설교'에 나타난 특징들을 간략히 살펴보면 다음과 같다.

① 작은 단위 본문의 주제별 시리즈 설교

정창균은 설교를 설교 본문과 청중 사이의 만남을 이루어지게 만드는 연결 다리로, 설교자를 연결 다리를 놓는 자로 설명한다. 왜냐하면 설교 본문은 설교해야 하는 메시지를 지니고 있고, 청중은 메시지가 필요하다고 생각하는 상황에 놓여 있기 때문이다. 그러므로 설교자는 이 만남을 주선하기 위해서, '본문으로부터 시작하여 청중의 상황을 향하여 다가가는 방식'과 '청중의 상황으로부터 시작하여 그 상황에 필요한 메시지가 담긴 설교 본문으로 나아가는 방식' 가운데 한 가지를 선택한다.[87]

그렇다면 과연 로이드 존스는 '부흥 설교'를 작성하기 위하여 어떤 방식을 취했을까? 로이드 존스는 주로 '설교 본문으로부터 청중의 상황으로 나아가는 방식'을 취한다. 즉, 그는 보통 자신이 원하는 설교 본문을 선택한 후, 청중의 상황에 적용하는 방식을 사용했다. 실제로 로이드 존스는 제2차 세계대전 이전까지는 성경 한 권 전체를 강해하는 방식을 채택하여 설교하지 않았다. 다만 제2차 세계대전 이후 로이드 존스는 처음으로 베드로후서를 '죽음'의 관점에서 한 권 전체를 강해했다.[88] 그리고 베드로후서 전체를 설교한 후부터는 '성경 66권 가운데 한 권 전체를 강해하는 설교 방식'과 '자신이 원하는 설교 본문을 선택하여 설교하는 방식'을 혼용하여 사용했다. 그러나 중요한 것은, 로이드 존스가 어떤 설교 방식을 취하든, 그 설교 방식은 언제나 설교 본문이 설교 주제를 찾는 주체가 되었다는 것이다.

로이드 존스는 '부흥 설교'에서는 다소 독특한 방식들을 취한 것처럼 보인다. 첫째, 로이드 존스는 '청중 상황으로부터 설교 본문으로 나가는 방식'을 취한다. 다시 말해, 로이드 존스의 '부흥 설교'는 청중 상황으로부터 설교 주제를 결정한 후, 설교 본문으로 나아가는 주제 설교 방식을 추구했다. 그러나 '부흥 설교'도 사실상 주제 설교 본문이 주체가 되는 설교 방식을 고수하고 있다. 로이드 존스는 영국 교회를 위한 부흥이라는 주제를 구체적으로 설명할 만한 설교 본문을 적절히 선택했기 때문이다.

둘째, 로이드 존스는 철저히 주제 설교를 추구하되, 시리즈 설교 방식을 활용했다. 그러면 시리즈 설교란 무엇인가? 시리즈 설교는 두 가지 형태로 나뉜다. 하나는 주제별 시리즈 설교다. 주제별 시리즈 설교는 특정 주제를 몇 차례에 걸쳐 연속하여 설교함으로 청중에게 그 주제에 관한 종합적이고도 체계적인 이해를 갖게 하는 방식이다. 다른 하나는 한 본문을 다양한 관점으로 접근하여 몇 차례 설교하거나, 한 본문을 여러 구절로 나눠 몇 차례 설교하는 방식이다. 그리고 이 방식을 가리켜, 작은 단위 본문의 시리즈 설교라고 칭하고는 한다. 작은 단위 본문의 시리즈 설교는 각 시리즈 설교들이 통일성을 유지하며 전체 주제를 형성한다.[89]

그런데 로이드 존스는 '부흥 설교'를 선포하기 위하여, 두 가지 시리

즈 설교 방식 모두를 조합해서 활용했다. 즉, 로이드 존스의 '부흥 설교'
는 작은 단위 본문의 주제별 시리즈 설교라고 설명할 수 있다. 다음 도
표에서 그 이유를 분명하게 알 수 있을 것이다.

설교문 순서	설교 본문	설교 제목(주제)	설교 내용
1	막 9:28-29	부흥의 긴박성	부흥의 필요성과 영적 각성
2	창 26:17-18	부흥의 장애물	부흥을 가로막는 세속적 문제들
3	창 26:17-18	불신	기독교 진리를 불신하게 만드는 종교 신학 철학적 이론들
4		오염된 교리	믿음의 교리를(그리스도와 죄) 의심하고 부정하게 만드는 신학
5		결함 있는 전통	하나님의 주권적인 역사에 의한 중생과 반대되는 중생을 위한 인위적인 노력(대중 전도집회)
6		죽은 전통	기독교 진리를 변호하는 지적인 변증학과 생명력 없는 예배
7		영적 무력증	기독교 진리를 묵상하고 적용하지 않는 문제
8	수 4:21-24	부흥에 대한 갈망	부흥에 관한 확신 없음과 부흥 역사에 대한 망각
9		부흥의 성격	성령 하나님의 주도권과 영적 자각을 통한 회심과 기도
10		부흥의 목적	하나님의 능하심을 앎과 교회 공동체로 사람들을 모으심
11	행 2:12-13	부흥의 결과	하나님의 교회 공동체가 소생하고 성장 및 확장됨

12		출 33:4	부흥이 오는 방식	하나님을 말씀인 설교를 통해 교회 공동체가 죄를 자각하고 참되게 회개함
13			기도와 부흥	부흥의 모습이 개인과 공동체를 위한 합심 기도와 중보로 나타남
14	출 33:4-23	출 33:7-11	부흥을 위한 기도	성령의 임재를 통해 나타나는 성령 충만과 성령세례를 위한 기도
15			부흥을 위한 기도의 동기	하나님으로부터 시작되며, 보편적인 교회 공동체에서 부흥이 일어남
16		출 33:17	부흥의 내용	성령 하나님의 부으심을 통한 교회 공동체의 충만함과 능력이 나타남
17			부흥과 하나님의 영광이 나타남	부흥은 체험이며 하나님의 영광을 드러내는 것임
18		출 33:18-23	부흥과 하나님의 선하심이 나타남	부흥은 체험이며 그리스도인의 선한 삶을 통해 하나님의 선하심을 드러냄
19			예수 그리스도의 얼굴에 있는 하나님의 영광	부흥을 통해 하나님의 영광을 드러내는 그리스도를 발견함
20	사 62:6-7		부흥에 대한 부담감	교회 부흥의 필요성을 숙고하여 부흥을 비전으로 삼아야 함
21	사 63장	사 63:1-7	사 63:1-6	하나님의 개입
22			사 63:7	부흥을 위한 이사야의 기도
23		사 63:15-19		부흥 기도의 열정
24	사 64:1			부흥: 성령께서 우리 가운데 임재하심

이렇게 구체적으로 계획된 로이드 존스의 시리즈 설교 방식은 총체

적인 설교 주제에 관한 총체적인 지식과 이해를 청중에게 주는 데 매우 효과적일 뿐 아니라, 청중에게서 다음 설교에 대한 기대감을 높여 교회 출석률을 높이는 데 탁월했을 것이다. 설교자가 시리즈 설교를 구상하기 위해서는 나름대로 종합적이고 체계적인 설교 계획이 필요하다.[90] 로이드 존스도 1959년 1월부터 24주간 '부흥 설교'를 연속하여 선포하기 위해 사전에 구체적인 계획을 설계한 후 선포했을 것이다.

② 영적인 접근

정근두는 로이드 존스의 설교를 위한 해석학적 원리를 '설교 본문의 의미에 대한 접근'과 '설교 본문의 의의에 대한 접근'으로 나누어 설명한다. 즉, 전자의 접근을 '주해 방법'으로, 후자의 접근을 '적용 방법'으로 이해하는 것이다. 이렇게 볼 때는 로이드 존스의 특징적인 접근 방식은 후자의 접근을 영적으로 한 것이라고 할 수 있다.[91]

그렇다면, 로이드 존스는 설교 본문 해석에서 어떤 방식으로 영적인 접근을 수행할까? 로이드 존스의 '부흥 설교'를 보면 영적인 접근 방식이 뚜렷하게 나타나는데, 바로 알레고리 해석을 통해 교리적 주제와 영적인 의미를 본문에서 추출하여 적용하는 것이다. 앞의 도표에서 살펴봤듯이 로이드 존스는 두 번째부터 일곱 번째 설교를 위한 설교 본문을 창세기 26:17-18로 한정했다. 그리고 이 여섯 차례의 설교는 모두 부흥을 부정하거나 방해하는 것들을 핵심 주제로 삼았다. 그런데 부흥을 부정하거나 부흥을 방해하는 그 어떤 것들을 설명하기 위해, 로이드 존스는 창세기 26:17-18에 나오는 '아브라함의 우물'을 부흥 혹은 기독교 진리로, '아브라함의 우물'을 막는 아비멜렉과 블레셋 사람들의 행동을 영적인 의미에서 부흥을 저해하는 문제점들로 해석했다.

또한 로이드 존스는 '부흥 설교' 중 8번째부터 10번째 설교를 위해 여호수아 4:21-24을 설교 본문으로 선택했다. 이 설교들에서 로이드 존스는 여호수아 4:21-24에 나오는 요단강 가운데 세운 기념 돌무더기를 '부흥'을 기억하는 방식으로 설명했다. 아마도 로이드 존스는 알레고리 해석으로 성경 역사의 실재를 영적으로 유추함을 통해 현대에 적용하여 시간적 간격을 극복하려고 시도했던 것 같다. 그러나 일명 영해(靈解)라고 하는 알레고리 해석은 설교자가 자신의 자의적인 생각을 설교 본문에 투영시키는 신학적 문제점을 드러낸다.[92] 이런 점에서, 로이드 존스의 '부흥 설교'에서 그의 알레고리 해석은 주의해야 할 부분이라고 할 수 있다.

3) 설교문의 형식

콘스탄스 체리(Constance M. Cherry)는 교회에서 발생한 문제점들을 '방향 설정(orientation)-방향 상실(disorientation)-방향 재설정(reorientation)'이라는 역사적인 관점에서 해결 방법을 모색한다. '방향 설정'은 과거 역사에서 바르게 정립된 것, '방향 상실'은 과거 역사에서 정립된 것이 현재 역사에서 상실된 것, '방향 재설정'은 과거 역사에서 정립한 것을 현재 역사에서 재정립하여 긍정적인 미래 역사를 제시하는 것이다.[93] 그러므로 그녀의 연구 방법은 역사적인 관점에서 교회를 회복시킬 방안을 실천적으로 제시하는 데 탁월하다고 평할 수 있을 것이다.

그런데 놀랍게도 로이드 존스의 '부흥 설교'에 수록된 24편의 설교들은 대체로 체리의 연구 방법처럼 역사적인 안목에서 작성되었다. 다시 말해, 로이드 존스의 부흥에 관한 설교문 형식은 주로 '방향 설정-방향 상실-방향 재설정'이라는 세 부분으로 다음과 같이 구조화되어 있다.

설교 도입	방향 설정	방향 상실	방향 재설정	설교 결론
설교 본문에 관한 간략한 배경 설명	100년 전, 1859년에 있었던 영국 교회 대부흥의 역사	현대 시대에 부흥의 역사를 부정, 부인 혹은 망각하게 만드는 문제점들	1959년 영국 교회의 재부흥을 위한 신학적 혜안들	미래에 있을 영국 교회 재부흥을 위한 결단

결국, '부흥 설교'에 포함되는 설교들의 구조를 살펴보면, 로이드 존스는 매번 영국 교회에 있었던 부흥의 역사를 회고한 후, 재부흥에 대한 기대감을 품으라고 반복해서 요구했다는 사실을 파악할 수 있다. 왜냐하면 그에게 영국 교회의 부흥은 역사적인 사실이었을 뿐 아니라, 현재에도 다시 일어날 수 있는 역사, 그 자체였기 때문이었다.

4) 부흥 설교의 귀착점

로이드 존스는 '부흥 설교'를 통해 어떤 역사적인 순간을 기억해 내기를 소원했다. 바로, 사도행전 2장에 등장하는 성령 하나님의 강권에 의한 초대 교회 부흥의 역사다. 그렇기에 로이드 존스의 '부흥 설교'에서 설교 후반부에는 대체로 사도행전 2장의 사건이 약방의 감초처럼 등장한다. 로이드 존스는 사도행전 2장에 기록된 성령의 임재와 능력만이 영국 교회를 다시 회복시킬 수 있는 방편이라고 판단했다. 사도행전 2

장의 성령 사건이 인류 역사에서 언제나 반복해서 일어날 수 있는 기적 사건이라고 이해하며, 성령의 역사만이 교회를 지속시키는 원천이라고 믿었기 때문이다. 그는 사도행전 2장에 나타난 성령의 역사만이 오늘을 살아가는 죄인들을 온전히 변화시킬 수 있다고 생각했다. 그러므로 그는 늘 사도행전 2장과 같은 성령의 역사가 지금의 영국 교회에 나타나기를 열정적으로 기도하라고 요구했다.[94]

혹자들은 로이드 존스의 성령론에 문제가 있다고 주장한다. 왜냐하면 사도행전 2장에 기록된 성령 사건은 예수님의 십자가 사건처럼 인류 역사에서 오직 한 차례만 있었던 특별한 순간이라고 생각하기 때문이다. 거기에, 혹자는 부흥에 관한 로이드 존스의 과도한 집착이 오히려 그의 성경해석과 성령론에 큰 오점을 남긴 요인이 되었다고 평가하기도 한다. 그러나 로이드 존스의 '부흥 설교'에 나타난 독특성은 당시 영국 교회의 문제점들을 해결할 수 있는 마지막 처방전이었을지 모른다. 그러므로 죽어가는 영국 교회를 되살리기 위한 몸부림으로 로이드 존스가 성령을 강조하다가, 오히려 그것이 로이드 존스만의 신학으로 발전한 것으로 조심스럽게 이해할 수는 없을까?

분명한 것은, 로이드 존스는 당시 영국 교회에서 무게감이 막대했다. 로이드 존스는 이미 웨일스적인 신학을 토대로 성령 하나님을 체험했을 뿐 아니라, 영국에서 가장 독보적인 교회를 섬겼던 산 증인이었다. 그러나 그에게는 난제가 있었는데, 바로 기울어 가는 영국 교회를 회복하는 일이었다. 그러므로 결국에 로이드 존스는 성령의 능력을 열망하는 확신과 성령 하나님의 강력한 능력에 의지할 수밖에 없는 겸손함을 모두 소유한 설교자가 될 수밖에 없었을 것이다.

맺음말

1990년 중후반에 한국 교회도 영국 교회가 경험했던 성도 수 감소 현상을 최초로 경험하게 된다. 그리고 현재 한국 교회는 수많은 교회들이 문 닫고 있는 역사 가운데 서 있다. 물론, 한국 교회도 영국 교회와 마찬가지로 급격한 교회 쇠퇴를 막기 위하여, 교회의 맥도날드화(McDonaldization), 심리학과 다양한 설교술을 받아들였다. 또한 한국 교회는 모든 프로그램과 편안함을 제공할 수 있는 여건을 구축하여 사람들의 환심을 획득하고자 노력했다.

그러나 작금의 한국 교회는 당면한 위기를 그저 바라볼 뿐, 해결 방안 자체가 없는 멸망의 끝자락에 서 있다고 생각한다. 다시 말해, 한국 교회는 현재 과거의 부흥을 기억조차 할 수 없을 뿐 아니라, 부흥은 단지 전설에 지나지 않는다고 생각하고 있다. 왜냐하면 현재 한국 교회는 앞으로의 생존 자체가 불투명하기 때문이다. 이제 한국 교회는 로이드 존스의 '부흥 설교'에 소개된 부흥 신학을 주목할 필요가 있다. 왜냐하면 그것이 한국 교회의 모습과 유사했던 영국 교회를 향해 로이드 존스가 내린 극적 처방이었기 때문이다.

로이드 존스의 '부흥 설교'를 살펴보면서 필자에게 문득 떠오른 생각이 있는데, 한국 교회의 위기도 본질을 버린 채 비본질적인 것들을 선택함으로써 자초한 것이라는 사실이다. 즉, 한국 교회는 비본질적인 부흥 방안을 찾아 헤매어서는 안 된다. 로이드 존스가 주장한 것처럼, 성령 하나님께서 설교자를 통해 복음을 전하시고, 청중이 그것을 듣고 깊게 깨달음을 얻을 때 참된 부흥이 도래하는 가장 본질적인 부흥 방법을 추구해야 할 것이다. 다시 말해, 로이드 존스의 설교 신학을 혜안으로 삼아 목회에 적용하는 것이 절실하게 필요하다. 그리고 로이드 존스처럼 오직 갈급한 마음을 담아 사도행전 2장에 기록된 부흥의 역사가 한국 교회에도 재부흥으로 나타나기를 기도해야 할 것이다.

끝으로 로이드 존스가 설교학적 관점에서 참된 부흥을 통찰력 있게 설명한 것으로 글을 마무리하려고 한다.

교회가 설교라는 주된 임무를 수행하는 대신 다른 매개체들이 하는 일들로 돌아간다면 … 그 자체로는 나쁜 일을 한 것이 아님에도 불구하고 진정한 필요를 은폐시킴으로써 결과적으로는 더 큰 피해를 입게 될 것입니다. … 설교자가 참으로 복음을 설교할 때 성령께서 아주 놀라운 방식으로 그것을 각 사람의 사례와 문제에 적용하심으로써 설교자가 알지 못하는 가운데 [참된 부흥]이 일어날 것입니다.[95]

미주

1 이용화, "냄새로 기억되는 인생", 〈대전일보〉(2023.08.16.).

2 허버트 앤더슨, 에드워드 폴리, 『예배와 목회상담: 힘있는 이야기, 위험한 의례』(안석모 역, 학지사, 2012), 35쪽.

3 '프루스트 현상적 설교'는 논자가 창안한 용어다.

4 월터 브루그만, 『예언자적 상상력』(김기철 역, 복있는 사람, 2009), 207쪽. 브루그만은 예언자(선지자)적 목회를 통해, 신자와 공동체에게 역사를 회고하여 현실과 미래에서 추구해야 할 신앙 자태를 상상할 힘을 공급해야 한다고 주장한다. 필자는 그의 예언 자적 목회를 추구하기 위해 가장 중요한 것이 '예언자적 설교'라고 생각한다. 그리고 예언자적 설교는 일반적으로 '선지자적 설교'를 지칭하는 것으로, 프루스트 현상적 설교와 유사한 용어라 생각한다. 왜냐하면, 선지자적 설교는 과거 역사에서 보여주었 던 이스라엘의 신앙을 회상시켜, 현실에 처한 이스라엘 백성들의 신앙을 재고시킬 뿐 아니라, 미래에 있을 신앙적 청사진을 기대하게 만들기 때문이다.

5 이 전도 집회를 계기로 1973년 5월까지 1,400개이던 서울 소재 교회가 이듬해 2,000 개로 늘었고, 1970년에 219만여 명이던 교회 신자는 1978년에 375만 8,930명으로 증 가했다. 안정환, "20세기 최고 복음전도자 '빌리 그래함 전도대회 50주년 기념대회', 6 월 3일 개최 ⋯ 서대천 목사 '한국 교회여, 다시 회개·회복·복음으로", 〈아시아투 데이〉(2023.05.23.).

6 이안 머리, 『로이드 존스 평전 2: 후기 42년 I (1939-1981)』(김귀탁 역, 부흥과개혁사, 2011), 638~639쪽.

7 윌리엄 윌리몬, 『예배가 목회다』(박성환, 최승근 역, 새세대, 2017), 24~25쪽.

8 박태현, 「마틴 로이드 존스(D. Martyn Lloyd-Jones)의 부흥신학 연구: 개혁주의 관 점에서」(한국복음주의실천신학회, 『복음과 실천신학』 62, 2022), 116쪽.

9 박동진, 「팬데믹 시대의 로이드 존스의 설교학적 의미: 온전한 확신과 설교의 능력」(한국복음주의실천신학회, 『복음과 실천신학』 63, 2022), 13쪽.

10 박성환, 「변화하는 설교 현장: 미국을 중심으로」(한국개혁신학회, 『한국개혁신학』 38, 2013), 170쪽.

11 알리스터 맥그라스, 『신학의 역사: 교부 시대에서 현대 시대까지 기독교 사상의 흐름』

(소기천, 이달, 임건, 최춘혁 역, 知와 사랑, 2001), 34~35쪽.

12 최정권, 『로이드 존스의 설교신학』(CLC, 2021), 16쪽.

13 마틴 로이드 존스, 『로이드 존스의 부흥』(서문강 역, 생명의 말씀사, 1988), 364쪽.

14 박성환, 「마틴 로이드 존스(Martyn Lloyd-Jones)의 죽음 설교」(한국설교학회, 『설교한국』 13, 2021), 50~54쪽. 논문 내용 일부를 재인용하여 수정, 보완함.

15 로널드 웰즈, 『신앙의 눈으로 본 역사』(한인철 역, IVP, 1995), 299쪽.

16 김남균, 「2차 세계대전 연구 동향과 전망」(국방부군사편찬연구소, 『군사지』 100, 2016), 189쪽.

17 이영석, 「공습과 피난의 사회사: 2차 세계대전기 영국인의 경험」(한국서양사학회, 『서양사론』 143, 2019), 163쪽.

18 이안 머리, 위의 책, 28쪽.

19 김남균, 위의 논문, 192쪽.

20 이영석, 위의 논문, 168쪽.

21 전영백, 「영국의 도시 공간과 현대미술: 2차 세계대전 이후의 런던」(서양미술사학회, 『서양미술사학회논문집』 21, 2004), 182~183쪽.

22 윤영필, 「제2차 세계대전 이후의 영국소설」(영미문학연구회, 『안과 밖』 3, 1997), 358~359쪽.

23 김남균, 위의 논문, 192쪽.

24 이재근, 『세계 복음주의 지형도』(복있는 사람, 2015), 45쪽.

25 케네스 모건, 「20세기(1914-1987)」(『옥스포드 영국사』, 영국사학회 역, 한울아카데미, 1988), 632~634쪽.

26 물론, 로이드 존스는 제2차 세계대전 이후에 1950년 10월 1일부터 1952년 4월 6일까지(휴가 기간 제외) 산상수훈(마 5-7장)과 1952년 5월 4일부터 1953년 7월 19일까지 요한복음 17장을 강해 설교했다. 그러나 산상수훈 설교와 요한복음 17장 설교를 제외하고, 그는 대략 10년을 '죽음'이란 주제로 설교했다. 이안 머리, 위의 책, 442쪽.

27 로이드 존스, 위의 책, 200쪽.

28 같은 책, 369쪽.

29 같은 책, 31쪽.

30 박성환, 「신설교학(the New Homiletics)에 관한 소고와 Martyn Lloyd-Jones의 설교학적 통찰력」(한국성경신학회, 『교회와 문화』 28, 2011), 149~154쪽. 논문 내용 일부를 재인용하여 수정, 보완함.

31 마틴 로이드 존스, 『왜 하나님은 전쟁을 허용하실까』(박영옥 역, 목회자료사, 1991), 13~14쪽.

32 이안 머리, 『은혜의 설교자, 로이드 존스』(김귀탁 역, 부흥과개혁사, 2010), 23~24쪽. 로이드 존스는 '하나님께서 역사의 주인이신 것과 전쟁은 죄에 대한 하나님의 심판'임을 강조하는 설교를 했으며, 이 설교들을 모아 『하나님은 왜 전쟁을 허용하실까?』라는 제목으로 그의 첫 설교집이 출판된다.

33 프란시스 쉐퍼, 『이성에서의 도피』(김영재 역, 생명의 말씀사, 1970), 58~59쪽.

34 클린턴 E. 아놀드, 『바울이 분석한 사탄과 악한 영들』(길성남 역, 이레서원, 2008), 15~16쪽.

35 마틴 로이드 존스, 『로이드 존스의 부흥』, 100~101쪽.

36 신설교학이란 새로운 설교학 또는 현대 설교학 등으로 번역되기도 한다. 신설교학 운동은 연역적인 설교 형태에서 벗어나 귀납적인 설교 형태를 추구하여, 청중에게 들리는 설교를 추구하자는 생각을 지닌 신학자와 설교자들의 생각이 운동으로 발전한 것이다. 로이드 존스가 영국에서 목회하던 시기에는 신설교학이라는 용어가 없었다. 그러나 영국에서 로이드 존스와 동시대 설교자로 활동했던 윌리엄 생스터(William E. Sangster)가 '들리는 설교'를 위해 1951년도에 『설교의 기술(The Craft of the Sermon)』을 출판하면서, 신설교학의 모체가 된다.

37 이안 머리, 위의 책,, 21, 40쪽.

38 마틴 로이드 존스, 위의 책, 29, 85~86, 106쪽.

39 같은 책, 85~86쪽,

40 같은 책, 106쪽.

41 같은 책, 40, 65~66쪽.

42 이안 머리, 위의 책, 41~42쪽.

43 같은 책, 21쪽.

44 마틴 로이드 존스, 위의 책, 162~163쪽.

45 같은 책, 237쪽.

46 같은 책, 330쪽.

47 같은 책, 45~46쪽.

48 이안 머리, 위의 책, 8쪽.

49 콜린 매튜, 「자유주의 시대(1851-1914)」(영국사학회 역, 『옥스포드 영국사』, 한울아카데미, 1988), 554쪽.

50 진영종, 「영국과 한국 교회에 미래는 존재할 것인가?」(장로회신학대학교 세계선교연구원, 『선교와 신학』 33, 2014), 161~162쪽.

51 브라이언 스탠리, 『복음주의 세계확산: 빌리 그레이엄과 존 스토트의 시대』(이재근 역, CLC, 2014), 35쪽.

52 마틴 로이드 존스, 위의 책, 15쪽.

53 이안 머리, 『로이드 존스 평전 2: 후기 42년 I (1939-1981)』(김귀탁 역, 부흥과개혁사, 2011), 75쪽.

54 마틴 로이드 존스, 『청교도 신앙: 그 기원과 계승자들』(서문강 역, 생명의 말씀사, 1990), 22쪽; 이안 머리, 위의 책, 637~638쪽.

55 마틴 로이드 존스, 『로이드 존스의 부흥』, 15, 37, 49~50, 84, 125~26, 130~32, 152~53, 158, 173, 178~80, 215, 272, 276, 331, 368, 403~405쪽.

56 같은 책, 37쪽.

57 찰스 다윈, 『종(種)의 기원』(송철용 역, 동서문화사, 2009), 647쪽. 책 마지막 부분에 '부록'을 살펴보면 다윈 탄생 200주년에 재조명되는 진화론이 있다. 이 부분에 다윈의 진화론이 다방면에 어떤 영향을 미쳤는지가 평가되어 있다.

58 콜린 매튜, 위의 책, 534쪽; 케네스 모건, 위의 책, 638, 640쪽.

59 마틴 로이드 존스, 위의 책, 369, 381쪽.

60 최정권, 『로이드 존스의 설교신학』(CLC, 2021), 23쪽.

61 데이비드 배딩턴, 『복음주의 전성기: 스펄전과 무디의 시대』(채천석 역, CLC, 2012), 164쪽.

62 박성환, 「Arthur W. Pink의 그리스도 중심의 인물 설교」(한국복음주의실천신학회, 『복음과 실천신학』 63, 2022), 190; 이재근, 위의 책, 133쪽.

63 마틴 로이드 존스, 위의 책, 95쪽.

64 마틴 로이드 존스, 『청교도 신앙: 그 기원과 계승자들』(서문강 역, 생명의 말씀사, 1990), 32-33쪽.

65 박성환, 「신설교학(the New Homiletics)에 관한 소고와 Martyn Lloyd-Jones의 설교학적 통찰력」(한국성경신학회, 『교회와 문화』 28, 2011), 153~156쪽. 논문 내용 일부를 재인용하여 수정, 보완함.

66 찰스 브리지스, 『참된 목회』(황영철 역, 익투스, 2011), 29~30쪽.

67 이안 머리, 『은혜의 설교자, 로이드 존스』(김귀탁 역, 부흥과개혁사, 2010), 28, 40쪽.

68 같은 책, 233쪽.

69 이안 머리, 『로이드 존스 평전 1: 초기 40년 (1899-1939)』(김귀탁 역, 부흥과 개혁사, 2011), 344, 346쪽.

70 알렉산더 렌윅, 앨런 하먼, 『간추린 교회사』(오창윤 역, 생명의 말씀사, 1985), 229쪽.

71 마틴 로이드 존스, 『로이드 존스의 부흥』(서문강 역, 생명의 말씀사, 1988), 85쪽.

72 같은 책, 87쪽.

73 같은 책, 84쪽.

74 이안 머리, 위의 책, 354~55쪽.

75 같은 책, 440쪽.

76 이안 머리, 『로이드 존스 평전 2: 후기 42년 I (1939-1981)』(김귀탁 역, 부흥과개혁사, 2011), 74~75쪽.

77 정근두, 『로이드 존스의 설교론: 그의 설교의 원리와 방법』(여수룬, 1999), 22쪽.

78 최정권, 위의 책, 132쪽.

79 H. J. C. 피터즈, 『청중과 소통하는 설교』(정창균 역,합신대학원출판부, 2002), 27쪽.

80 마틴 로이드 존스, 『설교와 설교자』(정근두 역, 복있는 사람, 2006), 32~33쪽.

81 같은 책, 22~23, 29쪽.

82 마틴 로이드 존스, 『로이드 존스의 부흥』(서문강 역, 생명의 말씀사, 1988), 15~16, 133쪽.

83 '들어가는 말'에서 프루스트 현상적 설교를 다음과 같이 설명했다. 프루스트 현상적 설교는 "과거의 기억과 현재 일어난 사건들을 연결하여 하나님께서 허락하실 미래의 사건을 예측하도록 인도"하여 "신자와 교회 공동체로 하여금 하나님의 계획에 비춰 자신들의 역사를 회고한 후, 현실적인 신앙을 인식하고 삶에 반영하게 한다."

84 마틴 로이드 존스, 위의 책, 125~28쪽.

85 마틴 로이드 존스, 『청교도 신앙: 그 기원과 계승자들』(서문강 역, 생명의 말씀사, 1990), 10~11, 15쪽.

86 마틴 로이드 존스, 『로이드 존스의 부흥』(서문강 역, 생명의 말씀사, 1988), 5~7쪽.

87 정창균, 「설교 본문의 결정과 시리즈 설교」(한국신학정보연구원, 『헤르메네이아 투데이』 44, 2008), 13쪽.

88 박성환, 「마틴 로이드 존스(Martyn Lloyd-Jones)의 죽음 설교」(한국설교학회, 『설교 한국』 13, 2021), 61쪽.

89 정창균, 위의 논문, 20~22쪽.

90 정창균, 「다양한 방식의 시리즈 설교를 제안하며」(한국신학정보연구원, 『헤르메네이아 투데이』 44, 2008), 4~5쪽.

91 정근두, 위의 책, 116~17쪽.

92 시드니 흐레이다누스, 『성경 해석과 성경적 설교』(김영철 역, 여수룬, 1992), 307~308쪽.

93 최승근, 「미디어로서의 교회: 리터지(Liturgy)로서의 예배」(한국복음주의실천신학회, 『복음과 실천신학』 60, 2021), 200쪽.

94 마틴 로이드 존스, 『사도행전 강해 1: 진정한 기독교』(전의우 역, 복있는 사람, 2003), 85쪽.

95 마틴 로이드 존스, 『설교와 설교자』(정근두 역, 복있는 사람, 2006), 50, 58쪽.

부흥적 전도의 유산

김선일 교수

(웨스트민스터신학대학원대학교)

진정한 부흥은 진정으로 그리스도께 헌신하는 신자를 만들어 낸다. 그리스도께 헌신함은 단순히 입술로 고백을 하고 영접 기도를 하는 것으로 그치지 않는다. 자신이 오직 하나님의 은혜에 의지하여 믿음으로 구원받아야 할 죄인임을 깊이 깨닫고 그의 삶을 드리게 된다. 따라서 진정한 부흥은 은혜의 복음을 깊이 있게 발견하는 내면의 역사로부터 시작된다. 이와 같은 내면의 변화를 일으키는 역사는 온전한 회심과 깊은 연관을 이룬다. 온전한 회심은 예수님을 믿고 구원을 받는다는 수준의 경험이 아니라, 전인적 삶의 변화를 일으키는 총체적 복음의 재각성을 기반으로 한다. 그런 의미에서 진정한 부흥은 총체적 복음의 각성과 온전한 회심을 수반한다. 부흥에 대한 원숙한 이해는 균형 잡힌 전도사역의 비전을 제시할 것이다. 이 글은 복음의 재각성이라는 차원에서 부흥을 조망하고, 그 부흥이 가져오는 전도의 양상을 살펴보고자 한다.

1. 왜 부흥이어야 하는가?

'부흥(revival)'은 쇠퇴했던 것이 다시 일어나는 것을 의미한다. 그런 의미에서 부흥은 새로운 프로그램을 도입하거나 시대에 맞춰 초직을 혁신하기보다는 원래의 본질을 회복하는 것에 가깝다. 동시대의 문화와 흐름을 이해하고 대응하는 것도 중요하지만 그런다고 해서 본질적 가치의 회복이 수반되는 것은 아니다. 기독교 역사에서는 신앙이 시들고 교회가 약화되다가 어떤 계기(사람, 사건)에 복음의 본질적 가치가 재발견되면서 교회의 부흥이 일어나고는 했다. 복음이 다시 회복되는 것은 전도 사역의 핵심 과제이기도 하다.

로마제국이 기독교화 된 뒤에 신앙이 관습화, 명목화되었다. 그러다 고트족의 침략으로 로마제국의 존립이 위협을 받으면서 이에 대한 책임을 기독교에 전가하는 소리가 커졌다. 제국의 운명이 풍전등화에 놓였으나 더욱 심각한 위기는 기독교 신앙의 위치가 흔들리는 것이었다. 그때 힙포의 아우구스티누스(Augustinus Hipponensis, 영어로는 Augustine of Hippo)는 로마제국을 넘어서는 영원한 그리스도의 왕국을 바라보게 하며 그 나라의 은총을 회복시켰다. 아우구스티누스가 주도한 은총의 재발견은 기독교 로마제국이 흔들리는 가운데서도 복음의 근본을 지속시키는 중요한 부흥의 기반을 마련한다.

중세 후기에 로마 가톨릭 신앙 역시 기독교 세계의 유럽에서 진정한 의미를 잃어 가고 있었다. 누구나 태어나서 유아세례를 받고 때마다 교회에 가서 성사(sacraments)에 참여했지만, 많은 이들의 종교생활은 예수 그리스도의 은혜의 복음에 대한 믿음에 기초하지 않았다. 실제로 라틴어 예문과 사제들이 독점하는 성가로 진행되는 미사에서 평범한 사람들이 복음을 듣고 믿음으로 응답하기란 쉽지 않았다. 더군다나 그 당시에 복음적 설교를 듣는 것은 일상적 경험이 아니었다. 설교는 사순절기간에 순회 수도사들이 도시를 다니며 간헐적으로 전달했고, 그 설교의 내용도 연옥과 지옥에 대한 두려움을 조장하여 인간의 공적과 수행을 강조함으로써 교회에 헌물을 바치게 하기 위함이었다. 이러한 상황에서 종교개혁자들은 설교를 정례화하고 복음을 예배와 설교의 중심적 위치에 놓았다. '이신칭의(以信稱義)'의 복음은 고행과 참회를 강조하는 중세 로마 가톨릭의 메시지와 요구에 비해서 단순하면서도 십자가의 은혜를 기독교 신앙의 중심으로 회복시키는 위대한 부흥의 역사였다.

근대에 서구 계몽주의(the Enlightenment)와 인본주의(Humanism)가 무르익어 가는 중에도 부흥의 역사들은 일어났다. 18세기에는 영국에서 존 웨슬리(John Wesley)와 조지 휫필드(George Whitefield), 미국의 조나단 에드워즈(Jonathan Edwards) 등이 양 대륙에서 삶을 놀랍게 변화시키는 진정한 회심을 추구하는 1차 대각성(Great Awakening) 운동을 일으켰다. 19세기에는 찰스 피니(Charles Finney)와 드와이트 무디(D. L. Moody)를 중심으로 하는 2차 대각성운동이 일어나서 거대한 구령의 열매와 선교적 헌신의 결실을 맺게 한다.

이러한 1, 2차 대각성운동의 여파 속에서 20세기에 복음주의적 부흥

운동이 더욱 역동적으로 세계화되었다. 1906년 미국 로스앤젤레스의 아주사(Azusa) 거리에서 성령의 역사를 체험하는 오순절 부흥 운동이 일어났다. 그에 앞서 1904년과 그 이듬해에 영국의 웨일즈에서도 성령의 임재를 사모하는 강력한 기도와 찬양운동이 일어나며 교회의 성장과 사회 개혁에 영향을 주었다. 웨일즈 부흥운동은 그 직후에 한국의 평양에서 일어난 1907년 대부흥 운동에도 자극을 준 것으로 평가된다.

이렇게 이어져 온 부흥운동을 20세기에 절정으로 이끈 이는 빌리 그레이엄(Billy Graham)이었다. 개신교 역사상 가장 많은 사람들에게 복음을 선포한 부흥사로 평가되는 빌리 그레이엄의 전도 사역은 미국이 세계의 최강대국으로 부상하는 시기와 맞물리면서 전 세계로 확장됐다. 그는 보수적인 신학을 견지하며 하나님의 사랑과 죄 용서, 회개의 요청을 담은 복음의 핵심에 집중하면서, 한편으로 예수 그리스도를 위해 인생을 결단하라는 인간중심적 메시지를 강력하게 제시하기도 했다. 실제로 빌리 그레이엄의 사역에서 중요한 비중을 점하는 용어들은 '결단의 시간', '나의 응답', '예수 그리스도를 위한 결단'과 같은 주관적 결정과 선택을 강조하는 것들이다. 빌리 그레이엄의 전도 집회는 한국의 여의도에서도 1973년에 열려 큰 성황을 이루기도 했다.

지금까지 기독교 역사에서 중요하게 기억되는 부흥의 사건들을 간단하게 회고했다. 필자가 주목하는 바는 각 부흥의 속성에 관한 것이다. 우리가 가장 근접하게 기억하는 부흥의 사건들은 주로 인간의 집단적, 감정적 체험에 의존한다. 1차 대각성 이후로 한 장소에서 모인 대규모의 군중이 기도와 찬양과 강력한 복음 선포를 통해서 놀라운 믿음의 결단을 공동으로 경험하는 현상이 주된 부흥의 표지로 간주되고는 한다.

그런데 부흥의 양상과 속성에 대한 이해는 중요하다. 그 이유는 역사적으로 일어났던 부흥운동이 회심과 전도에 대한 이해를 형성했기 때문이다. 고든 스미스(Gordon Smith)는 "신앙 부흥 운동에 영향을 받은 사람들은 극적인 회심을 추구하면서 그와 같은 회심과 더불어 구원이 일순간에 일어난다고 믿었다"라고 지적한다.[1] 따라서 부흥의 본질이 무엇인가에 대한 우리의 인식은 회심과 전도를 어떻게 이해하고 실천할 것인가에 영향을 준다.

우리는 부흥을 감정적이고 열광적이며 혹은 신비적인 체험을 수반하는 집단적 현상이라는 틀로 이해하는 경향이 있다. 그러나 스미스는 부흥운동을 계승한 미국의 복음주의는 회심과 구원을 쉽고 대가를 지불하지 않는 하나의 형식적인 순서로 전락시켰다고 비판한다.[2] 복음의 진수에 대한 깊은 이해와 전인적 헌신이 없는 부흥주의는 전도를 쉽고 간결한 절차로 오해하게 만들기 때문이다. 기독교 역사에서 보다 근원적이고 지속적인 부흥은 복음의 각성과 재발견이 초석이 되었다고 해도 과언이 아니다.

부흥의 원래 의미가 오래되어 쇠락한 것을 다시 회복하는 데 있다면 그것은 오해되고 왜곡된 복음의 원형에 천착하는 것이며, 복음의 능력이 스스로 그리스도인 개인과 교회를 변화시킨다는 것에 대한 자신감으로부터 비롯될 것이다. 따라서 최근에 회자되는 부흥의 사건이나 현상이 기이한 집단적 경험으로 수렴되는 것은 주의해야 할 사안이다. 이 자체가 문제가 있거나 잘못됐다는 것은 아니다. 그러나 이것만으로는 부족하다.

혹자는 최근의 부흥 현상을 평가하면서 그것이 부흥에 걸맞은 사회적, 공적 개혁으로 이어지는가를 관찰해야 한다고 말한다. 부흥 현상을 그에 상응하는 변화된 삶이라는 결과적 관점으로 보는 것도 필요하다. 동시에 우리가 한층 더 주목해야 할 점은 신비한 경험으로 드러난 부흥의 내적 속성이다. 그 안에서 어떻게 하나님의 임재를 경험했고, 그들이 만난 하나님에 관한 지식은 무엇이냐 하는 것이다. 또한 하나님께서 그리스도 안에서 어떠한 일을 하셨는지에 대한 확신이 갱신되었는가를 봐야 한다.

인간 편에서의 응답과 결단도 중요하다. 그러나 인간의 주관적 경험과 느낌이 부흥의 일차적 초점은 아니다. 만일 부흥이 하나님의 은혜로 성령께서 믿음으로 구하는 자들에게 그리스도의 대속적 복음을 깨닫게 하시는 것이라면, 부흥을 경험하는 회중에게서는 인간적 죄책감을 넘어서는 더 깊은 은혜에 대한 자각이 일어나야 한다.

우리는 종종 너무 빨리 부흥의 결과적 현상을 보고 싶어 한다. 그래서 가시적, 경험적으로 나타난 신비한 현상을 부흥과 동일시하려는 경향이 있다. 부흥은 현상이 아니라 신학적인 문제다. 특별한 현상은 부흥으로 인해 나타난 결과의 한 단면일 수 있다. 따라서 현상으로 부흥을 가늠하지 말고 현상의 이면에 있는 복음적 회복을 봐야 한다. 복음을 향한 인지적이고 인격적인 회심이 공동체적으로 일어나고 있느냐가 중요한 기준이다.

2. 부흥과 교회성장

부흥이 온전한 회심을 기반으로 삼고, 회심이 전도의 지향점이라고 한다면, 복음 전도는 부흥의 초석이 될 것이다. 그러면 전도에서 회심과 부흥으로 이어지는 이 노정을 방해하거나 혼란스럽게 하는 것은 무엇일까? '부흥하는 전도'의 온전한 정의에 이르기 위해서는 그러한 정의에 위배되는 것들을 먼저 살펴볼 필요가 있다.

통상적으로 부흥과 가장 혼동되는 것은 '성장'이라 할 수 있다. 부흥의 가시적 결과로서 교회의 성장이 일어나는 것은 자연스럽다. 그러나 부흥이 교회의 수적 성장과 동일시될 수 없으며, 반드시 부흥의 결과가 성장인 것도 아니다. 부흥이 복음의 본질에 대한 추구와 헌신에서 비롯되는 하나님의 놀라운 역사인 반면, 성장은 인위적으로도 얼마든지 발생할 수 있기 때문이다. 기독교뿐 아니라 많은 종교들과 심지어 이단종파들에서도 급속한 성장은 일어난다. 사람들의 불안 심리나 안정 욕구가 높아진 시대 상황에서 특별한 카리스마를 지닌 종교지도자나 종교단체의 전략으로도 인파가 몰리는 현상은 가능하다. 그러나 성경적, 기독교적 부흥은 수적 성장과 동일하지도 않고, 수적 성장을 담보하지도 않는다.

기독교에서 성장이라는 용어를 대표적으로 사용하는 분야는 교회성장학(Church Growth Theory)이다. 주로 1970년대부터 1990년대까지 미국의 풀러신학대학원(Fuller Theological Seminary)을 중심으로 미국과 한국 교회들에 큰 영향을 끼친 교회성장학은 말 그대로 교회의 수적, 양적 성장을 위한 방법론에 치중한다는 의심을 받았다. 실제로 피터 와그너

(Peter Wagner)나 조지 헌터(George Hunter) 등과 같은 2세대 교회성장학자들이 제시한 사례들은 수적 성장의 성과가 교회성장의 기본 조건이었다. 교회의 성장을 이해하는 데는 수적인 차원뿐 아니라 질적, 사회적 차원도 포함될 수 있지만, 사실상 한때 맹위를 떨친 교회성장운동에서는 주로 수적 성장의 사례들을 보여 줌으로써 교회성장에 대한 인식을 좁히는 결과를 가져왔다. 이러한 성장주의는 교회성장을 성공주의와 팽창주의로 오인시켜 비판을 초래하기도 했다.

그러나 교회성장학의 창시자인 맥가브란(Donald A. McGavran)은 교회성장을 단순히 외형적인 수적 성장으로 간주하지 않았다. 물론 그가 교회성장학을 제안하면서 구원받은 사람들을 수치화할 필요성을 강조한 것은 사실이다. 하지만 이는 진정한 회심과 효과적인 복음전도를 위한 객관적 측정이 필요하다는 것이었다. 성장했다고 하는 교회들이 실제로는 수평이동이 대부분인 경우라면, 이는 믿지 않는 이들이 회심을 통해 전도된 숫자로 볼 수 없다. 그렇다면 이는 맥가브란의 교회성장이 추구하는 '수용성 원리'를 통한 효과적인 복음전도와는 다른 경우가 된다.

그는 선교를 "예수 그리스도의 복음을 선포하는 일과 사람들이 그의 제자가 되고 교회의 책임 있는 구성원이 되도록 설득하는 일에 헌신하는 것"으로 정의한다.[3] 이와 같은 정의에 의하면 선교는 많은 사람들을 교회에 오게 하는 것이 아니라, 그들로 하여금 예수 그리스도의 진정한 제자가 되게 하는 충실한 복음 사역이다. 그런 의미에서 맥가브란은 이와 같은 충실한 선교가 실질적으로 이루어졌느냐에 관심을 둔다. 교회 안 사람들의 숫자를 늘리는 데 초점이 있지 않고, 사람들을 그리스도의 제자로, 교회의 책임 있는 구성원으로 만드는 '추수의 신학(a theology of harvest)'이 근간이어야 한다.

그는 진정한 회심을 목표로 하는 추수의 신학과 대비해서 '탐색의 신학(a theology of search)'이 갖는 한계를 지적한다. 탐색의 신학은 사람들에게 그리스도를 선포하고 사람들이 제자가 되도록 사역하기보다는 선한 행위와 사회적 봉사에 초점을 두는 경향이 있다.[4] 그러나 맥가브란은 하나님께서 그리스도 안에서 많은 사람들을 되찾으시고 그들과 화해하시는 일에 관심을 갖고 계시다는 점을 성경적으로 강조하고 있다. 따라서 근본적인 차원에서 볼 때, 교회성장은 진정으로 예수 그리스도께 헌신하며 그분의 몸인 교회의 책임 있는 구성원으로 존재하는 이들이 늘어나는 것을 의미한다. 단순한 수적 성장과 부흥은 별개의 문제이며, 이는 교회성장학이 본래 지향하는 바도 아니다.

맥가브란은 교회성장이 부흥과 밀접한 관계를 갖는다고 말한다. 부흥이 열광적 신비주의 운동이 아닌 복음의 깊은 각성이라고 할 때, 부흥은 성령의 역사를 통해 많은 사람들이 회심하면서 일어난다. 그는 이러한 부흥이 일어나기 위한 두 가지 조건은 '기도'와 '하나님의 말씀'이라고 한다.[5] 기도가 부흥을 불러온다. 간절한 기도가 오랫동안 있고 난 뒤에 부흥이 오기 때문에 기도는 부흥의 필수적인 첫 단계이다. 그런 의미에서 맥가브란은 부흥은 하나님의 선물이라고 한다. "인간은 그것을 마음대로 할 수 없고 하나님께 그것을 달라고 강요할 수도 없다. 하나님께서는 원하시는 때 원하시는 장소에서 주권적으로 부흥을 주신다."[6]

부흥은 인간이 계획하고 조정하고 통제할 수 없다. 부흥의 첫째 조건이 기도라는 것은 부흥의 시작은 하나님의 주권적 섭리에 달려 있다는 의미이다. 하나님께서는 그분의 때에, 그분의 방법으로, 그분의 사람들을 일으키셔서 영적 각성이 일어나게 하신다. 복음에 대한 깊은 깨달음으로서의 영적 각성은 그리스도의 교회 내에서 일어나는 성령의 역사이며, 전능하신 하나님의 주도하심에 달려있지만, 진심으로 부흥을 위해 기도하는 사람들에게 선물로 주어진다.

부흥의 두 번째 조건은 하나님의 말씀이다. 부흥이 복음적 각성이라면 이는 예수 그리스도의 복음을 알려주는 성경 지식을 필요로 한다. 맥가브란은 "성경 지식이 반드시 부흥을 가져오는 것은 아니다"라고 단서를 단다.[7] 그러나 1907년 평양 대부흥에 앞서 말씀을 깊이 사모하는 사경회가 일어났듯이, 성경에 대한 지식이 있는 곳에서 진정한 부흥이 일어난다. 미국의 1차 대각성 운동 역시 곳곳에서 성경을 공부하고자하는 모임들이 일어나면서 자연스럽게 부흥의 불길로 이어졌다.

성경은 하나님의 계시로 기록된 말씀이기에 부흥의 주도권이 하나님께 있음을 고백하는 마음의 밭을 만든다. 부흥이 하나님의 선물이라면, 부흥은 하나님께서 그분 스스로를 그분의 백성들에게 알리시고 그분의 임재를 허락하시는 데 의존한다. 그렇다면 하나님께서 스스로를 드러내신 계시의 말씀인 성경에 대한 순전하고 간절한 열망은 부흥을 위한 초석이 될 것이다.

하나님의 주권으로 일어난 부흥은 회심과 복음전도로 이어진다. 부흥이 사람들을 회심시키는 운동 그 자체를 목표로 하지는 않는다. 맥가브란은 자신의 주요한 선교이론인 '종족운동(people movement)'과 부흥운동은 결이 다름을 인정한다. 부흥운동은 주로 기존 신자나 명목상의 신자들을 대상으로 복음에 대한 깊은 깨달음과 헌신을 요구하지만, 인

간 집단의 문화와 관계망 속에서 복음을 상황화시키는 종족운동은 부흥과는 그 취지가 다르기 때문이다.[8]

그럼에도 그는 부흥운동이 복음전파에 큰 영향을 줄 수 있다고 말한다. 일단 부흥은 사람들로 하여금 거룩한 삶을 추구하게 한다. 그리스도인들에게서 나타나는 이러한 삶의 변화는 주변의 가족과 이웃들에게 복음의 능력을 전달할 것이다.[9] 또한 부흥으로 변화된 이들은 복음을 선포하고 싶은 열정을 갖게 된다. 부흥이 복음을 새롭게 각성시키기 때문이다. 이러한 간접적 영향으로 인해 부흥은 교회에 많은 신자들과 새로운 개종자들이 들어오게 하면서 교회성장을 가져올 가능성이 높다. 따라서 맥가브란은 교회의 지도자들이 하나님께서 어떻게 수많은 사람들을 교회로 불러 모으시는지를 비중 있게 인식한다면, 복음적 부흥과 건강한 교회성장에 대한 기대를 품게 될 것이라고 본다.

3. 부흥과 열광주의적 경험

미국 켄터키주 애즈버리 대학교(Asbury University)에서 2023년 2월 8일의 채플이 끝난 이후부터, 2주 동안 학생들의 자발적인 기도가 끊이지 않고 지속되었고 더 나아가 미국 전역으로 이 기도 운동이 확산되어 화제가 됐다. 이 소식은 많은 이들에게 '부흥'은 무엇이며 기독교 역사에서 어떠한 부흥의 선례들이 있었는지를 다시 상기하는 계기가 되기도 했다. 애즈버리 캠퍼스에서 부흥은 그전에도 몇 차례 일어났으며, 21세기의 상황에서 젊은 학생들이 주도적으로 기도와 찬양과 예배를 주도하고 인근 대학교에서도 이 부흥에 대한 응답으로서 예배가 일어났다는 점에서 주목을 받았다. 과거의 부흥 집회들에서는 더욱 강력하고 신비한 체험과 열광적 예배, 그리고 통회자복(痛悔自服)하는 기도와 급진적인 삶의 변화와 결단들이 나타나고는 했다. 그래서 주로 이와 같은 모습들이 부흥을 특징짓는 현상으로 거론된다.

물론 이와 같은 신비하고 열광적인 현상이 하나님의 부흥으로 인해 나타나는 모습일 수 있다. 특히 1, 2차 대각성 운동이 영국과 미국에서 노예제도가 폐지되도록 영향을 준 것으로 평가되는 것처럼, 진정한 종교적 부흥은 그 시대에 심오한 사회적 변화를 일으킬 것이다. 그러나 이러한 현상적 특성이 기독교의 부흥을 규정하는 것은 아니다. 기독교 역사에서 불건전한 세력화로 전락한 열광적, 신비주의적 종교 운동들은 빈번히 발생했다.

종교적 현상으로서의 부흥은 인간의 감정 영역을 주로 터치하고 자극하는 경우가 많으며, 이는 소위 체험적 부흥을 접하는 개인으로 하여금 하나님의 임재와 복음의 재발견이라는 진정한 부흥에 이르지 못하게 할 수 있다. 미국에서 18세기의 1차 신앙 대각성의 견인차 역할을 했던 조나단 에드워즈(Jonathan Edwards)는, 당시 엄청난 회심과 부흥의 열기를 몸소 겪고 사람들을 영적으로 인도하는 가운데 감성주의 (emotionalism)를 목도하고 우려하게 된다. 그래서 그는 '신앙 감정론 (religious affections)'에 대한 심오한 고찰을 통해 성령께서 역사하시는 성경적 부흥의 표준을 확립하는 데 도움을 주는 저술을 남겼다.

조나단 에드워즈는 뉴저지 대학교의 총장을 역임했고 메사추세츠 노스햄프턴(North Hampton)에서 자신의 외조부인 솔로몬 스타더드

(Solomon Stoddard)를 이어 담임 목회를 했다. 에드워즈는 청교도의 회심 신학을 재정립했다고 볼 수 있는데,[10] 청교도 회심 규범을 다소 완화시킨 외조부의 중도언약(halfway covenant) 사상과 결별하고, 청교도 회심 규범을 기초로 당대의 부흥 현상을 분별하는 기준을 제시했기 때문이다. 청교도 전통은 참된 회심을 분별하기 위한 엄격한 검증을 요구했다. 특히 죄의 각성과 철저한 겸비를 통해 자신의 회심을 공적으로 증언할 수 있어야 하며, 이를 위한 '회심 준비론'을 발전시켰다.[11] 에드워즈는 노스햄프턴의 부흥과 대각성 운동에서 일어나는 사람들의 회심을 관찰하면서 영혼을 중생시키는 참된 회심과 부흥에 대해 제언한다.

에드워즈가 제시하는 '신앙 감정(religious affection)'이라는 개념은 단순히 인간의 지(知), 정(情), 의(意) 가운데 한 요소로서의 정서나 감정을 의미하는 것이 아니다. 그가 말하는 감정(혹은 다른 번역어로 '정감'을 제안하는 이들도 있다)이란 "한 인간의 영혼을 구성하고 있는 의지와 성향이 지닌 더 활기차고 감지할 수 있는 활동"으로 정의될 수 있다.[12] 따라서 이러한 신앙 감정은 지적 활동이나 의지적 실천과 분리될 수 없는 인간의 총체적이고 전인적(全人的)인 차원에서의 변화를 가리킨다. 이러한 변화가 공동체적으로, 집단적으로 동시에 일어날 때 진정한 부흥이 초래될 수 있는 것이다.

에드워즈는 이러한 정의를 기초로 복음적으로 참된 신앙 감정의 '적극적 표지'와 '소극적 표지'들을 각각 열두 개씩 열거하며 분류한다. 적극적 표지가 하나님의 임재를 통해 나타나는 변화에 더욱 부합된다며, 소극적 표지는 그 자체만으로는 하나님의 선물로 임하는 부흥인지에 대한 판단을 유보해야 하는 것들이다.[13] 먼저 참된 신앙 감정의 소극적 표지들은 다음과 같다.

(1) 신앙 감정이 매우 크게 발휘되거나 높이 고양되는 것

(2) 감정이 몸에 큰 영향을 미치는지의 여부

(3) 신앙 감정이 있는 사람들이 신앙적인 일들을 매우 유창하고 열정적으로, 그리고 풍부하게 말한다는 사실 자체

(4) 감정들의 자가 생산 여부

(5) 신앙 감정이 충만해지면서 마음속에 성경 본문이 떠오르게 하는 경우

(6) 사람들이 체험하는 감정에서 서로 사랑하는 현상이 나타난다는 것 자체

(7) 사람들이 여러 신앙 감정들을 동시에 체험했다는 사실

(8) 양심의 각성과 죄에 대한 깨달음이 있은 후에 어떤 일정한 순서를 따라 위로의 기쁨이 뒤따른다는 사실

(9) 사람들이 갖고 있는 신앙 감정이 그들로 하여금 신앙적인 일에 시간을 많이 사용하게 하고, 예배의 외부적인 의무들에 열심히 헌신하게 한다는 사실

(10) 사람들이 경험하는 신앙 감정으로 인해 그들이 하나님을 찬양하고 영광을 돌리게 된다는 사실

(11) 자신의 구원이나 영적 상태에 대해 '넘치게 확신한다'는 사실

(12) 타인에 의한 구원의 확신 여부

위의 소극적 표지들은 우리가 일반적으로 부흥으로 여기는 현상에서 자주 나타나는 것들이라 할 수 있다. 마음이 뜨거워지고 격동하며 열

광적이 되는 것이나, 육신의 치유가 일어나는 일, 뜨겁고 신비한 감정의 지속적 경험, 심지어 성경 구절이 마음속에 떠오르는 경험조차도 참된 회심의 소극적 표지일 뿐이라는 것이다. 예수님을 유혹할 때 마귀도 시편을 상기시킨 바 있다(마 4:6). 따라서 이러한 표지들만으로 진정한 부흥이 일어났느냐를 가늠하기는 어렵다.

그렇다면 적극적인 참된 신앙 감정의 표지들은 어떤 것들일까? 에드워즈는 마찬가지로 열두 가지를 열거한다.

(1) 성령의 내주로 말미암아 '영적이고 초자연적이며 신적인 영향과 작용들이 역사하는 것'을 체험하며 살아감

(2) 자기 이익이 아니라 하나님의 영광을 위해 사랑하는 사람

(3) 도덕적 탁월성 때문에 하나님과 신적인 일들을 사랑하는 사람

(4) 마음의 새로운 감각 또는 신적인 것의 아름다움과 도덕적 탁월성을 이해하는 감각인 영적인 지식

(5) 신앙의 확신을 가진 사람

(6) 복음적 겸손: 전적인 무능함, 혐오할 만함, 그리고 추악함과 같은 심령을 가진 존재라는 것을 아는 감각

(7) 본성의 변화를 입은 사람: 더 이상 죄들이 인격의 주된 요소가 되지 않는 상황

(8) 그리스도의 성품을 닮아 가는 사람

(9) 부드러운 마음

(10) 아름다운 균형과 조화를 이룬 삶

(11) 영적인 욕구와 갈망을 더욱 크게 느끼는 사람

⑿ 실천적인 그리스도인: 참된 성도는 삶에서 열매를 맺음

  위의 적극적 표지들은 전체적으로 초점이 인간적 경험보다는 하나
님과 복음, 그리스도, 회개, 영성, 실천 등에 맞춰져 있다. 인간이 무엇을
경험했느냐보다 하나님께서 하신 일이 강조되며, 그분의 일을 사모하
느냐가 더욱 근본적이다. 소극적 표지들은 주로 현상적인 특성을 지니
는 반면, 적극적 표지들은 은혜 중심의 성품의 변화에 더욱 가깝다. 얼
마나 열정적인 자기 확신을 갖고 있느냐가 아니라, 오히려 자신에 대해
서는 겸손하며 그리스도의 성품을 더욱 의존하는 삶이어야 한다. 에드
워즈는 "참된 신앙은 대체로 거룩한 감정 안에 있다"[14]라고 진술했는데,
이는 단순히 열광과 확신의 정서적 경험이 아니라 전 인격의 균형 잡힌
변화를 지향한다. 진정한 회심과 부흥은 바로 이와 같은 하나님 중심으
로 전인적으로 변화된 성품을 파생시켜야 한다. 그러한 성품의 변화는
오직 하나님께서 그리스도 안에서 우리를 위하여 이루신 아름답고 탁
월하신 복음 사역에 근거한다.

  온전한 회심이 참된 부흥의 기초가 된다. 에드워즈는 기독교적 회심
의 본질을 집중적으로 분석하였는데, 그는 건강한 회심 체험은 통일성
과 다양성을 갖춘다고 주장한다.[15] 우선은 죄의 비참함에 대해 각성하
는 회개 체험의 통일성과 다양성, 그다음으로는 은혜의 발견과 성경 말
씀의 깨달음을 일으키는 믿음 체험의 통일성과 다양성이다. 이처럼 다
양성과 통일성을 갖춘 회심은 성경 진리에 대한 깨달음을 중심으로, 구
원 여정의 선명한 논증, 그리스도와의 사랑의 연합, 이웃 사랑과 전도에
의 열심, 하나님에 대한 경외라는 결과를 드러낸다.[16]

4. 그리스도 중심적 부흥

'그리스도 중심적 설교'나 '그리스도 중심적 목회'는 그 초점이 인지적인 측면에 맞춰지는 경향이 있다. 물론 그리스도의 아름답고 탁월하심을 전인격적으로 깨닫고 그분을 따르기 위한 것이라고 말한다. 그러나 '그리스도 중심적 부흥'은 인격적으로 살아 계신 그리스도께서 실제로 우리의 목회에서 역사하신다는 것을 의미한다. 이는 예수님께서 직접 사역을 하신다는 것이다. 예수님에 관한 복음이 인지되고 선포되는 것만이 아니라, 예수님께서 우리를 대신해서, 우리를 그분의 인격 안에 연합시킴으로 그분의 사역을 행하시는 것이다. 앤드류 퍼브스(Andrew Purves)는 이렇게 말한다.

> 복음주의자들이 짓는 죄 중의 하나는 우리의 구세주께서 사상이나, 명제의 나열이나, 도덕률이나, 신조가 아니라 한 인격이시라는 사실을 잊는 데서 말미암는다. 우리는 '필수적 교리주의(essential tenetism)'라는 죄를 짓는다. 필수적 교리주의는 일종의 우상숭배다. 이것은 '누구?'라는 질문 대신에 '무엇?'이라는 질문에 우선권을 부여한다.[17]

퍼브스는 우리를 구원할 수 있는 이름을 천하 인간에게는 주신 적이 없다는 말씀(행 4:12)을, 그리스도께 전적으로 의존하고 그분과 연합하는 사역의 실체로 설명한다. 그러면서 세 가지를 강조하는데, 첫째는 지존하신 그리스도께 전적으로 헌신하는 것이다. 오직 예수 그리스도의 주권이 그분의 교회와 복음사역을 살린다. 둘째로 불신자를 전도할 수 있는 유일한 전략은, 오직 예수 그리스도 외의 다른 이름으로는 구원을 얻을 수 없음을 전하라는 것이다. 따라서 예수님의 인격과 사역만이 인간을 구원한다. 예수님께서 하신 일에 집중해야 한다. 이는 예수님께서 하나님을 대신해서, 또한 인간을 대신해서 하시는 일에 집중하는 것을 의미한다.

셋째로, 그는 이를 위해서 예수님과 함께 시간을 보내야 한다고 말한다. 요한복음 15장 5절의 말씀처럼, 그분을 떠나서는 우리가 아무것도 할 수 없다.[18] '아무것도 할 수 없다'는 예외가 없다는 의미이다. 복음전도가 그리스도의 복음을 전하는 것이라면, 이는 그리스도께서 주도하시는 사역이어야 한다. 하나님께서는 스스로를 알리신다. 복음전도의 방법도 오직 예수님 안에서, 예수님께서 하시는 일이여야 한다.

따라서 퍼브스의 기독론적 목회 사상은 예수 그리스도를 전도사역의 주체로 보고, 그분과의 인격적 교제를 중심에 놓게 한다. 여기에는 심오한 신학적 결단이 요구된다. "오로지 예수님께서 하시는 사역만이 구속력을 갖는다. 우리가 하는 최고의 헌신적 섬김이나 위대한 공헌도 예수 그리스도의 구속의 사역을 대신하지 못한다."[19] 이는 예수 그리스도께서 성령을 통해서 현재 진행형으로 일하심을 믿고 거기에 동참하는 것이다. 예수님께서는 우리의 도덕적 모범으로서 우리가 본받고 모방하는 존재가 아니시다. 사역은 우리가 하는 일이 아니라 예수님께서 하신다. 우리의 사역은 "오늘도 지속적인 은혜와 사랑과 교류를 통해 시간과 공간 속에서 일하시는 주 예수님과의 인격적 관계에 기반을 두고 있다."[20]

퍼브스는 아타나시우스의 성육신 논리를 따라 "예수 그리스도께서는 하나님의 일로 인간을 섬기시고 인간의 일로 하나님을 섬기신다"라는 논리를 통해 그리스도의 대리적 사역, 연합적 사역을 설명한다. "설교자가 할 일은 예수님께서 하나님의 말씀으로서 교인들에게 하시는 말씀을 그대로 전하는 것"이라고 한다.[21] 그래야 교회가 복음을 전하는 것이 곧 예수님께서 친히 복음을 전하시는 것이 되는 논리가 성립한다.

> 따라서 교회의 핵심 과제는 불신자들을 전도해서 믿게 만드는 것(이것은 복음주의 교단이 믿고 있는 이단 교리다!)이 아니다. 혹은 정의사회를 구현하는 일(이것은 자유주의 교단이 믿고 있는 이단 교리다!)도 아니다. 교회의 핵심 과제, 즉 교회가 존재하는 이유는 예수 그리스도를 증언하기 위함이다. 우리가 아닌 그분께서 불신자들을 믿게 해서 하나님의 왕국에 들어오게 하신다.[22]

퍼브스는 더 나아가 복음은 대속적 죽음으로 용서받는 것에서 더 진전하여, 부활하신 예수 그리스도 안에서 삼위 하나님과 친교를 회복하는 데 이르는 것이라고 말한다. 그는 죄 사함을 아는 것은 더욱 놀라운 선언을 하는 복음을 반쪽만 아는 것에 지나지 않는다고 주장한다. 복음의 완성된 메시지는 예수 그리스도를 통해서 우리가 하나님의 용서를 받을 뿐 아니라, 하나님 그분과의 친밀함 속으로 초대받는 것이기 때문이다.[23]

그리스도 중심적 부흥은 그리스도께서 하신 일이 토대를 이룬다. 예수 그리스도께서는 우리를 대신해서 죽으시고 죄를 사하시는 대리적 사역(substitutionary work)을 하실 뿐 아니라, 우리와 연합하시는 사역을 행하신다. 그분께서는 성령을 통하여 우리 안에서, 우리를 대신해서 이 일을 지속하신다. 따라서 그리스도 중심적 부흥이 전도에 주는 의미는, 바로 예수 그리스도께서 복음의 내용일 뿐 아니라, 복음 사역의 주체이시라는 것이다. 이는 우리의 복음전도가 그리스도와 그분께서 하신 일을 전할 뿐 아니라, 그분과 연합하여 스스로를 알리시는 그분의 사역에 동참하는 것임을 의미한다.

5. 부흥적 전도는 어떻게 일어나는가?

전도 사역을 위해서 선행적으로 이해해야 할 중요한 개념은 '회심(回心)'이다. 사람이 예수 그리스도께로 회심하는 것은 복음전도의 핵심이다. 부흥이 복음적 재각성이고, 복음의 중심에는 예수 그리스도께서 누구이시며, 그분께서 무슨 일을 하셨는지를 깊이 새롭게 발견하는 경험이 놓여 있다. 그리고 기독교적 회심의 중심에는 신비적인 체험이나 감정적 경험, 또는 지적 동의가 아닌 바로 그리스도를 향한 믿음과 충성이 놓여 있다. 따라서 부흥의 본질과 온전한 회심은 매우 긴밀한 관계를 이룬다. 회심은 부흥과 전도 모두를 이해하는 데 열쇠가 된다.

회심이 전도를 위한 필수적 선행 개념이 되는 이유는 회심의 시간적 측면 때문이다.[24] 이는 사람들이 단번에 회심하느냐, 아니면 서서히 회심하느냐의 문제다. 사람에 따라서 회심하는 데 소요되는 시간은 다양할 수 있다. 회심의 시간을 일률화할 수 없다. 성경에도 회심의 다른 양상들이 등장한다. 크게는 '급진적 회심'과 '점진적 회심'으로 나눌 수 있다. 전자의 대표적인 예는 다메섹 도상에서 사울의 회심이다. 그의 다메섹 회심은 예기치 못한 전격적 사건이었다. 예수 믿는 자들을 잡아 죽이려고 살기등등했던 사울을 예수님께서 다메섹 도상에서 전격적으로 대면하시고 그를 변화시키셨다. 이러한 급진적 회심은 이전과 이후가 확연히 달라지는 단번의 사건이다. 따라서 회심의 경험이 매우 뚜렷하며 회심한 일시를 특정할 수도 있다.

반면, 성경에는 시간적 측면에서 급진적 회심과는 다른 점진적 회심의 양상도 나타난다. 복음서에서 열두 제자는 예수님과 3년여의 동고동락을 거쳐 십자가와 부활 이후 온전한 회심에 이른다. 단적으로, 예수님께서 부활하신 날 예루살렘을 떠나 엠마오로 가던 두 제자는 이미 예수님의 부활 소식을 들었지만 믿지 못하고 혼란스러운 상태였다(눅 24:13-35). 예수님께서 그들에게 나타나시고 대화하셨음에도 그들은 부활의 주님을 알아보지 못한다. 그러다 함께 음식을 먹을 때 예수님께서 떡을 축사하시고 떼어 주셨을 때 그들의 눈이 밝아져 예수님을 알아보고 부활의 증인이 된다.

엠마오 도상에서 예수님을 만난 사건은 다메섹 도상에서 바울이 예수님을 만난 것과 시간적 양상에서 대조된다. 비록 두 사건 모두 하루에 일어났지만, 다메섹 도상에서 예수님께서는 신비한 빛으로 강력히 나타나셔서 사울로 하여금 땅에 엎드러지고 눈이 멀게 하셨다. 엠마오의 제자들은 원래부터 예수님을 따르던 자들이었고, 다메섹에서 바울은 예수 믿는 자들을 핍박하였다. 엠마오의 제자들이 전체적인 신앙의 여정에서 부활하신 예수님께 점진적으로 나아갔다면, 다메섹의 바울은 부활하신 예수님과 전격적으로 만나서 변화되었다.

이처럼 하나님께서 사람의 내면을 근본적으로 변화시키시는 역사는 특정한 시간 프레임에 좌우되지 않는다. 성령으로 말미암은 은혜의 부어 주심은 하나님의 주권에 속하기 때문에 인간의 경험과 계산에 의존하지 않는다. 따라서 급진적 회심이나 점진적 회심, 그 어느 한 유형이 진정한 부흥의 유일한 기초가 아니다. 문제는 한 가지 회심 유형에 속한 부흥만을 열망하고 규범화하는 것이다. 만약 급진적, 전격적 변화의 회심만을 받아들인다면 그것은 부흥을 신비한 체험과 감정적 열광으로 규범화하고, 심지어 그러한 부흥을 위한 인위적 방법이 동원될 수 있다.

반대로, 점진적 회심만을 옹호하며 급진적 회심을 배제한다면 근본적 변화와 결단이 수반되지 않는 정체적(停滯的) 신앙에 머무를 수 있다. 이것이 문제인 이유는, 부흥은 단순히 바른 기독교 신앙에 대한 지식이나 형식적인 신앙생활을 넘어서는 개인적, 공동체적 변혁이라는 결과를 이루어 내기 마련이기 때문이다. 점진적 회심이든, 급진적 회심이든, 더 중요한 점은 회심의 '질적 특성'이다. 부흥은 온전한 회심의 질적 특성들을 반영해야 한다.

그렇다면 참된 부흥으로 이어지는 온전한 회심의 질적 특성은 어떤 것들일까? 고든 스미스는 기독교적 회심에 대한 심도 있는 논의를 펼치면서 신약성경에 나오는 회심에 대한 서술을 기초로 온전한 회심의 일곱 가지 요소들을 정리하여 제시한다. 그것들은 '지적 요소, 참회적 요소, 정서적 요소, 의지적 요소, 성례적 요소, 은사적 요소, 공동체적 요소'이다.[25]

첫째, 지적 요소는 예수 그리스도를 믿는 바른 믿음(belief)과 교리의 문제이다.

둘째, 참회적 요소는 회개와 삶의 변화를 일으키는 것이다.

셋째, 정서적 요소는 죄 용서의 확신과 그리스도를 향한 신뢰의 삶을 의미한다.

넷째, 의지적 요소는 윤리적으로나 사회적으로 그리스도께 충성하는 제자의 삶에 헌신하는 것이다.

다섯째, 성례적 요소는 은혜의 수단인 세례와 성찬에 참여하는 것이다.

여섯째, 은사적 요소는 성령을 선물로 받아 은사를 발견하고 개발하는 것이다.

일곱째, 공동체적 요소는 교회론이며 신앙인들의 관계 안에서 소속감을 갖는 것이다.

위의 일곱 가지 요소들 가운데 지적, 참회적, 정서적, 의지적 요소들은 회심의 '내면적 특징'들이고, 성례적, 은사적, 공동체적 요소들은 회심의 '외면적 특징'들이라 할 수 있다. 내면적 특징들은 신앙 귀의의 과정에서 개인이 겪는 것들로서, 즉, 믿음과 회개, 신뢰와 제자의 삶이다. 외면적 특징들은 기독교적 회심이 일어나는 환경과 외재적 측면을 말하는데, 회심을 공적으로 인증하는 세례와 성찬, 회심의 동인으로서 성령의 역사, 회심의 결과로서 그리스도의 몸인 교회에 소속되는 것을 포함한다.

온전한 회심을 위해서 적어도 이와 같은 일곱 가지의 핵심적 요소들이 유기적인 관계를 구성해야 한다면, 진정한 부흥은 일시적인 이벤트에 담을 수 없을 것이다. 마음이 뜨거워지고 감정이 격앙되며 신비한 현상이 나오는 종교집회 자체가 부흥은 아니다. 진정한 부흥은 먼저 '예수 그리스도의 은혜에 대한 열망과 복음에 대한 지식', '거룩하신 하나님 앞에서 죄인이라는 자각', '오직 그리스도의 속죄에 의지하는 믿음으로 의롭다 칭함 받음'이 확고한 기초를 이루어야 한다. 팀 켈러(Timothy J. Keller)가 주장한 것처럼, 인간의 마음은 기본적으로 '공로-의'라는 틀 안에 머무르려는 종교지향성이 있기 때문에 복음적 은혜의 진리를 통한 갱신이 필요하다. 이러한 기초 위에서 그리스도를 따르는 제자가 되어 삶의 전 영역에서 순종하며 성령을 따라 하나님께 영광을 돌리는 실천을 추구하는 것이다.

그리고 이러한 회심은 그리스도께서 머리이신 교회에서 공적인 세례를 받으며 책임 있는 구성원이 되어 함께 그분의 몸을 이루는 현장에서 완성된다. 일반적으로 과거의 부흥운동들은 개인의 결단을 강조할 뿐 교회에 참여하는 것을 회심의 주된 요소로 간주하지 않은 경향이 있었다. 그러나 진정한 복음적 부흥은 교회의 책임 있는 구성원이 되는 것까지 포함한다.

이처럼 온전한 회심을 기초로 하는 부흥이 형성되면 그 결과로서 예배생활과 일상생활에서 질적 변화가 일어난다. 특별히 예배의 순서나 형식을 바꿈으로써 예배의 생동감이 다시 살아나는 것이 아니라, 일반적 예배에서 하나님의 임재와 초월성을 새롭고 명확하게 느끼게 된다. 또한 교인들의 삶에 복음이 깊게 스며들면 그들은 더욱 공감하고 겸손하며 인내하는 사람이 되어 다른 이들에게 더욱 진실하고 매력적이 된다.[26] 복음적 부흥이 일으키는 이러한 변화는 결국 교회의 성장을 추동한다. 그것도 수평이동이 아닌 회심에 의한 성장이며, 피상적 회심이 아닌 온전하고 진정한 회심자들을 만드는 성장일 것이다.

6. 부흥적 전도의 양상

그렇다면 진정한 부흥을 목표로 삼는 복음전도는 어떤 모습이어야 할까? 팀 켈러는 부흥은 삶을 변화시키는 복음의 재발견이라고 단언하며, 죄와 은혜의 복음 교리가 지적인 영역만이 아닌 실제 삶을 변화시키는 것이라고 주장한다.[27] 그는 복음은 우선적으로 전달적 선포라고 말한다. 복음은 변화된 삶을 창조하지만, 그에 앞서 기쁜 소식으로 이해되어야 한다. 성령의 역사를 통한 복음과 은혜의 재발견으로서의 부흥은 세 가지 층위에서 복음이 전파된다고 주장한다.[28]

첫째로, '명목상 그리스도인들(nominal Christians)'이 회심한다. '이름만(in name only)' 그리스도인이라는 의미의 명목상 그리스도인들은 교회 안에 있고, 심지어 교회를 다니면서도 거듭남을 경험하지 못한 이들이다. 게다가 이들은 정기 예배에 출석하는 것 외에 성경 읽기와 기도와 같은 신앙생활을 거의 하지 않는 이들이다. 명목상 그리스도인들의 존재는 선교적으로 중요한 관심 대상이었다.

둘째로, 잠자던 그리스도인들이 구원의 은혜를 새롭게 확신하며 이해한다. 믿는다고는 하지만 믿음에 충실하게 살지 못하던 이들이 하나님의 임재와 사랑을 맛보는 것이다. 그럼으로 인해 자신의 죄에 대해서 자각하고 마음의 태도를 회개하게 된다. 이들 중에는 오래 신앙생활을 했으나 열정과 확신을 잃고 습관적으로 교회생활을 하는 미지근한 그리스도인이 된 자들도 있다.

셋째로, 비(非)그리스도인들도 회심한다. 진정한 부흥이 일어나서 교회의 분위기가 갱신되어 예배에는 영적 생동감이 넘치고, 이웃을 섬기고 사랑하는 데 진정성 있게 되면 교회 주변의 사람들에게 선한 영향력을 끼치게 된다. 그리고 교인들은 복음의 매력적인 증인이 되어 주변의 믿지 않는 사람들을 교회로 초대하고 회심으로 인도한다. 이와 같은 비그리스도인들의 회심은 부흥이 전도로 이어지는 가장 유력한 모델이다. 이러한 비그리스도인들의 전도를 위한 기반은 먼저 명목상 그리스도인이 복음을 제대로 발견하고 잠자는 그리스도인들이 영적인 가치와 중요성을 깨달을 때 자연스럽게 형성될 것이다.

7. 부흥적 전도의 방법

구체적으로 어떤 사역의 도구들을 사용해야 할 것인가? 팀 켈러는 부흥이 일어날 때는 복음의 재발견과 더불어 특별한 기도가 지속된다고 한다. 그러면 복음이 신자의 삶에 적용되면서 부흥이 확산된다. 복음이 적용되어야 부흥이 일어난다면, 복음은 어떻게 회복되고 적용될까? 켈러는 일반적으로 다섯 가지의 방식이 있다고 한다.[29] 첫째는 복음을 선포하는 설교로서, 이는 그리스도 중심적 복음의 메시지여야 한다. 둘째는 복음을 가르치는 평신도 지도자들을 훈련시키는 것이다. 셋째로는 소그룹 사역을 통한 성경공부 또는 기도 교제 모임들이다. 넷째는 개인적이며 인격적인 대화를 통해서 복음이 나누어질 수 있다. 다섯째는 교회 지도자들의 목양적 상담이다.

사실 이 다섯 가지는 교회의 일반적인 사역으로서 특별히 새로운 것이 없다. 설교, 양육, 공동체, 대화, 상담들인데, 대부분의 교회들에서 경험할 수 있는 사역 양식일 뿐이다. 그러나 이러한 통상적인 사역의 양식들이 복음적 부흥을 통해서 강력한 전도의 통로가 될 수 있다. 따라서 더욱 중요한 것은 복음전도의 방법론이 아니라 복음적 부흥의 맥락 안에서 이루어지는 전도 사역이다.

우리는 전도를 특정한 사역 활동에 국한시키는 경향이 있다. 전도라고 하면 떠올리는 이미지들이 있다. 노방전도, 축호전도, 집회전도, 미디어전도 등이 가장 익숙한 방식들이다. 이러한 특정한 전도활동도 시대에 따라서 사람들에게 복음을 알리고 그들을 신앙으로 인도하는 중요한 도구였던 것은 분명하다. 그러나 전도는 특정한 계기와 상황에서 프로그램의 일환으로만 실행되지 않는다. 그리스도의 구원 복음을 나누는 전도는 설교, 평신도 재발견, 소그룹, 친교, 섬김 등의 일반적인 영역에 스며들 수 있다.

① 설교에서의 복음 선포

복음의 선포는 하나님의 은혜에 의한 구원을 전하는 것이다. 인간의 도덕성과 상식, 윤리를 기독교화된 언어로 강조하는 것이 아니라, 하나님께서 예수 그리스도를 통해서 인간의 죄를 대속하시고 구원을 얻어 새창조의 백성으로 살아가게 하신 그 은혜에 집중하는 것이다. 단순히 성경의 구절구절을 해설하는 것이 아니라, 본문과 복음의 의미를 연결시켜 성경 본문을 통해서 하나님께서 어떻게 인간의 죄로 물든 실존 가운데 그리스도의 복음을 통한 해결책을 제시하셨는가를 가리키는 것이다. 이처럼 복음의 본질적 메시지에 집중하는 것이 바로 설교에서의 복음 선포이다. 인간이 무엇을 할 것인가가 아니라, 하나님께서 인간을 위해서 무슨 일을 하셨으며, 그러면 우리는 하나님의 그 구원의 선물에 어떻게 응답하여 새로운 삶을 살 수 있을지를 선포하는 것이다.

이를 '케리그마(κήρυγμα)'와 '디다케(διδαχή)'로 구분해서 이해하면 더욱 선명해진다. 다드(C. H. Dodd)는 그의 책 『사도적 설교와 그 발전(The Apostolic Preaching and Its Developments)』에서 케리그마를 설교로, 디다케를 양육 또는 가르침으로 번역한다. 그는 초기 기독교회에서 복음을 설교하는 것은 도덕적 교훈이나 권면을 주는 것과 결코 같지 않았다고 한다.[30] 교회는 주님의 가르침을 전수하는 일에 관심을 가졌지만, 이로 인해서 회심자를 만든 것은 아니다. 바울에 의하면 하나님께서 기뻐하시는 사람을 구원하는 일은 디다케가 아니라 케리그마라는 것이다. 사도들은 그리스도와 하나님의 나라를 설교했다. 초기 교회의 메시지가 케리그마와 디다케로 구분될 수 있고, 회심을 일으키기 위한 목적에서 주어진 메시지가 케리그마라고 한다면, 이는 부흥을 위한 복음적 설교의 핵심이 될 것이다.

팀 켈러는 바울의 로마서를 기초로 "복음이란 오직 은혜, 오직 믿음을 통해 구원을 주시는 하나님을 그리스도 안에서 추구하는 것"이라고 말한다.[31] 그리스도 안에서 하나님께서 인간의 구원을 위해 이루신 일에 집중하는 것이 복음 선포이며, 이 복음은 인간의 종교지향성 때문에 정기적이고 반복적으로 선포될 필요가 있다. 팀 켈러가 말하는 소위 '공로 종교'의 영향력은 많은 그리스도인들의 마음속에서도 강력하게 작

용하여 그들을 복음이 아닌 종교적 모드(mode)로 돌아가게 할 수 있기 때문이다.[32]

② 복음을 가르치는 평신도의 재발견

팀 켈러가 주장하는 두 번째 방법은 평신도들 중에서 다른 이들과 복음을 나눌 수 있는 지도자들을 양성하는 것이다. 이 방식은 일상적 관계에서 교인들이 다른 이들에게 복음을 설명할 수 있는 기초적인 역량을 심어 주기 위함이다. 그는 이를 '생활 접촉점(life contact)'이라고 부른다. 이는 "개인적 만남이나 상담을 통해서 당신의 지도자들이 우상과 자기의를 회개하도록 돕는 것"이라고 하며, 이런 종류의 목회 사역을 많이 해야 한다고 주장한다.[33]

설교에서의 복음 선포가 주일 공예배에서 공식적으로 행해진다면, 복음을 나누는 평신도 지도자들의 개발은 하나님의 백성들이 일상에서 복음을 증언하는 일에 참여하게 하는 비공식적이지만 전인적이고 관계 지향적인 복음 재발견의 사역이라고 볼 수 있다. 강단에서 선포된 복음이 교인들의 마음에 깊이 스며들어 케리그마로서의 복음을 이해하고 설명하는 틀이 형성된다면, 이러한 교인들이 접하는 많은 만남과 관계에서 복음은 자연스럽게 전파될 수 있을 것이다.

③ 소그룹과 공동체

종교개혁의 주류 전통에서는 지역교회만이 일반적으로 그리스도인들이 참여할 수 있는 유일한 형태의 공동체였다. 그러나 이러한 공식 회중만으로 사람들의 삶을 변화시키는 신앙의 가르침과 교제에 대한 필요를 충족시키기는 어려웠다.[34] 실제로 복음을 나누는 말씀 사역은 기독교적 삶의 여러 층위에서 발생한다. 팀 켈러는 성경에서 최소한 세 가지 차원의 말씀 사역이 나타난다고 한다. 공적인 설교가 많은 자격과 준비를 요구한다는 측면에서 가장 높은 차원의 '레벨 3'에 해당한다면, 개인과 개인이 비공식적으로 성경의 말씀을 나누는 것은 '레벨 1'에 해당한다. 공식적인 설교와 비공식적 대화 사이에도 '레벨 2'의 말씀 사역이 존재한다. 여기에는 소그룹, 상담, 교육뿐 아니라, 혹은 일대일 양육도 포함될 수 있다.[35] 최근 소그룹 사역의 잠재성이 부각되고 있다.

팀 켈러는 복음적 부흥의 역동성이 일어날 수 있는 공간으로 소그룹 사역이나 헌신적인 그룹들을 가리키며, 역사적으로 부흥의 주역이 되었던 소그룹의 역동성에 주목한다. 개신교 전통에서는 삶을 변화시키는 소그룹의 필요를 채우기 위한 다양한 시도들이 있었다. 루터는 '교회 안의 교회(ecclesiolae in ecclesia)'를 제안하며 교회 안의 작은 교회들이 간절한 신앙 구도자들의 가정 기도와 가르침 모임이 되어 삶을 변화시켜야 한다고 제안했다.[36]

대표적으로 메노나이트 운동이나 18세기 모라비안 교도들과 진젠도르프(Zinzendorf)의 경건주의 운동은 깊이 있는 신앙의 교제를 강조하면서 이러한 교회 안의 교회 사상을 실천하였다. 후일에 존 웨슬리의 밴드(Band)나 신도회 역시 단위별 소그룹을 통한 효과적 사역을 발전시켰다. 존 웨슬리는 '교회 안의 교회(ecclesia in ecclesia)', '체험 모임(the experience meeting)' 등에서 신자들이 "하나님께서 그들의 마음에 얼마나 실제적이셨는지, 그들을 괴롭히는 죄가 무엇인지, 하나님께서 그것들을 말씀을 통해 어떻게 다루셨는지, 그들의 기도 생활이 어떻게 수행

되었는지"를 나누었다고 한다.[37]

그 가운데서 잘 알려지진 않았지만, '거룩한 회의(godly conference)'라고 하는 청교도들의 소그룹 영적 실천은 주목할 만하다. 이는 말씀을 자기 삶에 적용하도록 서로 돕는 대화를 통해 신자들로 하여금 진정한 신앙 공동체 안에서 성장하도록 돕는 은혜의 수단이었다.[38] 이들은 "그때에 여호와를 경외하는 자들이 피차에 말하매 여호와께서 그것을 분명히 들으시고 …"(말 3:16)라는 말씀에 근거해서 신자들이 하나님에 관해서 서로 이야기 나누는 것을 하나님께서 가까이서 듣고 계신다고 믿었다. 따라서 그들은 하나님 앞에서의 진지한 영적 대화를 권장했다.

이 회의는 설교를 잘 듣고 그 내용을 정리한 다음에 소그룹으로 모였을 때 말씀을 적용하는 방식이었다. 말씀 읽기와 개인적 적용을 통한 묵상, 그리고 기도가 일반적인 순서라 할 수 있다. 회중 가운데서 이러한 영적 대화로서의 회의가 잘 이루어지게 하는 것은 목회자의 책임이었다. 10년 동안 공적인 설교를 듣고도 변화하지 않았던 사람이 약 30분의 친밀한 대화를 통해서 더욱 많은 지식과 양심의 가책을 느꼈다고 말할 정도로 거룩한 회의는 효과적인 영적 실천이었다.[39]

이와 같이 소그룹 안에서 이루어지는 영적인 대화는 서로 인격적인 신뢰와 헌신 가운데서 복음의 의미를 더욱 생생하게 적용시킬 수 있다. 강단에서 선포된 복음의 메시지는 안전한 관계망 안에서 삶을 변화시키는 격려의 대화가 되는 것이다.

④ 개인적 대화

복음을 전하는 것이 설교라고 한다면, 설교는 특정 장소에서 특정인에 의해서만 이루어지지 않는다. 부흥이 복음의 재발견과 이로 인한 근본적 마음의 변화인 회심을 통해서 이루어진다면, 이는 단순히 공식적인 강단 사역과 교회 내의 모임뿐 아니라, 비공식적 만남으로 확대되는 것이 자연스럽다. 개인적 대화는 공식적으로 선포되고 교육된 복음이 실제 성도의 삶으로 전달되고 영향을 미치는 과정이다. 만약 교회의 복음 사역이 공식적인 시간과 장소에서 멈추고 교회 내 회중들의 관계와 삶 속으로 내려가지 못한다면 복음적 부흥으로 이어지지 않을 것이다. 그리스도인들이 개별적인 만남에서도 자신의 의견과 욕구를 내려놓고 하나님의 말씀에 귀를 기울이고 순종하려는 분위기가 형성될 때 복음적 부흥의 기반이 단단해질 것이다.

이는 전도사역과도 직접적으로 연결된다. 여러 통계에 의하면, 대다수의 사람들이 신앙을 갖게 되는 것은 가족 및 지인과의 관계를 통해서이다. 주변의 그리스도인들이 보여 주는 신앙의 모범과 그들이 들려주는 진솔한 신앙 간증은 더욱 진실한 마음의 울림으로 전해짐으로써 관심을 불러일으킨다.

개인적 대화는 앞에서 말한 소그룹 대화와 비교할 때 나눔이라는 형식에서는 비슷하지만, 좀 더 사적이고 친밀한 나눔이 중심이 된다는 점에서 다르다. 소그룹 대화 역시 관계 중심적 공동체 안에서 이루어지기는 하지만 그것은 정해진 의제 안에서 진행되는 것이 일반적이다. 반면 개인적 대화는 정해진 주제에 얽매이지 않고 서로의 관심사와 삶의 이야기를 진솔하게 나누는 가운데 복음이 선포될 수 있다. 각 사람의 고유한 상황에 복음을 적용시킨다는 측면에서 소그룹 대화보다 더욱 개별적이고 구체적이다. 한 교회에 복음적 신앙에 대한 확신이 있고 그것을 주변의 믿지 않는 이들과 온유하고 명료하게 나눌 수 있는 그리스도인 개개인들이 늘어날수록, 그 교회는 복음적 부흥을 일으키는 회심 공동체로 발전할 수 있을 것이다.

⑤ 목양적 상담

복음적 부흥이 회중의 삶으로 확산되는 마지막 통로는 목양적 상담이다. 이는 목회자, 장로 등의 교회 지도자들이 신자들에 대한 영적 책임과 관심 속에서 그들의 이야기를 듣고 상황을 이해하는 가운데, 복음의 효력을 사람들의 마음에 미치도록 돕는 사역을 말한다.[40] 영적 지도자들의 목양적 상담은 인격적이고 관계적인 신뢰 속에서 이루어져야 한다. 목양적 상담은 사람들의 영적인 고민을 듣고, 아픈 마음을 위로하며, 하나님과의 관계 속에서 자기들의 문제를 보도록 도와주는 일이다. 그런데 이러한 목양적 상담은 복음적 진리를 조명해 주는 역할을 수반해야 한다. 특히, 복음의 빛 아래서 개인의 죄 문제를 조명하고 죄인이 은혜로 말미암아 의롭게 됨을 일깨워 주는 데 목표를 두어야 한다.

목양적 상담은 개인적 대화뿐 아니라 소그룹 모임을 통해서도 이루어질 수 있다. 주요한 초점은 이러한 대화와 나눔을 통해서 복음과 은혜의 가치를 발견하는 것이다. 신자 개인의 문제가 경청과 돌봄을 통해서 일시적으로 해소되는 것이 아니라, 더 깊고 근본적인 회개와 믿음의 차원에서 조명되고 해결되어야 한다.

복음적 상담은 인간의 내적 역량을 개발함으로써가 아니라 외부로부터 오는 은혜의 도움을 통해서 인간의 근본적 문제를 해결하게 한다. 따라서 목양적 상담은 복음적 진리를 권계(勸誡)하는 역할도 수반한다.

바울은 "또 형제들아 너희를 권면하노니 게으른 자들을 권계하며 마음이 약한 자들을 격려하고 힘이 없는 자들을 붙들어 주며 모든 사람에게 오래 참으라"라고 말한다(살전 5:14). 예수 그리스도의 사랑으로 연결된 공동체 안에서 바울은 네 가지 권면을 제시한다. '권계하며, 격려하고, 붙들어 주며, 오래 참으라.'

이 중 첫 번째인 게으른 자들을 권계하라는 말씀은 그 다음에 나오는 세 가지의 권면에 비하면 인간의 문제를 복음으로 직시하게 한다는 점에서, 비기독교적인 일반 상담에 비해서 어조가 강하게 느껴진다. 여기서 권계로 번역된 단어는 영어로는 경고하다(NIV, "warn"), 훈계하다(RSV, "admonish")라는 의미를 갖고 있다. 경고, 훈계와 같은 용어들은 오늘날과 같이 개인의 선택과 자존감을 최고의 가치로 여기는 문화와는 선뜻 어울리지 않을 것이다. 그러나 진정으로 성경적이고 복음적인 목양은 사람들의 영혼을 돌볼 때 죄에 대한 지적과 회개의 요구를 간과하지 않는다.

복음적 부흥이 진정한 회심에 기초한 복음전도 사역으로 이어진다면, 그 일환으로서 복음적 목양은 인간 내면 깊은 곳에서 자기중심적인 삶을 포기하고 회개하며 예수 그리스도께 자신을 전인적으로 의탁하는 결단을 요청한다. 이러한 복음 중심의 목양적 상담은 기존 교인들만을 돌보고 격려하는 것이 아니라, 교회 내의 명목상 신자를 비롯하여 교회 밖의 구도자들에게도 복음과 만나게 하는 중요한 통로가 될 것이다.

맺음말

이 글에서 필자는 부흥(revival)과 복음 전도의 관계를 고찰했다. 부흥이라는 단어는 복음전도와 밀접한 관계가 있었다. 실제로 많은 전도의 열매들이 부흥운동을 통해서 맺어졌다. 그러나 부흥은 특별한 종류의 집회 행사나 운동에 국한되는 용어가 아니다. 부흥의 참된 본질은 복음의 깊은 재발견에 있다. 따라서 복음적 부흥은 참된 회심을 일으키며, 교회를 복음의 언어와 문화가 충만한 곳으로 변화시킨다. 그렇게 복음의 본질이 풍성하게 되살아난 교회가 진정한 의미에서의 회심과 전도가 일어나는 현장이 될 것이다. 기독교 역사에서 복음의 부흥은 참된 회심 운동을 일으켰다는 의미에서, 부흥은 전도의 유산을 형성한다.

우리가 부흥을 특별한 이벤트나 경험과 같은 외적인 현상으로 본다면, 전도도 경험이나 기술의 차원에서 접근할 가능성이 있다. 부흥을 수적 성장과 동일시한다면 전도는 더 많은 사람들을 교회로 끌어들일 수 있는 인위적 기술이나 전략으로 이해될 수 있다. 그러나 부흥을 복음의 재각성으로 본다면, 전도사역은 예수 그리스도께서 주님이 되시는 복음에 응답하여 회개하고 믿음에 이르는 과정으로 볼 수밖에 없다. 그리고 이러한 부흥적 전도는 복음전도 사역의 본질을 더욱 명확히 밝혀 준다.

미주

1 고든 스미스, 『온전한 회심, 그 7가지 얼굴』(서울: CUP, 2016), 180쪽.

2 같은 책, 181쪽.

3 도날드 맥가브란, 『교회성장이해』(서울: 대한기독교서회, 2017), 59쪽.

4 같은 책, 59~62쪽.

5 같은 책, 234~236쪽.

6 같은 책, 236쪽.

7 같은 책, 236쪽.

8 같은 책, 244~245쪽.

9 같은 책, 247쪽.

10 조나단 에드워즈, 『놀라운 회심의 이야기』(서울: 크리스챤다이제스트, 2004), 35쪽.

11 같은 책, 140~141쪽. 이 내용은 책의 부록으로 실린 양낙홍의 「조나단 에드워즈 회심론의 신학적 배경」에 근거한다.

12 조나단 에드워즈, 『신앙감정론』(정성욱 역, 서울: 부흥과개혁사, 2005), 148쪽.

13 같은 책, 189~190쪽.

14 같은 책, 147쪽.

15 조나단 에드워즈, 『놀라운 부흥과 회심 이야기』(서울: 부흥과개혁사, 2011), 64~65쪽.

16 같은 책, 96~97쪽.

17 앤드류 퍼브스, 『십자가의 목회』(성남: 새세대, 2016), 44쪽.

18 같은 책, 54~57쪽.

19 같은 책, 61쪽.

20 같은 책, 66쪽.

21 같은 책, 119쪽.

22 같은 책, 178~179쪽.

23 앤드류 퍼브스, 『부활의 목회』(성남: 새세대, 2013), 143쪽.

24 김선일, 『기독교적 회심의 해석과 실천』(성남: 새세대, 2023), 제2부를 참조하라.

25 고든 스미스, 『온전한 회심』, 262~263쪽.

26 팀 켈러, 『팀 켈러의 센터처치』(서울: 두란노, 2016), 170쪽.

27 같은 책, 114쪽.

28 같은 책, 167~169쪽.

29 같은 책, 156~160쪽.

30 C. H. Dodd, *The Apostolic Preaching and Its Developments* (New York: Harper&Brothers,1960), p. 9.

31 팀 켈러, 위의 책, 134쪽.

32 같은 책, 135쪽.

33 같은 책, 157쪽.

34 Riahcrd Lovelace, *Dynamics of Spiritual Life* (Downers Grove: IVP, 2020), p. 165.

35 팀 켈러, 『팀 켈러의 설교』(서울: 두란노, 2016), 13~15쪽.

36 Riahcrd Lovelace, 위의 책, p. 165.

37 팀 켈러, 『팀 켈러의 센터처치』, 157~158쪽.

38 Joanne Jung, *The Lost Discipline of Conversation: Surprising Lessons in Spiritual Formation Drawn from the English Puritans* (Grand Rapids: Zondervan, 2018), p. 34.

39 같은 책, p.38.

40 팀 켈러, 위의 책, 159~160쪽.

참고문헌

01. 훑어보는 부흥: 부흥의 용어, 역사, 신학자, 조직신학

가스펠서브. 『교회용어사전 : 교파 및 역사』. 생명의말씀사, 2013.

데니스 홀링거. 『머리, 가슴, 손』. IVP, 2008.

_____. 『죽은 교회를 부검하다』. 두란노, 2022.

디트리히 본회퍼. 『디트리히 본회퍼 설교집』. 김순현 역. 복있는사람, 2023.

류대영. 『새로 쓴 한국 기독교의 역사』. 한국기독교역사연구소, 2023.

마틴 로이드 존스. 『마틴 로이드 존스의 부흥』. 정상윤 옮김, 복있는 사람, 2006.

박용규. 『평양대부흥운동』. 생명의 말씀사, 2000.

이상현. 『삼위일체, 은혜 그리고 믿음: 조나단 에드워즈 신학 연구』. 대한기독교서회, 2003.

_____. 『조나단 에드워즈의 철학적 신학』. 노영상, 장경철 역. 한국장로교출판사, 1999.

조나단 에드워즈. 『철저한 회심, 참된 부흥』. 예찬사, 2017.

제임스 패커. 『성령을 아는 지식』 개정판. 홍종락 역. 홍성사, 2020.

찰스 피니. 『찰스 피니의 기도』. 오현미 역. 진흥출판사, 2000.

칼 바르트. 『교의학 개요』. 신경수 역. 크리스천다이제스트, 1997.

콜린 핸슨. 『하나님의 사람, 팀 켈러』. 윤종석 역. 두란노, 2023.

크리스티안 슈바르츠. 『자연적 교회 성장』. 도서출판 NCD, 2003.

톰 레이너. 『살아나는 교회를 해부하다』. 정성묵 역. 두란노, 2022.

_____. 『죽은 교회를 부검하다』. 정성묵 역. 두란노, 2022.

팀 켈러. 『팀 켈러의 센터처치』. 오종향 역. 두란노, 2016.

한스 큉. 『교회』. 정지련 역. 한들출판사, 2007.

박용규, 〈평양대부흥〉 홈페이지. http://www.1907revival.com/news/articleView. html?idxno=10064. (2023.9.9. 접속)

Brown, F., S. R. Driver, C. A. Briggs. *A Hebrew and English Lexicon of the Old Testament*. Hendrickson Publisher, 1970.

Tozer, A. W. *Rut, Rot, or Revival: The Problem of Change and Breaking Out of the Status Quo*. Wingspread, 2006.

John Piper. "Jonathan Edwards and Revival." August 13, 1995, Bethlehem Baptist Church, Minneapolis. https://www.desiringgod.org/messages/jonathan-edwards-and-revival. (2023.9.12. 접속)

02. 아담이 잃어버린 하나님의 영광의 회복: 성경이 말하는 부흥

de Jonge, Marinus., Johannes Tromp. *Life of Adam and Eve and Related Literature*. Sheffield: Sheffield Academic Press, 1997.

Malan, S. C. *The Book of Adam and Eve Also Called the Conflict of Adam and Eve With Satan*. Creative Media Partners, 2022.

The Soncino Zohar: English Translated. soncino press, 1984.

03. 하나님-중심적 예배: 부흥의 복음적 원리에 따른 예배를 위한 제언

마틴 로이드 존스. 『부흥』. 정상윤 역. 복 있는 사람, 2006.

브라이언 캠벨. 『그리스도 중심적 예배』. 윤석인 역. 부흥과개혁사, 2011.

스탠리 하우어스, 윌리엄 윌리몬. 『주여 기도를 가르쳐 주소서』. 이종태 역. 복 있는 사람, 2006.

월터 브루그만. 『고대 이스라엘의 예배: 핵심 가이드』. 차준희 역. 대한기독교서회, 2016.

제임스 스미스. 『하나님 나라를 욕망하라』. 박세혁 역. IVP, 2016.

존 파이퍼. 『부흥의 영웅들』. 소현수 역. 부흥과개혁사, 2022.

박태현. 「마틴 로이드 존스(D. Martyn Lloyd-Jones)의 부흥신학 연구: 개혁주의 관점에서」. 『복음과 실천신학』 제62권. 한국복음주의실천신학회, 2022, 112~158쪽.

주종훈. 「성경과 공동예배의 기도; 개혁주의 예배 회복을 위한 제언」. 『개혁논총』 제63권. 개혁신학회, 2023, 9~43쪽.

최승근. 「매일공중기도 활성화를 위한 제언」. 『생명과 말씀』 제33권. 개혁주의생명신학회, 2002, 266~301쪽.

_____ . 「미디어로서의 교회-리터지(liturgy)로서의 예배」. 『복음과 실천신학』 제60권. 한국복음주의실천신학회, 2021, 199~225쪽.

Bradshaw, Paul F. *Two Ways of Praying*. Maryville, TN: OSL Publications, 2008.

Castleman, Robbie. *Story Shaped Worship: Following Patterns from the Bible and History*. Downers Grove: IVP, 2013.

Chan, Simon. *Liturgical Theology: The Church as Worshiping Community*. Downers Grove, IL: IVP Academic, 2006.

Cherry, Constance M. *The Worship Architect*. Grand Rapids: Baker Academic, 2010.

Dawn, Marva J. *Reaching Out without Dumbing Down*. Grand Rapids: Eerdmans, 1995.

Finny, Charles G. *Lectures on Revival of Religion*. Heritage Bible Fellowship, 2011.

Irwin, Kevin W. *Models of the Eucharist*. New York: Paulist Press, 2005.

Meyers, Ruth A. *Missional Worship, Worshipful Mission: Gathering as God's People, Going Out in God's Name*. Grand Rapids: Eerdmans, 2014.

Nolland, Rory. *Transforming Worship: Panning and Leading Sunday Services as if Spiritual Formation Mattered*. Downers Grove, IL: IVP, 2021.

Old, Huges Oliphant. *Worship: Reformed according to Scripture*. Louisville: Westminster John Knox Press, 2002.

Phillips, L. Edward. *The Purpose, Pattern & Character of Worship*. Nashville, TN: Abingdon, 2020.

White, James F. *Introduction to Christian Worship*. Nashville, TN: Abingdon, 2000.

_____ . *Protestant Worship: Tradition in Transition*. Louisville, KY: Westminster John Knox Press, 1989.

Willimon, William H. *The Gospel for the Person Who Has Everything*. Valley Forge, PA: Judson Press, 1978.

_____ . *Remember Who You Are: Baptism, a Model for Christian Life*. Nashville, TN: Upper Room Books, 1980.

Madhavathu, Maryann. "Being Formed at the Church's School of Prayer: Role of the Liturgy of the Hours in the Ongoing Formation of Christian Faithful." *Studia Liturgica* 47 no 2 (2017): 197–209.

Witvliet, John D. "At Play in the House of the Lord: Why Worship Matters." *Books and Culture* 4, no. 6. November/December, 1998. https://www.booksandculture.com/articles/1998/novdec/8b6022.html.

04. 루터의 프로테스탄트 부흥 운동: 하나님 나라와 영적 부흥

김선영. 『믿음과 사랑의 신학자: 마르틴 루터』. 대한기독교서회, 2014.

김선영. 『루터의 프로테스탄트 개혁: 신학·교회·사회 개혁』. 대한기독교서회, 2019.

이석우 외. 『서양문화사 강의』. 형설출판사, 2005.

Luther, Martin. *D. Martin Luthers Werke, Kritische Gesamtausgabe*, 73 vols., ed. J. F. K. Knaake et al. Weimar: Hermann Böhlau, 1883–2009.

Luther, Martin. *D. Martin Luthers Werke, Kritische Gesamtausgabe, Die Deutsche Bibel*, 15 vols., ed. Paul Pietsch et al. Weimar: Hermann Böhlau, 1906–1961.

Luther, Martin. *Luther's Works: The American edition*, 75 vols., ed. Jaroslav Pelikan, Helmut T. Lehmann, and Christopher Boyd Brown. St. Louis, MO: Concordia Publishing House, 1955 ff.; Philadelphia, PA: Fortress Press, 1955–1986.

Lindhardt, Jan. *Martin Luther: Knowledge and Mediation in the Renaissance*. Lewiston, NY: Edwin Mellen Press, 1986.

05. 이 죽을 육신을 벗고 천사처럼 될 때까지: 장 칼뱅과 교회의 부흥

송길영. 『시대예보: 핵개인의 시대』. 교보문고, 2023.

스캇 마네치. 『칼빈의 제네바 목사회의 활동과 역사』. 신호섭 역. 부흥과 개혁사, 2019.

엘시 맥키. 『칼뱅의 목회신학』. 이정숙 역. 두란노아카데미, 2011.

이정숙. 「칼빈의 예배신학과 실천」. 『칼빈의 목회와 윤리, 사회참여』. SFC, 2013.

프랑소아 방델. 『그의 신학사상의 근원과 발전』. 김재성 옮김. 크리스챤다이제스트, 2001.

황대우. 「칼빈신학과 제네바 사회복지」, 『갱신과 부흥』 15호. 고신대학교개혁주의학술원, 2015.

이정숙. 「제네바 컨시스토리(The Genevan Consistor): 칼빈의 신학과 목회의 접목」, 『한국기독교신학논총』 18집. 한국기독교학회, 2000, 159~186쪽.

이정숙. 「목사는 누구인가?: 칼빈의 목사직 이해와 실천」. 『한국교회사학회지』 23권. 한국교회사학회, 2008, 207~235쪽.

박경수. 「16세기 제네바교회의 목회자 선발과 훈련에 관한 연구: 한국교회의 목회자 위기 극복을 위한 모색」. 『장신논단』 44권 2호. 장로회신학대학교, 173~198쪽.

Gury Schneider-Ludorff, "하나님의 선물과 인간의 선물: 종교개혁 기간에 변한 적선, 기증, 기부에 관한 이해", 현운 지원용 박사 서거 2주기 기념 2014 루터강좌, 중앙루터교회, 2014년 10월 30일.

"사설: 영성체를 자주 하자". 〈가톨릭신문〉. 1973년 4월 8일자, 제860호 2면.

　https://m.catholictimes.org/mobile/article_view.php?aid=345870 (2023년 9월 8일 접속)

"2015 종교통계, 개신교 인구증가 원인분석". 〈코람데오닷컴〉.

　https://www.kscoramdeo.com/news/articleView.html?idxno=10981 (2023년 9월 3일 접속)

Burnett, Amy Nelson. *Debating the sacraments: Print and Authority in the Early Reformation*. Oxford: Oxford University Press, 2018.

Calvin, John. *Institutes of Christian Religion*, 4.1.1., trans. ford Lewis Battle, ed. John T. McNeill. Philadelphia: The Westminster Press, 1977, 8th Printing.

Calvin, John. *Calvin's Commentary on Seneca's De Clementia*. Trans. Ford Lewis Battles, Andre Malan Hugo. Leiden: 　Brill, 1969.

Calvin, John. *Calvin: Theological Treatise*. ed. J. K. S. Reid. London: SCM Press LTD, 1954.

Calvin, John., Jacopo Sadoleto. *A Reformation Debate: John Calvin and Jacopo Sadoleto*. ed. John Olin. Baker Academic, 2000).

Elsie A. McKee, *Diakonia in the Classical Reformed Tradition and Today*. Grand Rapids: Wm. B. Eerdmans, 1989.

Heselink, John. *Calvin's First Catechism: A Cemmentary*. Westminster John Knox Press, 1988.

Hughes, Philip E. ed. *The Register of the Company of pastors of Geneva in Time of Calvin*. Wipf and Stock, 2004.

McKee, Elsie A. *Diakonia in the Classical Reformed Tradition and Today*. Grand Rapids: Wm. B. Eerdmans, 1989.

───── . *John Calvin: Writings on Pastoral Piety*. Paulist Press, 2001.

Noll, Mark A., David Komline & Han-luen Kantzer Komline. *Turning Points: Decisive Moments in the History of Christianity*. Baker Academic; 4th edition, 2022.

Olson, Jeannine E. *Calvin And Social Welfare: Deacons and the Bourse Francaise*. Susquehanna University Press, 1989.

Spencer, H. Leith. *English Preaching in the Late Middle Ages*. Oxford: Clarendon Press, 1993.

Thomson, Bard. *Liturgies of the Western Church*. Philadelphia: Fortress Press, 1980.

Watt, Jeffrey R. *The Consistory and Social Discipline in Calvin's Geneva*. University of Rochester Press, 2020.

White, James. *The sacraments in Protestant practice and faith*. Nashville: Abingdon Press, 1999.

Kingdon, Robert M. "Social Welfare in Calvin's Geneva." *American Historical Review*. vol. 76, no. 1, 1971.

Naphy, William G. "Baptisms, Church Riots and Social Unrest in Calvin's Geneva." *The Sixteenth Century Journal*. vol. 26, No. 1, Spring, 1995.

Watt, Jeffrey R. "Calvinism, Childhood, and Education: The Evidence from the Genevan Consistory." *The Sixteenth Century Journal*. vol. 33, No. 2, Summer, 2002.

"Heidelberg Catechism."
https://students.wts.edu/resources/creeds/heidelberg.html (2023년 9월 4일 접속)

06. 마틴 로이드 존스의 부흥 설교: 프루스트 현상적 설교

알리스터 맥그라스. 『신학의 역사: 교부시대에서 현대시대까지 기독교 사상의 흐름』. 소기천, 이달, 임건, 최춘혁 역. 知와사랑, 2001.

데이비드 베딩턴. 『복음주의 전성기: 스펄전과 무디의 시대』. 채천석 역. CLC, 2012.

로널드 웰즈. 『신앙의 눈으로 본 역사』. 한인철 역. IVF, 1995.

마틴 로이드 존스. 『로이드 존스의 부흥』. 서문강 역. 생명의말씀사, 1988.

———. 『청교도 신앙: 그 기원과 계승자들』. 서문강 역. 생명의말씀사, 1990.

———. 『왜 하나님은 전쟁을 허용하실까』. 박영옥 역. 목회자료사, 1991.

———. 『사도행전 강해 1: 진정한 기독교』. 전의우 역. 복있는사람, 2003.

———. 『설교와 설교자』. 정근두 역. 복있는사람, 2006.

브라이언 스탠리. 『복음주의 세계확산: 빌리 그레이엄과 존 스토트의 시대』. 이재근 역. CLC, 2014.

시드니 흐레이다누스. 『성경 해석과 성경적 설교』. 김영철 역. 여수룬, 1992.

월터 브루그만. 『예언자적 상상력』. 김기철 역. 복있는 사람, 2009.

윌리엄 윌리먼. 『예배가 목회다』. 박성환, 최승근 역. 새세대, 2017.

이안 머리. 『은혜의 설교자, 로이드 존스』. 김귀탁 역. 부흥과 개혁사, 2010.

———. 『로이드 존스 평전 1: 초기 40년(1899-1939)』. 김귀탁 역. 부흥과 개혁사, 2011.

———. 『로이드 존스 평전 2: 후기 42년(1939-1981)』. 김귀탁 역. 부흥과 개혁사, 2011.

이재근. 『세계 복음주의 지형도』. 복있는사람, 2015.

정근두. 『로이드 존스의 설교론: 그의 설교의 원리와 방법』. 여수룬, 1993.

찰스 다윈. 『종(種)의 기원』. 송철용 역. 동서문화사, 2009.

찰스 브리지스. 『참된 목회』. 황영철 역. 익투스, 2011.

최정권. 『로이드 존스의 설교신학』. CLC, 2021.

케네스 O. 모건. 「20세기(1914-1987)」. 『옥스포드 영국사』. 영국사학회 역. 한울아카데미, 1988.

클린턴 아놀드. 『바울이 분석한 사탄과 악한 영들』. 길성남 역. 이레서원, 2008.

프란시스 쉐퍼. 『이성에서의 도피』. 김영재 역. 생명의말씀사, 1970.

허버트 앤더슨, 에드워드 폴리. 『예배와 목회상담: 힘있는 이야기, 위험한 의례』. 안석모 역. 학지사, 2012.

H. J. C. 피터즈. 『청중과 소통하는 설교』. 정창균 역. 합신대학원출판부, 2002.

H. C. G. 메튜. 「자유주의 시대(1851-1914)」. 『옥스포드 영국사』. 영국사학회 역. 한울아카데미, 1988.

김남균. 「2차 세계대전 연구 동향과 전망」. 『군사지』 100. 국방부군사편찬연구소, 2016, 189~228쪽.

박동진. 「팬데믹 시대의 로이드 존스의 설교학적 의미: 온전한 확신과 설교의 능력」. 『복음과 실천신학』 63. 한국복음주의실천신학회, 2022, 11~41쪽.

박성환. 「신설교학(the New Homiletics)에 관한 소고와 Martyn Lloyd-Jones의 설교학적 통찰력」. 『교회와 문화』 28. 한국성경신학회, 2011, 127~59쪽.

_____. 「변화하는 설교 현장: 미국을 중심으로」. 『한국개혁신학』 38. 한국개혁신학회, 2013, 168~197쪽.

_____. 「마틴 로이드 존스(Martyn Lloyd-Jones)의 죽음 설교」. 『설교한국』 13. 한국설교학회, 2021, 49~75쪽.

_____. 「Arthur W. Pink의 그리스도 중심의 인물 설교」. 『복음과 실천신학』 63. 한국복음주의실천신학회, 2022, 181~228쪽.

박태현. 「마틴 로이드 존스(D. Martyn Lloyd-Jones)의 부흥 신학 연구: 개혁주의 관점에서」. 『복음과 실천신학』 62. 한국복음주의실천신학회, 2022, 112~158쪽.

윤영필. 「제2차 세계대전 이후의 영국소설」. 『안과 밖』 3. 영미문학연구회, 1997, 357~381쪽.

이영석. 「공습과 피난의 사회사: 2차 세계대전기 영국인의 경험」. 『서양사론』 143. 한국서양사학회, 2019, 162~195쪽.

전영백. 「영국의 도시 공간과 현대미술: 2차 세계대전 이후의 런던」. 『서양미술사학회논문집』 21. 서양미술사학회, 2004, 179~218쪽.

정창균. 「다양한 방식의 시리즈 설교를 제안하며」. 『헤르메네이아 투데이』 44. 한국신학정보연구원, 2008, 4~9쪽.

_____ . 「설교 본문의 결정과 시리즈 설교」. 『헤르메네이아 투데이』 44. 한국신학정보연
구원, 2008, 13~25쪽.

진영종. 「영국과 한국 교회에 미래는 존재할 것인가?」. 『선교와 신학』 33. 장로회신학대학교
세계선교연구원, 2014, 157~181쪽.

최승근. 「미디어로서의 교회: 리터지(Liturgy)로서의 예배」. 『복음과 실천신학』 60. 한국복
음주의실천신학회, 2021, 199~225쪽.

안정환. "'20세기 최고 복음전도자 '빌리그래함 전도대회 50주년 기념대회'. 6월 3일 개
최 … 서대천 목사 '한국 교회여, 다시 회개 회복 복음으로". 〈아시아투데이〉.
2023. 05. 23.

이용화. "냄새로 기억되는 인생". 〈대전일보〉. 2023. 08. 16.

07. 부흥적 전도의 유산

고든 스미스. 『온전한 회심, 그 7가지 얼굴』. CUP, 2016.

김선일. 『기독교적 회심의 해석과 실천』. 새세대, 2023.

도날드 맥가브란. 『교회성장이해』. 대한기독교서회, 2017.

앤드류 퍼브스. 『십자가의 목회』. 새세대, 2016.

_____ . 『부활의 목회』. 새세대, 2013.

조나단 에드워즈. 『놀라운 회심의 이야기』. 크리스챤다이제스트, 2004.

_____ . 『신앙감정론』. 정성욱 역. 부흥과개혁사, 2005.

_____ . 『놀라운 부흥과 회심 이야기』. 부흥과개혁사, 2011.

팀 켈러. 『팀 켈러의 센터처치』. 두란노, 2016.

_____ . 『팀 켈러의 설교』. 두란노, 2016.

Dodd, C. H. *The Apostolic Preaching and Its Developments*. New York: Harper&Brothers,
1960.

Jung, Joanne. *The Lost Discipline of Conversation: Surprising Lessons in Spiritual
Formation Drawn from the English Puritans*. Grand Rapids: Zondervan, 2018.

Lovelace, Richard. *Dynamics of Spiritual Life*. Downers Grove: IVP, 2020.